FREMDWÖRTER

Lexikon für Kinder

Fremdwörter

Für Kinder ausgewählt und erklärt

von Hans-Peter Wetzstein

Der Kinderbuchverlag Berlin

Einband und Illustrationen von Thomas Schleusing

ISBN 3-358-00848-7

Vorbemerkung

Unsere Muttersprache hat über mehr als 1500 Jahre hinweg Zehntausende Wörter aus anderen Sprachen aufgenommen. Viele der fremden Wörter wurden von ihr wieder ausgestoßen, doch viele andere kamen und kommen hinzu. Wie ist das zu erklären?
Im Laufe ihrer Geschichte machten die Völker Bekanntschaft mit anderen, besonders mit benachbarten Völkern: durch Handel, Verkehr und geistigen Austausch, aber auch durch Unterjochung oder Unterwerfung. Sie begegneten dabei manch Neuem, für das die eigene Sprache kein entsprechendes Wort bereithält. Deshalb übernahmen sie mit den neuen Dingen und Erscheinungen auch deren fremde Bezeichnung.
Geht man der Frage nach, warum die deutsche Sprache bestimmte Wörter zu einer bestimmten Zeit aus einer bestimmten Sprache übernommen hat, so erhält man Auskunft über das Leben unserer Vorfahren, über die Geschichte unseres Volkes.
Als die germanischen Siedlungsgebiete nördlich der Alpen in den ersten Jahrhunderten unserer Zeitrechnung von den Römern unterworfen wurden, begegneten die Germanen nicht nur römischen Soldaten, Händlern und Verwaltungsleuten, sondern erfuhren auch von den Errungenschaften der auf höherer gesellschaftlicher Entwicklungsstufe lebenden Römer. Die Germanen lernten, wie man Häuser aus Stein erbaut, und übernahmen aus dem Lateinischen, der Sprache der Römer, Wörter wie *Fenster, Kalk, Kammer, Keller, Mauer, Pfeiler, Ziegel*. Auch den Garten- und Obstbau hatten sie bisher nicht gekannt. Unsere Wörter *Frucht, Kirsche, Most, Pflaume, Rettich, Sichel* stammen aus jener Zeit.
Aus dem Lateinischen sowie aus dem Griechischen gelangten bis weit über das Mittelalter hinaus viele Wörter in die deutsche Sprache (davon zeugen zum Beispiel die griechischen Wörter *Akademie, Bibliothek* und *Chor* sowie die lateinischen Wörter *Altar, Kreuz* und *Zelle*). Das Latein war damals die Sprache der Kirche, der Klöster und des Unterrichts, es war die Gelehrten- und Amtssprache.
Im 14./15. Jahrhundert unterhielten oberdeutsche Städte (zum Beispiel Nürnberg und Augsburg) Handelsbeziehungen zu reichen norditalienischen Städten, in denen sich das Geldwesen stark entwickelt hatte. Zu jener Zeit gelangten Wörter wie *Bank, Bankrott, Bilanz, brutto, netto, Kapital, Kasse, Konto, Kredit* ins Deutsche. Aus dem Italienischen stammen auch viele Bezeichnungen aus der Musik, denn die Italiener waren den Deutschen auf diesem Gebiet lange Zeit Vorbild (*Adagio, Arie, Menuett, Sopran, Tenor* sind Beispiele dafür).
Im 17. Jahrhundert wurde eine große Anzahl Fremdwörter aus dem Französischen übernommen. Sie waren ursprünglich Ausdruck der üppigen, verschwenderischen Lebensweise des französischen Adels vor dessen Un-

tergang und gelangten in unsere Sprache, weil die in Deutschland herrschende Adelsklasse diese Lebensweise nachahmte. Wer damals zur sogenannten „besseren" Gesellschaft gehören und sich vom arbeitenden, „ungebildeten" Volke unterscheiden wollte, bediente sich der französischen Sprache oder verwendete möglichst viele französische Wörter. Man sagte nicht mehr Vater und Mutter, sondern *Papa* und *Mama*. Man trug, was *Mode* war, *Perücke* und *Kostüm*. Man wohnte in einer *Etage* mit *Balkon*, im *Salon* hing ein *Gobelin*, am Fenster eine *Gardine*. Gegessen wurden *Kotelett* und *Soße*, *Kompott*, *Omelett* und *Konfitüre* oder *Torte*, dabei bediente man sich einer *Serviette*. Im Garten gab es das von einer *Rabatte* umsäumte *Bassin*.

Vom 19. Jahrhundert an beeinflußte das Englische stark den deutschen Wortschatz. Englischer Herkunft sind viele Wörter für technische Erfindungen (so zum Beispiel aus dem Eisenbahnwesen: *Lokomotive, Lore, Puffer, Tunnel, Waggon;* aus der Wirtschaft: *Export, Import, Trust, Konzern* oder aus dem Sport: *Finish, Rekord, Spurt, Team, Trainer*).

Die unzähligen fremden Wörter, die unsere Muttersprache im Laufe der Zeit aufgenommen hat oder noch aufnehmen wird, stammen jedoch nicht nur aus dem Griechischen, Lateinischen, Französischen und Englischen, sondern auch aus anderen europäischen sowie vielen außereuropäischen Sprachen.

Manche fremde Wörter sind kaum noch als solche erkennbar (wie *Fenster, Kirsche, Schule, Zelle*). Man nennt sie Lehnwörter. Viele fremde Wörter fallen uns aber durchaus noch als Zuwanderer auf, weil zum Beispiel ihre Schreibweise, Aussprache oder Betonung nicht den im Deutschen üblichen Regeln entspricht (wie *Brigadier, Garage, Team, Universität*). Diese Wörter empfinden wir als Fremdwörter.

Es gibt zahlreiche Fremdwörter, die zum unentbehrlichen Wortbestand unserer Sprache gehören. Sie kennzeichnen einen Gegenstand, eine Erscheinung, einen Zusammenhang so eindeutig und knapp (geben einen Bedeutungsinhalt so treffend wieder), wie es durch ein deutsches Wort nicht möglich wäre (beispielsweise *Dynamo, Physik, Republik, Revolution, Theorie*).

Es gibt aber auch Fremdwörter, welche das gleiche aussagen wie die ihnen entsprechenden deutschen Wörter. Solche Fremdwörter sind entbehrlich und unnütz.

Benutzungshinweise

Die *Stichwörter* sind nach dem Abc geordnet und einheitlich aufgebaut.

Hiero|glyphen	[hiroglüfen]	, die	(Plur.)	(griech.)
Hinweis zur Silbentrennung	Betonungsangabe	Aussprachehilfe (in eckigen Klammern)	bestimmter Artikel	Hinweis auf Pluralform	Angabe der Wortherkunft (in runden Klammern)

Die *Silbentrennung* wird durch einen senkrechten Strich angegeben, wenn sie von der deutschen Rechtschreibung abweicht.

Ab\|itur, hy\|gro\|skopisch, kom\|pliziert, Sym\|ptom

Die *Betonung* ist nicht vermerkt, wenn sie auf die erste Silbe fällt.
Bei mehrsilbigen Wörtern wird die Hauptbetonung durch einen Punkt (Kürze) oder Strich (Länge) unter dem betonten Vokal oder Diphthong gekennzeichnet.

Autor, Bagatelle, Ballade

Eine *Aussprachehilfe* erfolgt dann, wenn Wörter besonders schwierig auszusprechen sind. Dabei wird eine leicht verständliche Lautumschrift angewandt, die so weit wie möglich mit deutschen Buchstaben auskommt.

Amateur [..ör], der (franz.)

Umschrieben werden meist nur Wortteile; die fehlenden sind durch zwei Punkte gekennzeichnet.

Die in Wörtern französischer Herkunft vorkommenden Nasallaute ã, ẽ, õ klingen wie ein durch Mund und Nase gesprochenes ang, eng, ong.

Balance [..ãße] Engagement [ãgaschmã] Bon [bõ] Refrain [refrẽ]

Müssen aufeinanderfolgende Vokale getrennt gesprochen werden, so sind sie in der Aussprachehilfe durch einen Bindestrich getrennt.

Arterie [..i–e], die

Die *Wortherkunft* ist in runden Klammern angegeben.

absolut (lat.)

Die dafür verwendeten Abkürzungen bedeuten:

ägypt.	ägyptisch	lat.	lateinisch
arab.	arabisch	mal.	malaiisch
engl.	englisch	niederl.	niederländisch
finn.	finnisch	pers.	persisch
franz.	französisch	polyn.	polynesisch
griech.	griechisch	port.	portugiesisch
hebr.	hebräisch	russ.	russisch
hindust.	hindustanisch	schweiz.	schweizerisch
indian.	indianisch	skand.	skandinavisch
ital.	italienisch	span.	spanisch

Ist ein Wort nicht unmittelbar, sondern über eine zweite oder dritte Sprache ins Deutsche gelangt, wird dies durch einen Pfeil gekennzeichnet.

Marine, die (lat. → franz.)

Kam ein Wort gleichzeitig aus zwei Sprachen ins Deutsche, sind die Herkunftsbezeichnungen durch einen Schrägstrich verbunden.

Bombe, die (franz./ital.)

Bei zusammengesetzten Wörtern oder Wörtern, deren Bestandteile aus zwei Sprachen stammen, wird ein Pluszeichen verwendet.

Manufaktur, die (lat. manus „Hand" + facere „anfertigen")
Matriarchat, das (lat. + griech.)

Verweisungen, durch einen Pfeil gekennzeichnet, weisen darauf hin, daß unter einem anderen Stichwort nachgeschlagen werden soll;

Dynamo, der (griech.) → Generator

daß eine weiterführende Erklärung unter einem anderen Stichwort zu finden ist;

Mechanik, die (lat.) ... Teilgebiet der → Physik
Galaxis, die (griech.) ... Vergleiche → Kosmos

daß es ein Wort mit gegensätzlicher Bedeutung gibt.

positiv (lat.) ..., Gegensatz → negativ

A

ab- (lat.)
Vorsilbe mit der Bedeutung: von etwas weg

Ab|itur, das (lat.)
Abitur heißt die Abschlußprüfung an der erweiterten Oberschule, in den Abiturklassen der Berufsausbildung (gleichzeitiger Erwerb des Abiturs und des Facharbeiterbriefes) oder besonderer Lehrgänge der Betriebsakademie bzw. Volkshochschule. Das Abitur ist der Nachweis der Hochschulreife und gilt als Voraussetzung für den Besuch einer Hochschule bzw. Universität.

abnorm oder **anormal** (lat. abnormis „von der Regel abweichend")
widernatürlich; ungewöhnlich. Gegensatz → normal

Abonnement [..mã], das (franz.)
durch Vorauszahlung vereinbarter Bezug von Zeitungen und Zeitschriften; beim Abonnement von Büchern (Buchklub der Schüler), Theater- oder Konzertkarten (Anrecht) wird ein Preisnachlaß gewährt

abrupt (lat. abruptus „abgerissen")
zusammenhanglos; plötzlich

absolut (lat.)
uneingeschränkt, völlig, ganz und gar; durchaus; unbedingt. Gegensatz → relativ

Absolutismus, der (franz.)
Der Absolutismus entstand im 17. und 18. Jahrhundert in vielen Ländern Europas. Er stellt die höchste und letzte Form des Staates im → Feudalismus dar. Zu dieser Zeit verloren die alten Feudalstände (Adel) bereits an Macht. Die → Bourgeoisie begann sich als Klasse herauszubilden.
Im Absolutismus übte ein Kaiser oder Zar, König oder Fürst die Herrschaft über den Staat uneingeschränkt allein aus. Bei der Unterdrückung und Ausbeutung der Volksmassen, besonders der Bauern, stützte sich der absolutistische Herrscher auf von ihm abhängige bürgerliche Beamte, sein ständig unter Waffen stehendes Heer und die Kirche. — Der bekannteste Vertreter des Absolutismus war der französische König Ludwig XIV. (1643 bis 1715). Von ihm stammt der Ausspruch: „Der Staat bin ich!"

absorbieren (lat. absorbere „verschlingen")
aufsaugen, aufnehmen

abstrahieren (lat. abstrahere „losreißen")
(wesentliche Merkmale zur Bildung eines Begriffs aussondern) verallgemeinern

abstrakt (lat.)
(von der unmittelbaren Wirklichkeit losgelöst, mit den Sinnen nicht wahrnehmbar) nur gedacht; unanschaulich. Gegensatz → konkret

absurd (lat.)
sinnlos, widersinnig

a capella [aka..] (ital.)
mehrstimmiger Gesang (Chorgesang) ohne Instrumentalbegleitung

adäquat (lat.)
übereinstimmend, (genau) entsprechend; angemessen

Addition, die (lat.)
Die Addition ist eine Grundrechenart. Für je zwei beliebige Zahlen a und b gibt es genau eine natürliche Zahl x, die die Summe der Zahlen a und b ist:

$$\underbrace{a}_{\text{Summand}} + \underbrace{b}_{\text{Summand}} = \underbrace{x}_{\text{Summe}}$$

Die Addition ist stets ausführbar.

Adhäsion, die (lat. adhaesio „Anhaften")
Adhäsion nennt man das Aneinanderhaften unterschiedlicher Stoffe. Die Adhäsion wird durch Kräfte hervorgerufen, die → Moleküle aufeinander ausüben, wenn sie sich sehr nahe kommen. — Die Adhäsionskraft ermöglicht das Schreiben, Malen, Drucken und Kleben und bewirkt die → Kapillarität.

Adjektiv, das (lat. adiectio „Hinzufügung")
Das Adjektiv (Eigenschaftswort) gibt Eigenschaften oder Merkmale von Personen oder Sachen an. Steht das Adjektiv beim Substantiv, wird es attributiv gebraucht und richtet sich in Person, Zahl und Fall nach dem Substantiv (der große Junge — dem großen Jungen). Das Adjektiv kann jedoch auch mit gebeugten Verbformen, wie „sein", „werden" oder „bleiben" das Prädikat bilden. Es wird dabei in der Regel nicht verändert (Die Zensuren waren gut.). Außerdem kann das Adjektiv adverbial gebraucht werden. Es ist dann → Adverbialbestimmung (Der Schüler lernt fleißig.).

Die meisten Adjektive lassen sich steigern. Bei der Steigerung oder *Komparation* werden Eigenschaften oder Merkmale auf verschiedenen Stufen und in bestimmter Reihenfolge miteinander verglichen:
1. *Positiv* oder Grundstufe (schön)
2. *Komparativ* oder Mehr- oder Vergleichsstufe (schöner)
3. *Superlativ* oder Meist- oder Höchststufe (am schönsten)

adoptieren (lat. adoptare „dazunehmen")
an Kindes Statt annehmen

Adresse, die (franz.)
1. (genaue Angabe des Aufenthaltsortes) Anschrift
2. (schriftlich niedergelegte politische) Willenserklärung

adrett (franz.)
ordentlich (gekleidet), sauber

Adverb, das (lat. ad verbum „zum Verb gehörend")
Das Adverb (Umstandswort) bezeichnet die besonderen Umstände eines Geschehens. Es gibt an, wo (Ort), wann (Zeit), warum (Grund) und wie (Art und Weise) etwas geschieht. Demzufolge unterscheidet man Adverbien
— des Ortes — Lokaladverbien (unten, links, daneben, vorn)
— der Zeit — Temporaladverbien (jetzt, sofort, heute, immer, noch)

— des Grundes — Kausaladverbien (deshalb, darum, folglich, trotzdem)
— der Art und Weise — Modaladverbien (sehr, umsonst, gern, leider).
Als Satzglied steht das Adverb immer bei einem anderen Wort, z. B. beim Verb als → Adverbialbestimmung (Das Schiff läuft heute aus.), bei einem Substantiv als → Attribut (das Buch dort), bei einem Adjektiv (sehr schön) oder einem übergeordneten Adverb (erst gestern). Es kann auch einen Teil des Prädikats bilden (Er ist hier.).

Adverbialbestimmung, die
Die Adverbialbestimmung ist ein Satzglied, von dem das → Prädikat nach Ort, Zeit, Art und Weise und Grund näher bestimmt wird (Umstandsbestimmung).
Mit der *Adverbialbestimmung des Ortes* oder *Lokalbestimmung* kann Näheres über den Ort oder den Ziel- bzw. Ausgangspunkt des Geschehens gesagt werden. Sie wird mit den Fragewörtern wo? wohin? woher? wie weit? erfragt.
Die *Adverbialbestimmung der Zeit* oder *Temporalbestimmung* nennt den Zeitpunkt, die Zeitdauer oder die Häufigkeit eines Geschehens. Die Temporalbestimmung antwortet auf die Fragen wann? bis wann? seit wann? wie lange? wie oft?
Die *Adverbialbestimmung der Art und Weise* oder *Modalbestimmung* beschreibt die Qualität oder Quantität eines Geschehens näher. Hierzu gehören auch die Adverbialbestimmung des Vergleichs (Komparativbestimmung) und die Adverbialbestimmung des Mittels oder Werkzeugs (Instrumentalbestimmung). Die Modalbestimmung antwortet auf die Fragen wie? auf welche Art und Weise?, die Komparativbestimmung auf wie? und die Instrumentalbestimmung auf womit? wodurch?
Die *Adverbialbestimmung des Grundes* oder *Kausalbestimmung* beschreibt die tatsächliche Ursache, den wirklichen Grund eines Geschehens näher. Die Kausalbestimmung antwortet auf die Fragen warum? weshalb? weswegen? Zur Kausalbestimmung gehören: die Adverbialbestimmung der Bedingung oder Konditionalbestimmung (Frage: unter welcher Bedingung?), die Adverbialbestimmung der Einräumung oder Konzessivbestimmung (Frage: trotz welches Umstandes?), die Adverbialbestimmung der Folge oder Konsekutivbestimmung (Frage: mit welcher Folge?), die Adverbialbestimmung des Zwecks oder Finalbestimmung (Frage: wozu? mit welcher Absicht?).
Der Form nach ist die Adverbialbestimmung
— Adverb (Dort wohnt er.),
— Adjektiv (Karsten arbeitet fleißig.),
— präpositionale Wortgruppe (Er fährt an die See.),
— Substantiv im Genitiv oder Akkusativ (Ein Wanderer kam des Weges.),
— Infinitivgruppe (Er half, ohne zu zögern.),
— Gliedsatz (Du mußt dich beeilen, wenn du den Zug erreichen willst.).

Advokat, der (lat. advocatus „der Herbeigerufene")
veraltete Bezeichnung für Rechtsanwalt

affektiert (lat.)
geziert, gekünstelt

Ag|gregat, das (lat.)
In einem Aggregat sind mehrere sich ergänzende Maschinen, Geräte oder Teile zu einem einheitlichen Ganzen verbunden, so z. B. → Turbine und → Generator im Turboaggregat.

Ag|gregatzustand, der
Als Aggregatzustand wird die von Druck und → Temperatur abhängige Zustandsart der Körper bezeichnet. Man unterscheidet folgende Aggregatzustände: fest, flüssig, gasförmig.

Aggregat-zustand	Gestalt (Form)	Raum-inhalt (Volumen)	Merkmale der Körper	Beispiel
fest	bestimmt	bestimmt	sie setzen der Veränderung ihrer Gestalt und ihres Rauminhaltes großen Widerstand entgegen	Eis
flüssig	unbestimmt	bestimmt	sie passen sich jeder Gefäßform an	Wasser
gasförmig	unbestimmt	unbestimmt	sie sind leicht zusammendrückbar	Wasserdampf

Die Änderung der Zustandsart eines Körpers erfolgt unter Zufuhr oder Abgabe von Wärmeenergie.

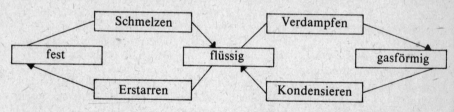

Ag|gression, die (lat.)
Aggression bedeutet Angriff, Überfall. — Für den → Imperialismus ist die Anwendung militärischer Gewalt gegenüber anderen Staaten — der Eroberungskrieg — ein Mittel zur Erweiterung seines Machtbereiches. Wladimir Iljitsch Lenin hat den Eroberungskrieg bereits 1917 im Dekret über den Frieden als das „größte Verbrechen an der Menschheit" gekennzeichnet.

ag|gressiv (lat.)
1. streitsüchtig, herausfordernd
2. (einen Angriffskrieg planend) kriegstreiberisch, feindselig

agitieren (lat.)
(die von Partei und Regierung gestellten Ziele und Aufgaben schriftlich oder mündlich allen Menschen verständlich machen) aufklären, überzeugen, mitreißen

agrar-, agri-, agro- (griech. agros „Akker")
Vorsilbe mit der Bedeutung: den Akkerboden, die Landwirtschaft betreffend

Agrarland, das, oder **Agrarstaat**, der
Land oder Staat, in dem die Landwirtschaft der vorherrschende Wirtschaftszweig ist

Agrumen, die (Plur.) (ital.)
Sammelbezeichnung für Zitrusfrüchte (Zitronen, Apfelsinen, Mandarinen, Pampelmusen u.a.)

Akademie, die (griech.)
Akademeia hieß eine von dem griechischen Philosophen Platon im Jahre 387 v. u. Z. gegründete Schule bei Athen. Seit dem 16. Jahrhundert tragen Gesellschaften oder Vereinigungen bedeutender Wissenschaftler oder Künstler diese Bezeichnung. Die Akademien der Gegenwart sind zentrale Einrichtungen für die Forschung und Ausbildung.
Einige Akademien der DDR:
Akademie der Wissenschaften der DDR, Berlin
Akademie der Künste der DDR, Berlin
Akademie der Pädagogischen Wissenschaften der DDR, Berlin
Militärakademie „Friedrich Engels", Dresden.
Die *Betriebsakademie* ist eine Einrichtung zur beruflichen Weiterbildung der Werktätigen.

Akkord, der (franz.)
1. Zusammenklang (von mindestens drei verschiedenen Tönen)
2. Akkordarbeit: Lohnarbeit im → Kapitalismus, die nach Stück, Meter, Kilogramm usw. bezahlt wird

Akkumulator, der (lat. accumulator „Anhäufer")
Der Akkumulator ist ein Gerät zum Speichern von elektrischer → Energie (Gleichstrom). Die dem Akkumulator beim Aufladen zugeführte Energie wird in chemische Energie umgesetzt und beim Entladen wieder in elektrische Energie zurückverwandelt. — Der Akkumulator wird z. B. bei Kraftfahrzeugen verwendet, um den Motor anzulassen. Kurzform: Akku

Akkusativ, der (lat.) → Deklination

Akribie, die (griech.)
(äußerste) Genauigkeit, Sorgfalt

Akt, der (lat.)
1. (feierliche) Handlung; Vorgang; Maßnahme; Tat
2. künstlerische Darstellung des nackten menschlichen Körpers
3. Hauptabschnitt eines Bühnenwerkes; Aufzug

Akte, die (lat.)
1. Sammlung zusammengehöriger, geordneter Schriftstücke
2. Urkunde

Aktion, die (lat.)
(gemeinsame) Handlung, Maßnahme; (gemeinsames) Vorhaben, Vorgehen

aktiv (lat.)
tätig, tatkräftig; zielstrebig, eifrig; wirksam. Gegensatz → passiv

Aktiv, das (lat.) → Genus verbi

Aktiv, das (lat.)
Als Aktiv bezeichnet man eine Gruppe von Menschen, die gemeinsam an der Lösung bestimmter Aufgaben arbeiten und dabei besondere Leistungen anstreben.

Aktivist, der (lat.)
Mit dem Ehrentitel „Aktivist der sozialistischen Arbeit" werden Werktätige ausgezeichnet, die hervorragende Leistungen, vor allem im sozialistischen Wettbewerb, vollbringen. — Die Aktivistenbewegung in der DDR begründete 1948 der Bergmann Adolf Hennecke, indem er seine Tagesleistung auf 387 Prozent steigerte.

aktuell (franz.)
gegenwartsnah, gegenwärtig wichtig

Akustik, die (griech. akuein „hören")
1. Teilgebiet der → Physik; untersucht die Schallentstehung, die Schallausbreitung und die damit verbundenen Erscheinungen
2. Klangwirkung eines Raumes

Akzent, der (lat.)
1. (Art des Aussprechens) Tonfall; Betonung
2. Tonzeichen (z.B. zur Hervorhebung höchster und tiefster Töne)

akzeptieren (lat.)
(einen Vorschlag) annehmen; (sein Einverständnis erklären) billigen

Alchemie oder **Alchimie**, die (arab.)
Erst im 18. Jahrhundert wurde der Begriff → Chemie geprägt, als sich Forscher, die sich mit der Zusammensetzung, den Eigenschaften und der Umwandlung von Stoffen beschäftigten, von ihren unwissenschaftlich arbeitenden Vorgängern, den Alchimisten, abgrenzen wollten. — Die Alchimisten hatten — im Auftrag der Könige und Fürsten, die sich davon noch mehr Reichtum und Macht erhofften — jahrhundertelang versucht, auf chemischem Wege unedle Metalle in Gold zu verwandeln und ein Mittel für die Unsterblichkeit oder die ewige Jugend („Elixiere") zu finden. Den „Stein der Weisen", der dies ermöglichen sollte, konnten sie freilich nicht finden, aber sie gewannen wichtige chemische Erkenntnisse und machten zufällig große Entdeckungen. So wurde das Porzellan erfunden, aber auch das Schießpulver. Eine Legende berichtet, daß der Mönch, der das Schießpulver erfand, auf Befehl des Königs von Polen an ein Pulverfaß gebunden und in die Luft gesprengt wurde. Eine so schreckliche Sache zu erfinden, soll der König gesagt haben, verdiene den Tod.

Alibi, das (lat. alibi „anderswo")
(Nachweis der Abwesenheit vom Tatort zur Tatzeit) Unschuldsbeweis

Allegorie, die (griech. eigentlich „anders gesagt als gemeint")
Sinnbild; in Kunst und Dichtung verwendeter bildhafter Ausdruck eines nicht anschaulichen Begriffs durch ein Gleichnis. So wurde z. B. oft die Jugend durch einen Jüngling, der Frühling durch ein junges Mädchen, der Tod durch einen Knochenmann mit Sense dargestellt.

Allemande [almã], die (franz. „deutsch")
Die Allemande ist als alter deutscher Schreittanz seit dem 16. Jahrhundert bekannt. Später entwickelte sich daraus der (meist) erste Satz der → Suite, der im langsamen ¾-Takt steht.

Allianz, die (franz.)
1. Bündnis, Vereinigung
2. Staatenbündnis; vertragliche Verpflichtung zwischen Staaten zu gemeinsamem Vorgehen in bestimmten außenpolitischen Fragen

Alliierte [alli-irte], der (franz.)
1. Verbündeter
2. die Alliierten: Bezeichnung für die gegen das faschistische Deutschland kämpfenden verbündeten Staaten im zweiten Weltkrieg

Alphabet, das (griech. α [alpha] + β [beta])
Aus den ersten beiden Buchstaben des griechischen Alphabets gebildet, hat dieses Wort die gleiche Bedeutung wie das Abc. Es umfaßt die Gesamtheit der durch Buchstaben ausgedrückten und in einer bestimmten Reihenfolge geordneten Lautzeichen einer Sprache. Es gibt mehrere Alphabete. — Nach der Buchstabenfolge des Alphabets sind die Suchwörter in Lexika und Wörterbüchern geordnet.

Alt, der (lat.)
tiefe Frauen- oder Knabenstimmlage

Altar, der (lat.)
Der Altar war im alten Griechenland und Römischen Reich eine den Göttern geweihte Brandopferstätte. Sie bestand ursprünglich nur aus einem Erdhügel auf dem Felde oder einem großen Stein vor Wohnhäusern und → Tempeln. Später wurden die Opfersteine innerhalb der Tempel aufgestellt, und es entstanden großartige Bauwerke, wie der Zeusaltar zu Pergamon (um 180 v. u. Z.; Pergamon-Museum zu Berlin). — Schon im Mittelalter war der Altar nicht mehr Opferstätte, sondern Mittelpunkt des kirchlichen Gottesdienstes; er rückte in das Hauptblickfeld des Kirchenraumes und entwickelte sich zum bemalten oder geschnitzten Flügelaltar. Die Altarbilder sind oft bedeutende Kunstwerke.

Alternative, die (franz.)
(Wahl zwischen zwei einander ausschließenden Möglichkeiten) das Entweder-Oder; Gegenvorschlag

Amateur [..ör], der (franz.)
Ein Amateur ist, wer sich künstlerisch, technisch oder sportlich betätigt, ohne daß dies sein Beruf ist. Das Gegenteil davon ist ein Professional (Profi).

Ambulatorium, das (lat.) → Poliklinik

Amnestie, die (griech.)
(durch Gesetz gewährte Begnadigung für Straftäter) Straferlaß

amorph [amorf] (griech.)
gestaltlos, formlos

amphibisch [..fi..] (griech.)
Als amphibisch bezeichnet man Tiere und Pflanzen, die auf dem Lande und im Wasser leben, wie die Lurche (Amphibien), manche Wasserpflanzen (z.B. Schilf) und solche → Insekten,

die als Larven im Wasser, später aber auf dem Lande bzw. in der Luft leben.

Amulett, das (griech.) → Talisman

amüsant (franz.)
unterhaltsam, vergnüglich

Ana|chronismus, der (griech.)
zeitlich (geschichtlich) falsche Einordnung; den geschichtlichen Verhältnissen nicht entsprechendes Denken und Handeln (Beispiel: „An jenem Morgen schlüpfte der junge Goethe schnell in Jeans und Kettenhemd, schaltete leise Musik ein und setzte sich an die Schreibmaschine.")

analog (griech.)
sinngemäß; vergleichbar, ähnlich; übereinstimmend

An|alphabet, der (griech.)
Als Analphabet gilt, wer seine Muttersprache nicht schreiben und lesen kann. Gegenwärtig sind etwa ein Viertel der erwachsenen Weltbevölkerung Analphabeten, vor allem in Asien und Afrika. Noch heute erhalten etwa 50 Prozent aller Kinder der Welt keine Schulausbildung. — Das Analphabetentum ist besonders in den vom → Imperialismus unterdrückten und abhängigen Ländern verbreitet.

Analyse, die (griech. analysis „Auflösung")
Die Analyse ist ein Verfahren zur Untersuchung und Erkenntnis der Wirklichkeit — durch Zerlegung eines Ganzen in seine Teile, eines Zusammengesetzten in seine Bestandteile. Die Analyse ist mit der → Synthese verbunden — der gedanklichen Zusammenfügung der Teile eines einheitlichen Ganzen. — Bei der *chemischen Analyse* wird die Zusammensetzung → chemischer Verbindungen oder Stoffgemische im Hinblick auf ihre Art (qualitative Analyse) oder Menge (quantitative Analyse) ermittelt.

An|archie, die (griech.)
(Zustand der) Herrschaftslosigkeit; Gesetzlosigkeit; Unordnung, Durcheinander

An|ekdote, die (griech.)
In der Anekdote wird meist kurz und witzig von einer bemerkenswerten Begebenheit oder auch einem (wahren oder erfundenen) Ausspruch einer bekannten Persönlichkeit berichtet — mit der Absicht, diese Persönlichkeit oder gesellschaftliche Zustände treffend zu kennzeichnen. — So erzählt z. B. eine Anekdote von dem Medizinprofessor Rudolf Virchow (1821 bis 1902), der bei seinen Studenten gefürchtet war, weil er in Prüfungen gern scheinbar harmlose Fragen stellte, die aber einen versteckten Sinn enthielten. Einmal wollte Virchow von einem Kandidaten etwas über die Lage und Tätigkeit des Herzens wissen. Er tippte dem Prüfling mit dem Bleistift auf die Brust und fragte: „Wo komme ich hin, wenn ich hier mit einem Messer hineinsteche?" Da antwortete der Kandidat: „Ins Zuchthaus, Herr Professor!" Virchow war mit der Antwort zufrieden.

annektieren (franz.)
(sich fremdes Staatsgebiet gewaltsam) aneignen, einverleiben. — Dieser Begriff wurde im 19. Jahrhundert gebil-

det, als imperialistische Staaten begannen, andere Völker zu unterdrücken und auszubeuten.

Annonce [anŏße], die (franz.)
Anzeige in einer Zeitung oder Zeitschrift

Anomalie, die (griech.)
Ausnahmeverhalten, Regelwidrigkeit, Unregelmäßigkeit, Abweichung vom Normalen

an|onym (griech.)
ohne Namensnennung des Absenders oder Verfassers

anorganisch (griech.)
zur unbelebten Natur gehörend. — Früher bezeichnete man alle nicht von Lebewesen stammenden Stoffe (z.B. → Minerale) als anorganisch, heute versteht man darunter alle → chemischen Verbindungen, die keinen Kohlenstoff enthalten, wie z. B. Wasser oder Salze. Es sind über 40 000 anorganische Verbindungen bekannt. Gegensatz → organisch

Ant|agonismus, der (griech.)
1. unversöhnlicher Gegensatz, unüberbrückbarer Widerspruch, Gegeneinanderwirken von Stoffen oder Kräften
2. *Antagonistische Widersprüche* werden von der Ausbeutergesellschaft (Sklaverei, Feudalismus, Kapitalismus) hervorgebracht und beruhen auf dem Grundwiderspruch der Ausbeutung des Menschen durch den Menschen. Sie verschwinden erst mit dem Sturz der kapitalistischen Ausbeuterklasse durch die Arbeiterklasse und mit der Errichtung der sozialistischen Gesellschaftsordnung.

ant(i)- (griech.)
Vorsilbe mit der Bedeutung: gegen etwas gerichtet

Antibiotika, die (Plur.) (griech.)
Antibiotika sind vorwiegend von → Mikroorganismen (Kleinstlebewesen) gebildete Stoffe, die bestimmte andere Mikroorganismen in ihrer Entwicklung hemmen, schädigen oder abtöten.

antifaschistisch-demokratische Ordnung, die
Bezeichnung für die auf dem Gebiet der heutigen DDR nach 1945 errichtete Staatsmacht der Arbeiterklasse, der Bauern und anderer Werktätiger, die den Übergang zur sozialistischen Gesellschaftsordnung ermöglichte

Antifaschismus, der (griech. + ital.)
die von allen fortschrittlichen Kräften unter Führung der Arbeiterklasse und ihrer Partei getragene Widerstandsbewegung gegen den → Faschismus

Antike, die (franz.)
Antike ist eine Bezeichnung für das Altertum Griechenlands und Roms, besonders für die griechisch-römische Kultur der Zeit vom 5. Jahrhundert v. u. Z. bis zum 1. Jahrhundert u. Z. — Im alten Griechenland und im Römischen Reich schufen die Sklaven die Voraussetzungen dafür, daß sich die von der Arbeit freien Sklavenhalter mit der Kunst, den Naturwissenschaften und der Philosophie beschäftigen konnten. Es entstanden Bauwerke von unvergänglicher Schönheit, wie der Parthenontempel auf der Akropolis, dem Burgberg von Athen, oder wie der Altar der Stadt Pergamon, dessen Westseite im Berliner Pergamon-Museum wieder aufgebaut wurde. Hoch entwickelt waren auch Bildhauerkunst und Malerei. Viele Werke der Dichtkunst, wie die „Ilias" und die „Odyssee" Homers oder die Theaterstücke des Sophokles, Aristophanes und Euripides, gehören zur Weltliteratur. Noch heute gelten die Lehrsätze des Euklid, Pythagoras und Archimedes.

— Es gibt kaum ein Gebiet der Wissenschaft, Literatur und Kunst, auf dem nicht Griechen und Römer — aufbauend auf den Errungenschaften des Alten Orients — bahnbrechende Leistungen vollbracht hätten. Friedrich Engels meinte, daß ohne die Grundlage des Griechentums und Römerreiches kein modernes Europa denkbar sei. Auch viele Wörter aus der Philosophie, der Politik, Ökonomie, Mathematik, den Naturwissenschaften und der Technik, deren heutiger Inhalt oft damals vorgezeichnet wurde, erinnern daran.

Antikommunismus, der (griech. + franz.)
Gesamtheit fortschrittsfeindlicher, unwissenschaftlicher Weltanschauungen, die als Gemeinsamkeit den Haß gegen den Sozialismus und → Kommunismus haben. Der Antikommunismus schließt stets den Antisowjetismus, die Feindschaft gegenüber der Sowjetunion, ein. Der Schriftsteller Thomas Mann (1875 bis 1955) nannte den Antikommunismus die „Grundtorheit unserer Epoche".

Antipathie, die (griech.)
(gefühlsmäßige) Abneigung, Widerwille

antiquarisch (lat.)
alt, gebraucht

Antisemitismus, der (griech. + hebr.)
gegen die Juden gerichtete Einstellung, Rassenhetze. — Schon im Mittelalter wurden die Juden während der sogenannten Kreuzzüge (zwischen 1096 und 1270) angeblich ihrer → Religion wegen verfolgt, in Wahrheit aber um ihr Hab und Gut gebracht. Die Juden sind im Laufe der Geschichte immer wieder verfolgt worden, am grausamsten vom deutschen → Faschismus, der 6 Millionen jüdische Männer, Frauen und Kinder ermordete. — Der Antisemitismus ist noch lebendig. Er wird von den sozialistischen Ländern als Verbrechen an der Menschheit geahndet.

Aorta, die (griech.)
von der linken Herzkammer ausgehende Hauptschlagader, von der die anderen Schlagadern abzweigen; größte → Arterie

apathisch (griech.)
teilnahmslos, gleichgültig

Apotheke, die (von griech. theke „Ort oder Behälter zur Aufbewahrung")
Als dieses Wort im 13. Jahrhundert in die deutsche Sprache gelangte, hatte es noch die Bedeutung „Vorratskammer". Damit war der Vorratsraum im Kloster gemeint, wo man die gesammelten Heilkräuter aufbewahrte. — Heute ist die Apotheke eine Verkaufs-, Zubereitungs- und Prüfstelle für Arzneimittel.

Apparat, der (lat.)
Gerät, Gefäß; Vorrichtung

Appell, der (lat. appellatio „Ansprache" → franz.)
1. Aufruf, Mahnruf
2. nach feststehender Ordnung stattfindende Veranstaltung (oft mit Hissen der Fahne)

ap|plaudieren (lat.)
(Beifall) klatschen

Apposition, die (lat. appositio „Zusatz")
Die Apposition ist meist ein als → Attribut gebrauchtes Substantiv, das im gleichen Fall wie das Beziehungswort steht (Die Sowjetunion, unser Freund und Verbündeter, ist Vorposten im Kampf um den Frieden.). Sie bestimmt vor allem ein anderes Substantiv oder Pronomen näher. — Die Apposition kann vor (Tante Klara) oder hinter dem Beziehungswort stehen (Nathan der Weise). Eine nachgestellte Apposition ist die Datumsangabe (Am Freitag, dem 20. September, findet unser Elternabend statt.). Sie wird in Kommata eingeschlossen.

apropos [..po] (franz.)
übrigens; dabei fällt mir ein; nebenbei bemerkt; was ich noch sagen wollte

aqua- (lat.)
Vorsilbe mit der Bedeutung: das Wasser betreffend

Aquarell, das (ital.)
Die Aquarellmalerei ist eine der ältesten Malarten. Sie reicht bis ins 2. Jahrtausend v. u. Z. zurück. Für ein Aquarellbild verwendet man sogenannte Aquarellfarben, das sind mit Wasser und besonderen Bindemitteln angerührte Farben, die im Gegensatz zur Deckfarbe den hellen Malgrund (meist Papier) durchscheinen lassen.

Äquator, der (lat.)
Äquator heißt der größte Breitenkreis (40 076,59 km) des Gradnetzes der Erde. Er hat gleichen Abstand von den beiden → Polen und teilt die Erde in eine Nord- und eine Südhalbkugel. Auf allen Punkten des Äquators sind Tage und Nächte gleich lang.

äqui- (lat.)
Vorsilbe mit der Bedeutung: gleich

Äquivalent, das (lat.)
Gegenwert, Ausgleich

Arbeitsproduktivität, die
Als Arbeitsproduktivität bezeichnet man den Wirkungsgrad (Nutzen) der Arbeit in der → Produktion. Die Höhe der Arbeitsproduktivität ergibt sich aus dem Verhältnis zwischen der Menge der hergestellten Erzeugnisse zur aufgewendeten Arbeitszeit. Die Arbeitsproduktivität steigt also, wenn (bei gleicher Güte)
— mit der gleichen Menge Arbeit mehr Erzeugnisse
— mit weniger Arbeitsaufwand die gleiche Menge Erzeugnisse hergestellt werden.
Da die Weiterentwicklung der Gesellschaft von der Arbeitsproduktivität abhängig ist, muß sie ständig gesteigert werden. Wladimir Iljitsch Lenin sagte: „Der Kapitalismus kann endgültig besiegt werden und wird dadurch endgültig besiegt werden, indem der Sozialismus eine neue, weit höhere Arbeitsproduktivität hervorbringt."

Archiv, das (lat.)
Einrichtung zur Aufbewahrung und Auswertung von Akten und Urkunden, aber auch von Filmen, Tonbändern, Schallplatten u. a.

Argument, das (lat. argumentum „Beweismittel")
(beweiskräftige) Begründung

Arie, die (ital. aria „Lied, Gesang")
Die Arie ist ein mehrteiliges, unter-

schiedlich gegliedertes Musikstück (in Opern, Operetten, Oratorien, Kantaten und Konzerten) für eine Gesangsstimme, meist mit Instrumentalbegleitung.

Aristo|kratie, die (griech.)
1. herrschende Klasse der Sklavenhalter- und Feudalgesellschaft
2. Adelsstand

Arkade, die (lat. arcus „Bogen")
Eine Arkade ist ein auf zwei Pfeilern oder Säulen ruhender Bogen. Als Arkaden bezeichnet man eine solche Bogenreihe oder einen von aufeinanderfolgenden Bögen begrenzten Gang. Das Kolosseum zu Rom (eingeweiht im Jahre 80) weist drei übereinanderliegende Arkaden auf.

Armee, die (franz.)
Gesamtheit der Streitkräfte eines Staates. – Die Nationale Volksarmee (NVA), 1956 auf Beschluß der Volkskammer gebildet, ist das wichtigste bewaffnete Organ unserer Arbeiter-und-Bauern-Macht. Sie schützt gemeinsam mit der Sowjetunion und den anderen Bruderarmeen des Warschauer Vertrages die westliche Grenze der sozialistischen Staatengemeinschaft und unsere Republik vor imperialistischen Angriffsversuchen und trägt damit wesentlich zur Erhaltung des Friedens bei.
Zur Nationalen Volksarmee gehören die Landstreitkräfte, die Luftstreitkräfte/Luftverteidigung und die Volksmarine als Teilstreitkräfte sowie die Grenztruppen.

Aroma, das (griech.)
(würziger) Duft, Geschmack

arrangieren [aräsch..] (franz.)
(in bestimmter Weise ordnen) anordnen, einrichten; veranstalten, ausrichten

arrogant (lat.)
anmaßend, überheblich

Arsenal, das (ital.)
Waffenlager

Arterie [..i-e], die (griech.)
Die Arterien ermöglichen zusammen mit den → Venen den Blutkreislauf. Durch Arterien fließt das Blut vom Herzen weg in den Körper und befördert dabei Sauerstoff und Nährstoffe.

Artikel, der (lat.)
1. (zum Verkauf angebotene Ware) Erzeugnis
2. (Veröffentlichung in einer Zeitung) Abhandlung
3. Abschnitt eines Gesetzes oder Vertrages
4. Geschlechtswort, das meist beim → Substantiv steht und mit ihm dekliniert wird. Der Artikel bezeichnet Geschlecht oder Genus (der Baum), Fall oder Kasus (des Baumes) und Zahl oder Numerus (die Bäume) des Substantivs. Wir unterscheiden bestimmte Artikel:
der = männlich oder Maskulinum
die = weiblich oder Femininum
das = sächlich oder Neutrum
und unbestimmte Artikel (ein, eine, ein). Der unbestimmte Artikel hat keine Pluralform.

artikulieren (lat.)
Laute deutlich bilden, einwandfrei aussprechen

Artillerie, die (franz.)
1. Teil der Waffengattung Raketentruppen und Artillerie
2. Bezeichnung für Geschütze, Panzerabwehrlenkraketen, Selbstfahrlafetten, Geschoß- und Granatwerfer

asozial (lat.)
sich nicht nach den Regeln menschlichen Zusammenlebens richtend, die menschliche Gesellschaft schädigend

Aspekt, der (lat. aspectus „Anblick")
(Art der Betrachtung) Gesichtspunkt; Gedankenrichtung; Betrachtungsweise

Assimilation, die (lat. assimilatio „Angleichung")
Die Assimilation ist ein zum Stoff- und Energiewechsel gehörender Lebensvorgang. Man versteht darunter die schrittweise Umwandlung von aus der Umwelt aufgenommenen körperfremden (anorganischen) Stoffen in körpereigene (organische) Stoffe. Ein Beispiel für die Assimilation ist die Umwandlung von Kohlendioxid aus der Luft in Traubenzucker — ein Vorgang, der sich mit Hilfe von Sonnenlicht (Lichtenergie), Blattgrün (Chlorophyll) und Wasser in den meisten Pflanzen vollzieht.

Assistent, der (lat. assistens „Beisteher")
Helfer; wissenschaftlicher Mitarbeiter

Assoziation, die (lat.)
1. Vereinigung, Zusammenschluß
2. gedankliche Verknüpfung mehrerer Begriffsinhalte (z. B. Sommer, Sonne, Wasser: Baden)

Assoziativität, die (franz.)
Die Assoziativität der → Addition und → Multiplikation besagt, daß man mehrere Summanden bzw. Faktoren in beliebiger Reihenfolge zusammenfassen kann.

$a + (b + c) = (a + b) + c$
$a \cdot (b \cdot c) = (a \cdot b) \cdot c$

Dieses Rechengesetz gilt nicht für die Subtraktion, Division und das Potenzieren.

ästhetisch (griech.)
1. den Maßstäben der Kunst entsprechend
2. schön; geschmackvoll; formvollendet

astro- (griech.)
Vorsilbe mit der Bedeutung: den Weltraum betreffend

Astrologie, die (griech.)
Die Astrologie ist eine unwissenschaftliche Lehre. Sie gibt vor, das Schicksal von Menschen aus der Stellung der Himmelskörper zueinander und im Tierkreis (Sternbilder) vorhersagen zu können. Auch heute noch dient die Sterndeutung zum Betrug abergläubischer Menschen.

Astronaut, der (griech. „Sternschiffer")
→ Kosmonaut

Astronomie, die (griech. „Sternkunde")
Die Astronomie ist eine der ältesten Naturwissenschaften. Sie erforscht die Körper des Sonnensystems, die Sterne, Sternsysteme und die übrige Materie des Weltraums. Sie untersucht ihre Bewegungen, physikalischen Eigenschaften, chemische Zusammensetzung und ihre Entwicklung. — Mit bloßem Auge beobachteten die alten Ägypter, Babylonier, Chinesen und die Maya die Sonne, den Erdmond und die → Planeten. Sie gewannen astronomische Erkenntnisse, die wichtig waren für die Bewirtschaftung der Felder und die Viehhaltung. So entstanden aus der Himmelsbeobachtung auch die ersten wissenschaftlichen Zeiteinteilungen, die Kalender. — Fortschritte in der Technik trugen we-

sentlich zur Entwicklung der Astronomie bei: Galileo Galileis Erfindung des Fernrohrs (1609), die Himmelsfotografie, die Erforschung der Weltraumstrahlung und in jüngster Zeit die Weltraumfahrt.

asymme|trisch (griech.)
ungleichmäßig; nicht deckungsgleich

Athe|ismus [ate-ismus], der (griech.)
Atheismus bedeutet Ablehnung des Glaubens an Götter, an „übernatürliche" Kräfte und an ein „Jenseits". Der wissenschaftliche Atheismus, der von Marx und Engels begründet und von Lenin weiterentwickelt wurde, lehnt die → Religion ab und beweist durch wissenschaftliche Erkenntnisse, daß die Welt und das Leben keine Schöpfung Gottes sind, sondern auf natürliche Weise entstanden, daß die Entwicklung von Mensch und Gesellschaft nicht von Gott gelenkt, sondern von den Menschen selbst bestimmt wird.

Atlas, der (griech.)
Die griechische Sage berichtet vom Riesen Atlas, der nach einem Aufstand vom Göttervater Zeus verurteilt wurde, das Himmelsgewölbe auf seinen Schultern zu tragen. Daran erinnert die Bezeichnung für den oberen Halswirbel der höheren Wirbeltiere, der den Schädel trägt.
In der zweiten Hälfte des 16. Jahrhunderts zeichnete der Geograph und Mathematiker Mercator Land- und Seekarten, die der Wirklichkeit bedeutend näherkamen als die bis dahin bekannten Karten. Er bediente sich dabei eines Kartennetzes, bei dem sich die Längen- und Breitenkreise rechtwinklig schneiden. Diese 1595 erschienene Kartensammlung trug zum ersten Male den Titel „Atlas". — Heute versteht man unter Atlanten Sammlungen von Land-, See- oder Himmelskarten, von geschichtlichen Karten oder anderen wissenschaftlichen Bildwerken.

Atmo|sphäre, die (griech.)
1. (von etwas oder jemandem ausgehende Wirkung) Ausstrahlung; Stimmung
2. die Gashülle von → Planeten. Dazu gehört auch die Lufthülle der Erde, die durch die Schwerkraft der Erde festgehalten wird. Sie besteht aus einem Gemisch von Gasen (in Bodennähe etwa 78 Prozent Stickstoff, 21 Prozent Sauerstoff, 1 Prozent Edelgase, 0,03 Prozent Kohlendioxid; außerdem Wasserdampf, Staub, Meeressalz, Industrieabgase u. a.). Die Luftdichte nimmt nach oben ab, ebenso die Temperatur (bis zu 10 km Höhe um etwa 0,65 °C je 100 m). — Die der Erdoberfläche nächste und für das Leben wichtige Schicht der Atmosphäre ist die *Troposphäre*, die durchschnittlich 12 km hoch reicht. Sie vereinigt fast 90 Prozent der Gasmasse in sich. Hier spielen sich die Wettervorgänge ab. — Es folgen die *Stratosphäre* (etwa 12 bis 50 km Höhe), die *Mesosphäre* (etwa 50 bis 85 km) und die *Thermosphäre* (obere Grenze interplanetarer Raum, etwa 10 000 km).

Atom, das (griech. a-tomos „unteilbar")
Atome sind Teilchen, aus denen die → chemischen Elemente bestehen. Sie können bei → chemischen Reaktionen nicht zerlegt werden. Alle Atome eines Elements haben bestimmte gleiche Ei-

genschaften. — Die griechischen Philosophen Demokrit und Leukipp waren vor etwa 2500 Jahren der Meinung, daß die Welt aus kleinsten, unteilbaren, verschiedenen Teilchen besteht, die sich in ununterbrochener Bewegung befinden. Erst ab Ende des 19. Jahrhunderts erkannte man, daß die Atome aus noch kleineren Teilchen bestehen und spaltbar sind. — Jedes Atom besteht aus *Atomkern* und *Atomhülle*. Der Atomkern besteht aus den elektrisch positiv geladenen → *Protonen* und aus elektrisch neutralen Teilchen, den → *Neutronen*. Er vereinigt in sich fast die gesamte Masse des Atoms. — Die Atomhülle wird von elektrisch negativ geladenen Teilchen, den → *Elektronen* gebildet. Die Anzahl der Protonen und die Anzahl der Elektronen eines Atoms ist stets gleich. Auch der Betrag der elektrischen Ladung eines Protons und eines Elektrons ist gleich. Da die beiden Teilchen jedoch entgegengesetzt geladen sind, heben sich ihre Wirkungen auf, das Atom ist deshalb nach außen hin elektrisch neutral. — Die Elektronen sind auf Grund ihrer unterschiedlichen Energie innerhalb der Atomhülle in bestimmten Räumen am häufigsten anzutreffen. Diese Räume größter Aufenthaltswahrscheinlichkeit von Elektronen mit gleicher bzw. annähernd gleicher Energie nennt man Elektronenschalen. Jede Elektronenschale kann eine bestimmte, höchstmögliche Anzahl von Elektronen aufnehmen.

Der Durchmesser der Atome beträgt durchschnittlich 10^{-8} cm (= 0,000 000 01 cm), der Durchmesser der Atomkerne etwa 10^{-13} cm (= 0,000 000 000 000 1 cm).

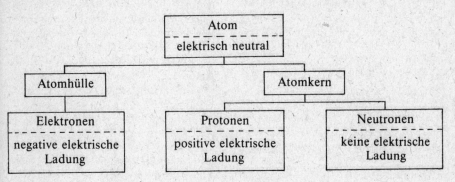

Attentat, das (franz.)
(meist aus politischen Gründen verübter) Anschlag

at|traktiv (franz.)
anziehend, wirkungsvoll

At|tribut, das (lat. attributum „das Zugeteilte")
1. Merkmal
2. Das Attribut oder die Beifügung ist Teil eines Satzgliedes und diesem untergeordnet. Es bezieht sich jedoch nie

auf das → Prädikat des Satzes. — Das Attribut bestimmt Personen und Sachen, aber auch Eigenschaften und Umstände näher (weiß wie Schnee). Es steht besonders oft beim Substantiv. Wir erfragen das Attribut mit „was für ein...?" Der Form nach kann das Attribut sein:
— Adjektiv (schönes Wetter),
— Partizip (das geöffnete Fenster),
— Adverb (der Wald dort),
— Pronomen (meine Klasse),
— Numerale (viele Menschen),
— präpositionale Wortgruppe (die Taube auf dem Dach),
— Substantiv im Genitiv (der Held der Arbeit),
— → Apposition (Berlin, Hauptstadt der DDR),
— Infinitiv oder erweiterter Infinitiv mit zu (der Wunsch zu siegen).
Das Attribut kann auch zu einem Gliedteilsatz erweitert werden und ist dann meist Relativsatz (das Haus, in dem ich wohne, steht...).

Audienz, die (franz.)
feierlicher Empfang (beim Staatsoberhaupt)

Auktion, die (lat.)
(öffentliche Veräußerung an den Meistbietenden) Versteigerung

authentisch (griech.)
echt, verbürgt, glaubwürdig, sicher; verbindlich, rechtsgültig

aut(o)- (griech.)
Vorsilbe mit der Bedeutung: selbst-, eigen-

Autobio|graphie, die (griech.) → Biographie

Autodidakt, der (griech.)
Als Autodidakt bezeichnet man jemand, der sein Wissen durch Selbstunterricht erwirbt oder erworben hat.

Auto|gramm, das (griech.)
eigenhändig geschriebener Name (einer bekannten Persönlichkeit)

Automat, der (griech.)
1. Maschine oder Anlage, in der aufeinanderfolgende Arbeitsgänge nach vorgegebenem Programm selbsttätig ablaufen
2. Apparat, der nach Einwurf von Münzen Waren ausgibt oder Leistungen ausführt

automatisch (franz.)
selbsttätig; selbstregelnd, selbststeuernd; unwillkürlich; zwangsläufig

Automatisierung, die
Die Automatisierung ist die höchste Form der modernen → Produktion. Maschinen und Anlagen mit selbsttätiger Arbeitsweise (Automaten) übernehmen nicht nur alle Arbeitsvorgänge, sondern auch die Steuerung und Überwachung des Fertigungsprozesses. Der Mensch arbeitet die Arbeitsprogramme aus und gibt sie den Automaten vor, er überwacht sie und behebt Störungen. — Durch die Automatisierung ändert sich die Arbeit des Menschen grundlegend: Ihm wird körperlich anstrengende und geistig eintönige Arbeit abgenommen, und er wird frei für schöpferische Tätigkeit. — Die Automatisierung trägt zur Steigerung der → Arbeitsproduktivität wirksam bei.

autonom (griech.)
politisch selbständig, unabhängig

Autor, der (lat.)
Urheber, Verfasser (eines wissenschaftlichen, literarischen [Schriftsteller] oder musikalischen Werkes [Komponist])

Autorität, die (lat.)
1. (auf Leistung beruhendes) Ansehen

2. angesehene, bedeutende Persönlichkeit; maßgebender Fachmann

auto|troph (griech.)
Als autotroph bezeichnet man Blattgrün (→ Chlorophyll) besitzende Lebewesen (z. B. Algen, Moose, Farne), die sich von körperfremden (anorganischen) Stoffen ernähren und dabei körpereigene (organische) Stoffe aufbauen. Gegensatz → heterotroph

B

Bagatelle, die (franz.)
Kleinigkeit, unbedeutende Sache

Bakterien [..i-en], die (Plur.) (griech. bakterion „Stäbchen")
Die Bakterien bestehen aus nur einer → Zelle und gehören zu den kleinsten Lebewesen (Größe zwischen $\frac{1}{100}$ und $\frac{1}{1000}$ mm).
Der Gestalt nach sind sie stab-, kugel-, komma- oder schraubenförmig. Sie besitzen keinen abgegrenzten Zellkern und keine feste Zellwand. — Die meisten Bakterien ernähren sich → heterotroph — manche aus organischen Stoffen toter Lebewesen (Fäulniserreger), andere, die Schmarotzer oder Parasiten, von organischen Stoffen lebender Organismen (dazu gehören die Erreger ansteckender Krankheiten). Sie sind je nach den von ihnen ausgelösten Wirkungen für den Menschen schädlich oder nützlich. — Zum Überdauern ungünstiger Lebensbedingungen bilden sich manche Bakterien zu Dauersporen um, aus denen sich später wieder Bakterien entwickeln. — Die Fortpflanzung erfolgt ungeschlechtlich durch Spaltung: aus einer Zelle entstehen zwei gleiche Tochterzellen.

Vorkommen von Bakterien
Luft im Wald und an der See
  etwa 20 bis 300 je m³
Luft in der Großstadt
  etwa 300 bis 10 000 je m³
Trinkwasser
  unter 100 je m³
Abwasser
  über 1 Million je m³
Humusboden
  bis zu mehreren Milliarden je g
Straßenstaub
  etwa 25 000 bis 2 Millionen je g

Balance [..ā́ße], die (franz. „Waage") (Zustand ausgeglichener entgegengesetzter Wirkungen) Gleichgewicht

Baldachin, der (ital.)
aus kostbarem Stoff hergestelltes Prunkdach über Thron, Kanzel, Bett; Traghimmel

Ballade, die (ital. ballata „Tanz")
Die Ballade ist ein mehrstrophiges erzählendes Gedicht. In einer zusammengedrängten, spannenden Handlung, in Rede und Gegenrede wird von einem außergewöhnlichen Geschehen berichtet. — Die Ballade schildert meist Vorgänge aus der Sage und Geschichte, die Taten von Volkshelden, Auseinandersetzungen des Menschen mit den gesellschaftlichen Verhältnissen seiner Zeit, Kämpfe des Menschen mit den Naturgewalten. Die Meinung des Balladendichters zu den geschilderten Vorgängen kommt deutlich

zum Ausdruck; er spricht Gefühl und Verstand des Hörers oder Lesers an, damit dieser für den Sieg der Liebe und Treue, für die Gerechtigkeit und ein menschenwürdiges Leben Stellung nimmt. — Die Ballade war ursprünglich ein zum Tanz gesungenes Lied. Im späten Mittelalter entstanden dann in vielen Ländern *Volksballaden*, die man sang. Die Namen ihrer Verfasser sind uns nicht überliefert. Von der *Kunstballade* spricht man seit 1773, als Johann August Bürger seine Ballade „Leonore" dichtete.

Ballętt, das (ital.)
1. Bühnenwerk (auch Teil einer Oper oder Operette), in dem Handlung, Gedanken und Gefühle ausschließlich durch Musik und Tanz dargestellt werden. Berühmt sind die Ballettmusiken „Der Nußknacker", „Dornröschen", „Schwanensee", von Pjotr Tschaikowski (1840 bis 1893) und „Aschenbrödel" von Sergei Prokofjew (1891 bis 1953).
2. Tanzgruppe, die solche Werke gestaltet

Ballọn, [..ǭ] der (franz.)
1. kurzhalsiges, bauchiges Glasgefäß
2. mit Gas gefüllter ballförmiger Flugkörper
3. Luftfahrzeug (leichter als Luft) ohne eigenen Antrieb, das aus einer luftdichten, mit Gas bzw. Heißluft gefüllten ballförmigen Hülle und einem darunterhängenden Korb (Gondel) besteht. Der Ballon steigt durch Abwurf von Ballastmasse (zum Beispiel von Sandsäcken) und sinkt durch Ablassen von Gas. — Der Freiballon wird von der Luftströmung fortbewegt, der Fesselballon am Seil festgehalten. — Den ersten, mit heißer Luft gefüllten Ballon baute der Franzose Joseph Michel Montgolfier. Sein Ballon stieg 1783 zunächst mit Tieren, später auch mit Menschen auf.

banal (franz.)
geistlos; nichtssagend; abgedroschen

Bankętt, das (ital./franz.)
Festessen (mit vielen Gästen)

Bank|rǫtt, der (ital. banca rotta „zerbrochene Bank")
Zahlungsunfähigkeit, wirtschaftlicher Zusammenbruch. Im Mittelalter soll Geldwechslern, die ihren Zahlungsverpflichtungen nicht nachkommen konnten, der Wechseltisch zerbrochen worden sein.

Barącke, die (franz.)
einstöckige, nicht unterkellerte, zerlegbare Behelfsunterkunft

Barbar, der (griech.)
Im alten Griechenland und im Römischen Reich galten alle Angehörigen eines fremden Volkes als Barbaren. Heute nennt man unmenschlich handelnde Menschen Barbaren (z. B. die Faschisten).

Bariton, der (griech. → ital.)
Männerstimme in mittlerer Stimmlage (zwischen Baß und Tenor)

Barǫck, das oder der (franz.)
Als Barock wird die Ausdrucksform der europäischen Kunst in der Zeit des aufstrebenden Bürgertums und des Zerfalls der Feudalgesellschaft (etwa 1600 bis 1750) gekennzeichnet. — In der Baukunst verkörperte der auf

die → Renaissance folgende Barockstil durch gewaltige Prunkentfaltung Macht und Reichtum der absoluten Herrscher (Könige und Fürsten) und der katholischen Kirche gegenüber dem nicht mehr gänzlich unterworfenen Bürgertum und den leibeigenen Bauern. Überall wurde das Schloß zum beherrschenden Gebäude. Nach dem Vorbild von Versailles, dem Sitz des französischen Königs Ludwig XIV., lag in der Regel vor dem großen, prachtvollen Schloß die Stadt, und hinter dem Schloß erstreckte sich ein riesiger, geometrisch angelegter Park. Um die Gläubigen zu beeindrucken, wurde auch im Kirchenbau Pracht und Prunk entfaltet. Vom wachsenden Selbstbewußtsein des jungen, aufstrebenden Bürgertums zeugen dagegen schöne Bürgerhäuser in den Städten. — Die Bauten des Barocks zeigen geschwungene, reich geschmückte Gebäudefronten mit breit ausladenden Gesimsen, mit Rahmenwerk verzierten Fenstern und Türen und mit sich oft über mehrere Stockwerke hinweg erstreckenden Säulen oder flach aus der Wand hervortretenden Pfeilern (Pilastern). Die Innenräume sind reich mit Werken der Bildhauerkunst, Wand- und Deckenmalereien ausgestattet. — In der Zeit des Barocks entstanden auch großartige Werke der Malerei (u. a. von Murillo, Rembrandt, Rubens, Velázquez) und der Musik (u. a. von Bach, Gluck, Händel, Schütz).

Barometer, das (griech.)
Das Barometer ist ein Gerät zum Messen des Luftdrucks. Man unterscheidet Quecksilber- und Dosenbarometer. Der Luftdruck wird beim Quecksilberbarometer durch die Höhe einer Quecksilbersäule in einem verschlossenen, luftleeren Rohr angegeben, beim Dosenbarometer durch die Biegung des Deckels einer fast luftleeren, flachen Metalldose, die auf einen Zeiger übertragen wird. Das Quecksilberbarometer erfand Evangelista Torricelli (1608 bis 1647).

Barrikade, die (franz.)
Straßensperre, Hindernis; Verteidigungsbau bei revolutionären Straßenkämpfen, schnell aus Wagen, Möbeln, Hölzern, Fässern, Steinen u. a. hergestellt

Basar, der (pers. bazar „Markt")
1. orientalischer Markt mit Verkaufsständen; Ladenstraße
2. Verkaufsausstellung von (meist dafür angefertigten) Gegenständen, deren Gelderlös der Unterstützung unterdrückter oder Not leidender Völker dient (Solidaritätsbasar)
3. Buchverkauf, bei dem Schriftsteller und Illustratoren mit den Lesern sprechen und ihre Werke mit ihrer Unterschrift oder einer Widmung versehen (Schriftstellerbasar)

Basilika, die (griech.)
Basilika hieß im Römischen Reich die Markt- oder Gerichtshalle. Sie war eine langgestreckte Halle mit einem breiten, erhöhten und mit einer Fensterreihe (Lichtgaden) versehenen Mittelschiff und zwei Seitenschiffen, die durch zwei oder vier Säulenreihen (Arkaden) vom Mittelschiff getrennt waren. Auf dieser Bauform beruhen die mehrschiffigen Kirchen des Mittelalters.

Basis, die (griech.)
1. Grundlage, Ausgangspunkt
2. Grundlinie, Grundfläche
3. Sockel, Unterbau; Fuß einer Säule oder eines Pfeilers
4. Stützpunkt
5. → Potenz

Baß, der (ital.)
tiefste Männerstimmlage

Bastion oder Bastei, die (ital.) besonders im 17./18. Jahrhundert üblicher, der Verteidigung im Vorfeld dienender, vorspringender Teil eines Festungswalles mit halbrundem, später fünfeckigem Grundriß

Bataillon [bataljon], das (franz.) taktische Einheit der Streitkräfte, die aus mehreren → Kompanien zusammengesetzt sein kann und in der Regel Bestandteil eines → Regiments ist

Batik, die (mal.) Färbetechnik, bei der jeweils die nicht einzufärbenden Stoffteile mit flüssigem Wachs abgedeckt werden. Wenn das Wachs erstarrt ist, wird der Stoff kalt gefärbt und das Wachs danach mit heißem Wasser ausgewaschen.

Batterie, die (franz.)
1. Zusammenschaltung mehrerer gleichartiger Geräte, Anlagen oder Energiequellen mit dem Ziel, die Leistung zu erhöhen
2. kleinste taktische Einheit der → Artillerie, der Truppenluftabwehr und der Küstenartillerie

Beat [biet], der (engl. „Schlag") Tanzmusik mit neuem Klangbild, von vier jungen Engländern, der Gruppe „The Beatles", 1963 begründet. Die Musik und die Texte ihrer Lieder, die die „Beatles" meist selbst schrieben, waren zeitkritisch und haben künstlerischen Rang. Zur Mode wurde ihre lange Haartracht. — Der Beat ist gekennzeichnet durch seinen besonderen Rhythmus (gleichmäßig starke Betonung des $\frac{4}{4}$-Taktes), den Gruppengesang und die Verwendung von elektronischen Verstärkeranlagen für die Musikinstrumente.

beige [bähsch] (franz.) naturfarbener Ton der Wolle; sandfarben

Bibliothek, die (griech. biblio-theke „Büchersammlung")
1. jede Büchersammlung
2. planmäßig aufgebaute, übersichtlich geordnete Sammlung, die ständig ergänzt und den Benutzern mit Hilfe von Katalogen (alphabetisch nach den Verfassern oder nach Sachgebieten geordnete Karteikarten) erschlossen wird. In Bibliotheken werden vor allem Bücher gesammelt, oft aber auch Zeitschriften und Zeitungen, weiterhin Kunstdrucke (Artothek), Landkarten (Kartothek), Noten, Tonbänder, Schallplatten (Phonothek) u. ä. — In der DDR kann jeder — vom 7. Lebensjahr an in einer Kinderbibliothek und vom 16. bzw. 18. Lebensjahr an in jeder staatlichen Allgemeinbibliothek — kostenlos Bücher entleihen. — Schon vor 3000 Jahren, als man Bücher im heutigen Sinne noch nicht kannte, gab es große Bibliotheken. Die Bibliothek von Ninive (Irak) im 7. Jahrhundert v. u. Z. bestand aus über 20 000 mit Keilschrift beschriebenen, gebrannten Tontafeln. Etwa 700 000 Schriftrollen aus Papyrus umfaßte die im Jahre 47 v. u. Z. durch Brand zerstörte Bibliothek von Alexandria (Ägypten). — Die Lenin-Bibliothek in Moskau ist die größte Bibliothek der Gegenwart.

Bilanz, die (ital. bilancia „Gleichgewicht") Ergebnis; Gegenüberstellung von Kennziffern (z. B. von Einnahmen und Ausgaben)

bilateral (lat.) zweiseitig

Bimetall, das (lat.) Ein Bimetall besteht aus zwei verschiedenen Metallstreifen gleicher Abmessung (z. B. Stahl- und Messingblech), die miteinander vernietet oder verschweißt sind. Da sich beide Metalle beim Erwärmen ungleich ausdehnen, krümmt sich der Streifen. Diese Eigenschaft wird z. B. beim Reglerbügeleisen genutzt, wo der Bimetallstreifen die Temperatur der Sohle des Bügeleisens annimmt und beim Erreichen der eingestellten Temperatur den elektrischen Strom aus- oder einschaltet.

bio- (griech.)
Vorsilbe mit der Bedeutung: das Leben, die Lebewesen betreffend

Bio|graphie, die (griech. bios „Leben" + graphein „schreiben" = „Lebensbeschreibung")
Darstellung des Lebens oder wesentlicher Lebensabschnitte eines Menschen. *Autobiographie* Darstellung des eigenen Lebens

Biologie, die (griech.)
Die Biologie ist die Wissenschaft vom Leben, seinen Gesetzmäßigkeiten und Erscheinungsformen, seiner Ausbreitung in Raum und Zeit. Sie erforscht den Bau und die Lebensvorgänge, den Ursprung, die Entwicklung und die Vielfalt der Lebewesen (→ Organismen), sie erschließt Wege zur Erhaltung und Veränderung der belebten Natur zum Nutzen des Menschen.

Bio|sphäre, die (griech.)
Unter Biosphäre versteht man den von Lebewesen bewohnten Teil der Erde. Der Lebensraum der → Organismen umfaßt die Erdkruste, die Lufthülle der Erde und das Meer.

Biotop, der oder das (griech.)
einheitlicher und gegen benachbarte Biotope deutlich abgegrenzter Lebensraum (z. B. See, Wald, Wiese), der einer bestimmten Pflanzen- und Tiergemeinschaft (→ Biozönose) die ihr entsprechenden Lebensbedingungen bietet. Zu diesem Lebensraum gehören alle darin wirkenden Einflüsse der Umwelt (z. B. Schatten, Feuchtigkeit, Temperatur).

Biozönose, die (griech.)
Gemeinschaft von Lebewesen (→ Organismen) im gleichen Lebensraum (→ Biotop)

bizarr (franz.)
seltsam, ungewöhnlich

blamabel (franz.)
beschämend, peinlich

Boiler, der (engl.)
elektrisch oder mit Gas beheizter Warmwasserspeicher; Durchlauferhitzer

Boje, die (niederl.)
am Gewässergrund verankerter Schwimmkörper (Hohlkörper) aus Stahl oder Plast, der als Signalzeichen für die Schiffahrt dient

Bolschewiki, die (Plur.) (zu russ. bolschinstwo „Mehrheit")
Auf dem II. Parteitag der Sozialdemokratischen Arbeiterpartei Rußlands im Jahre 1903 in London erhielten die um Lenin gescharten Marxisten bei den Wahlen zur Parteiführung die meisten Stimmen. Diese Mehrheit, aus der später die KPdSU hervorging, wurde nunmehr Bolschewiki genannt, während die Minderheit, die sich der herrschenden Bourgeoisie anpassen und auf den revolutionären Klassenkampf verzichten wollte, die Bezeichnung Menschewiki erhielt.

Bombe, die (franz./ital.)
Bomben sind mit Sprengstoff, Brandmasse oder chemischem Kampfstoff gefüllte Stahl- oder Kunststoffkörper. Sie werden von Bombenflugzeugen zur Bekämpfung von Erd- und Seezielen abgeworfen.

Bon [bõ], der (franz. bon „gut")
Gutschein; Kassenbeleg

borniert (franz.)
engstirnig; geistig beschränkt; dumm

Bourgeoisie [burschoasie], die (franz. „Bürgertum")
Die Bourgeoisie ist die herrschende Klasse im → Kapitalismus und die letzte Ausbeuterklasse in der Geschichte der menschlichen Gesellschaft. — Die Bourgeoisie besitzt die wichtigsten → Produktionsmittel in Gestalt von Industrie- und Landwirtschaftsbetrieben und beutet die von ihr unterdrückte Arbeiterklasse (das Proletariat) aus, indem sie sich den von den Arbeitern geschaffenen Mehrwert aneignet.

Box, die (engl.)
1. Behälter
2. abgeteilter Raum
3. einfache, kastenförmige Rollfilm-Kamera mit fester Fern-Nah-Einstellung des → Objektivs

Boykott [beukott], der (engl.)
Als Boykott bezeichnet man politische und wirtschaftliche Zwangsmaßnahmen (politisch-moralische Ächtung, Abbruch von Handelsbeziehungen, Käuferstreik). — Die Bezeichnung für diese Kampfform geht auf das Jahr 1880 zurück, als sich irische Bauern gegen ihre Unterdrückung durch den Gutsverwalter Charles Boykott auflehnten, nicht mehr für ihn arbeiteten und ihn so zur Aufgabe seines Postens zwangen.

Brigade, die (ital./franz.)
1. kleine Gruppe von Menschen, die gemeinsam, mit gegenseitiger Unterstützung, arbeiten oder lernen (z. B. Arbeitskollektiv). Leiter der Brigade ist der Brigadier [..dje].
2. Verband bzw. Truppenteil in verschiedenen Teilstreitkräften, der aus mehreren → Regimentern, → Bataillonen oder Abteilungen besteht

brüsk (franz.)
barsch, schroff

brutal (lat.)
roh, gewalttätig; rücksichtslos; unmenschlich

brutto (ital.)
1. mit Verpackung gewogen
2. ohne Abzug gerechnet.
Gegensatz → netto

Bungalow [..lo], der (hindust. → engl.)
Aus dem Hindi — der Staatssprache der Indischen Union — ist das englische Wort Bungalow, das eigentlich „bengalisches Haus" bedeutet, entlehnt.
Die Engländer hatten, als sie Indien und andere tropische Länder noch als → Kolonien unterdrückten und ausbeuteten, ihre eingeschossigen, luftigen Häuser, die sie dort für sich bauen ließen, Bungalows genannt. — Als Bungalow bezeichnet man heute ein flaches, weiträumiges Wochenend- oder Wohnhaus.

Bunker, der (engl.)
1. Behälter für Schüttgut (z. B. Kohle, Düngemittel)
2. bombensicherer Schutzraum aus Stahlbeton

Büro, das (franz.)
1. Geschäftsstelle; Dienstraum
2. kollektives Führungsorgan von Parteien und Massenorganisationen

bürokratisch (franz. + griech.)
(übergenau dem Buchstaben folgend) engstirnig; volksfremd

C

Cam|ping [käm..], das (engl.)
Leben im Freien (Zelten), hauptsächlich während der Urlaubszeit

Chance [schäß], die (franz.)
günstige Gelegenheit; glücklicher Umstand

Chanson [schāsō], das (franz.)
Das Chanson entstand in Frankreich. Es ist ein meist in der Ich-Form vorgetragenes Lied, das Gedanken, Gefühle und Erlebnisse aus dem alltäglichen Leben wiedergibt (sie können der → Politik ebenso gelten wie der Liebe). — Vorgetragen wird das Chanson von einer Sängerin oder einem Sänger, die sich auf dem Klavier oder der Gitarre begleiten oder von Instrumentalisten begleiten lassen. Das Chanson hat meist einen einprägsamen Refrain (Kehrreim).

Chaos [kaoß], das (griech.)
(wüstes) Durcheinander, (große) Unordnung, Wirrwarr

Charakter [k..], der (griech.)
1. Gesamtheit der wesentlichen Eigenschaften eines Menschen, wie sie in seinem Denken, Fühlen und Handeln zum Ausdruck kommen
2. Wesen, Eigenart einer Sache

Charakteristik [k..], die (griech.)
zusammenfassende, treffende Schilderung kennzeichnender Eigenschaften eines Menschen, hervorstechende Merkmale eines Kunstwerkes u. a.

charakteristisch [k..] (griech.)
kennzeichnend, bezeichnend

Charme [scharm], der (franz.)
(von einem Menschen ausgehende angenehme Wirkung) Anmut, Reiz, Zauber

Charta [k..], die (lat. „Papierblatt")
Urkunde über die Grundsätze der Politik eines Staates (Verfassung); Gründungsurkunde. Eine international bedeutsame Urkunde dieser Art ist die Charta der Vereinten Nationen (UNO).

chartern [tsch..] (engl.)
ein Schiff oder Flugzeug mieten

Chaussee [schossee], die (franz.)
(mit Asphalt, Steinpflaster oder Beton befestigte) Landstraße

Chauvinismus [schow..], der (franz.)
Von Chauvin, dem prahlerischen „Eisenfresser", der in einem französischen Lustspiel des vorigen Jahrhunderts vorkam, ist der Begriff Chauvinismus abgeleitet. Er bezeichnet das im → Imperialismus gezüchtete Bestreben, das eigene Land oder Volk über andere zu stellen. Damit soll Verachtung, Haß und Feindseligkeit gegenüber anderen Völkern erzeugt und Begeisterung für Eroberungskriege geweckt werden. Besonders kraß kam der Chauvinismus in der Zeit der Herrschaft des deutschen → Faschismus zum Ausdruck.

Chef [schef], der (franz. „Kopf, Oberhaupt")
(verantwortlicher) Leiter; Vorgesetzter

Chemie, die (arab.)
Die Wissenschaft Chemie untersucht den Aufbau und die Eigenschaften der Stoffe (→ chemische Elemente) und die Stoffumwandlungen (→ chemische Reaktionen), die zu anderen Stoffen führen. — Zur organischen Chemie gehören nahezu alle Kohlenstoffverbindungen (über 2,5 Millionen), während die übrigen Elemente und ihre Verbindungen sowie das Element Kohlenstoff (etwa 200 000) zur anorganischen Chemie zählen. — Chemische Vorgänge waren schon in der Urgesellschaft bekannt. Die Beherrschung und Anwendung des Feuers ermöglichte die Umwandlung von Naturstoffen. Im Altertum gewann man bereits Metalle aus Erzen und Farben aus Naturstoffen. Es gab bereits eine große Produktionserfahrung, doch vom Ablauf der chemischen Reaktionen hatte man noch keine Kenntnis. — Erst Ende des 18. Jahrhundert, als das gesellschaftliche Bedürfnis entstanden war, die chemischen Erscheinungen gründlicher zu untersuchen, entwickelte sich die Chemie zur Wissenschaft.

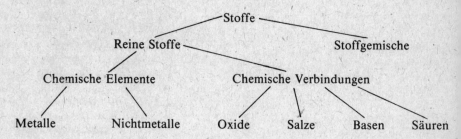

chemische Elemente
Als chemische Elemente bezeichnet man reine Stoffe (Grundstoffe). Sie lassen sich mit chemischen Mitteln nicht in einfachere Stoffe zerlegen und bestehen aus gleichartigen → Atomen. — Nach ihren physikalischen Eigenschaften werden die chemischen Elemente in Metalle und Nichtmetalle eingeteilt.

Gegenwärtig bekannte chemische Elemente

Element	Symbol	Ordnungszahl
Aktinium	Ac	89
Aluminium	Al	13
Amerizium	Am	95
Antimon (Stibium)	Sb	51

chemische Elemente

Element	Symbol	Ordnungszahl
Argon	Ar	18
Arsen	As	33
Astat	At	85
Barium	Ba	56
Berkelium	Bk	97
Beryllium	Be	4
Blei (Plumbum)	Pb	82
Bohrium	Bo	105
Bor	B	5
Brom	Br	35
Chlor	Cl	17
Chrom	Cr	24
Curium	Cm	96
Dysprosium	Dy	66
Einsteinium	Es	99
Eisen (Ferrum)	Fe	26
Erbium	Er	68
Europium	Eu	63
Fermium	Fm	100
Fluor	F	9
Franzium	Fr	87
Gadolinium	Gd	64
Gallium	Ga	31
Germanium	Ge	32
Gold (Aurum)	Au	79
Hafnium	Hf	72
Helium	He	2
Holmium	Ho	67
Indium	In	49
Iridium	Ir	77
Jod	J	53
Kadmium	Cd	48
Kalifornium	Cf	98
Kalium	K	19
Kalzium	Ca	20
Kobalt	Co	27
Kohlenstoff (Carbonium)	C	6
Krypton	Kr	36
Kupfer (Cuprum)	Cu	29
Kurtschatovium	Ku	104
Lanthan	La	57
Lawrenzium	Lr	103
Lithium	Li	3
Lutetium	Lu	71
Magnesium	Mg	12
Mangan	Mn	25
Mendelevium	Md	101
Molybdän	Mo	42
Natrium	Na	11
Neodym	Nd	60
Neon	Ne	10
Neptunium	Np	93
Nickel	Ni	28
Niob	Nb	41
Nobelium	No	102
Osmium	Os	76
Palladium	Pd	46
Phosphor	P	15
Platin	Pt	78
Plutonium	Pu	94
Polonium	Po	84
Praseodym	Pr	59
Promethium	Pm	61
Protaktinium	Pa	91
Quecksilber (Hydrargyrum)	Hg	80
Radium	Ra	88
Radon	Rn	86
Rhenium	Re	75
Rhodium	Rh	45
Rubidium	Rb	37
Ruthenium	Ru	44
Samarium	Sm	62
Sauerstoff (Oxygenium)	O	8
Schwefel (Sulfur)	S	16
Selen	Se	34
Silber (Argentum)	Ag	47
Silizium	Si	14
Skandium	Sc	21
Stickstoff (Nitrogenium)	N	7
Strontium	Sr	38
Tantal	Ta	73
Technetium	Tc	43
Tellur	Te	52
Terbium	Tb	65
Thallium	Tl	81

Element	Symbol	Ordnungszahl
Thorium	Th	90
Thulium	Tm	69
Titan	Ti	22
Uran	U	92
Vanadium	V	23
Wasserstoff (Hydrogenium)	H	1
Wismut	Bi	83
Wolfram	W	74
Xenon	Xe	54
Ytterbium	Yb	70
Yttrium	Y	39
Zäsium	Cs	55
Zer	Ce	58
Zink	Zn	30
Zinn (Stannum)	Sn	50
Zirkonium	Zr	40

Die häufigsten chemischen Elemente

a) *Erdrinde*

Sauerstoff	49,4 %
Silizium	25,8 %
Aluminium	7,5 %
Eisen	4,7 %
Kalzium	3,4 %
Natrium	2,6 %
Kalium	2,4 %
Magnesium	1,9 %
Wasserstoff	0,9 %
	98,6 %

b) *Weltall*

Wasserstoff	70,00 %
Helium	28,00 %
Sauerstoff	0,70 %
Stickstoff	0,28 %
Eisen	0,28 %
Kohlenstoff	0,18 %
Neon	0,18 %
Magnesium	0,07 %
Silizium	0,07 %
	99,76 %

chemische Reaktion, die

Die chemische Reaktion ist ein Vorgang, bei dem sich Stoffumwandlungen vollziehen. Dabei entstehen aus Ausgangsstoffen neue Stoffe mit anderen Eigenschaften (Reaktionsprodukte). — Das Wesen chemischer Reaktionen besteht in einer Umordnung von → Atomen und → Ionen oder in der Umwandlung dieser Teilchenarten ineinander. Viele chemische Reaktionen sind durch einen Umbau der chemischen Bindung gekennzeichnet. Dabei findet oft eine Umgruppierung von Elektronen statt. — Der Ablauf jeder chemischen Reaktion ist von Reaktionsbedingungen abhängig und mit physikalischen Erscheinungen verbunden, z. B. mit Wärmeaufnahme (endotherme Reaktion) oder Wärmeabgabe (exotherme Reaktion). Die dabei aufgenommene oder abgegebene Wärme wird als Reaktionswärme bezeichnet.

chemische Verbindung, die

Eine chemische Verbindung entsteht durch eine → chemische Reaktion zwischen mindestens zwei → chemischen Elementen. Sie hat im Gegensatz zum Stoffgemisch andere Eigenschaften als ihre Ausgangsstoffe. Gegenwärtig kennt man über vier Millionen chemische Verbindungen.

Chitin, das (griech.)

Aus Chitin, einem hornartigen Stoff, besteht die Körperhülle der meisten Gliederfüßer (Spinnentiere, Krebstiere, Insekten, Vielfüßer). Der Chitinpanzer dient diesen Tieren als Außenskelett und schützt sie vor dem Austrocknen. Auch die Atmungsorgane vieler Gliederfüßer, die → Tracheen, sind mit Chitin ausgekleidet. Bei der Häutung wird der nicht mitwachsende Panzer abgeworfen und ein neuer, größerer gebildet; auch die mit Chitin ausgekleideten Organe werden erneuert. Vergleiche → Kutikula

Chlorophyll [klorofüll], das (griech.)
Chlorophyll oder Blattgrün heißt der meist an besondere Träger (→ Chloroplasten) gebundene grüne Farbstoff der Pflanzen. Blattgrün wird nur im Licht gebildet. — Mit Hilfe des Chlorophylls und des Sonnenlichts können grüne Pflanzenteile aus anorganischen Stoffen (Kohlendioxid der Luft und Wasser) organische Stoffe (Stärke, Eiweiße, Fette) herstellen. Auf diese Weise ernähren sie sich und schaffen die Grundlage für die Ernährung aller anderen Lebewesen. Vergleiche → Assimilation

Chloro|plast, der (griech.)
Blattgrünträger der Zellen grüner Pflanzenteile, der → Chlorophyll enthält

Chor, der (griech. choros „Tanzplatz, Reigen")
1. größere Gruppe von Sängern, die meist mehrstimmig — ohne oder mit Begleitung von Instrumenten — singen
2. meist am Ostende der Kirche liegender Raum, in dem sich der → Altar befindet

Chronik, die (griech. chronos „Zeit")
Aufzeichnung geschichtlicher Ereignisse in zeitlich genauer Reihenfolge

chronisch (griech.)
(langsam entstehend und verlaufend) andauernd; langwierig

clever [klewer] (engl.)
gewitzt, geschickt, schlau

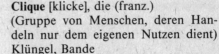

Clique [klicke], die (franz.)
(Gruppe von Menschen, deren Handeln nur dem eigenen Nutzen dient) Klüngel, Bande

Coda, die (ital. „Schwanz")
Schlußteil bestimmter Musikstücke (z. B. von → Sonaten und Tänzen), in dem noch einmal ein Höhepunkt geschaffen wird

Computer [kompjuter], der (engl.)
Computer ist der englische Ausdruck für elektronische Rechenautomaten, die nach einem vorgegebenen Programm umfangreiche Rechenoperationen mit großer Schnelligkeit ausführen (viele tausend je Sekunde).

Container [kontener], der (engl.)
Container sind rechteckige Transportbehälter mit festgelegten Abmessungen. Sie können wiederholt verwendet und ausgetauscht werden. Man braucht die Transportgüter nicht mehr einzeln umzuladen, sondern nur noch ihre Behälter. Das ermöglicht einen besseren, schnelleren und billigeren Transport auf der Straße, den Schienen- und Wasserwegen.

Courante [kurat], die (franz.)
Die Courante ist ein alter französischer, schneller Tanz im Dreiertakt. In der → Suite folgt die Courante oft auf die → Allemande.

Cup [kap], der (engl.)
1. Sportwettbewerb
2. Siegerpreis, Pokal

D

da capo [dakapo] (ital.)
noch einmal von Anfang an (Wiederholung)

dämonisch (griech.)
teuflisch; unheimlich

Daten, die (Plur.) (lat.)
Daten sind Angaben oder Zeichen (z. B. Ziffern, Buchstaben), mit denen Gegenstände, Erscheinungen, Sachverhalte eindeutig beschrieben werden können.
In *elektronischen Datenverarbeitungsanlagen* (Kurzform: EDV) werden Daten aller Art erfaßt, aufbereitet, berechnet, ausgewertet und aufbewahrt.

Dativ, der (lat.) → Deklination

Debatte, die (franz.)
Erörterung, Aussprache, Meinungsstreit

defekt (lat.)
schadhaft; beschädigt; fehlerhaft

Defensive, die (franz.)
Verteidigung; Abwehr. Gegensatz → Offensive

Definition, die (lat. definitio „Abgrenzung")
Begriffsbestimmung. Mit einer Definition wird versucht, das Wesen eines Gegenstandes oder Sachverhaltes durch Angabe seiner wichtigsten Merkmale eindeutig zu erschließen.

Defizit, das (franz.)
Mangel; Fehlbetrag; Verlust

deka- (griech.)
Vorsilbe mit der Bedeutung: zehn

Dekade, die (lat.)
Zeitraum von zehn Tagen

dekadent (franz.)
(Verfall ausdrückend) entartet

dekantieren (franz.)
Durch Dekantieren können Aufschlämmungen (Gemische fester und flüssiger Stoffe) getrennt werden. Dabei nutzt man die unterschiedliche Dichte der Stoffe aus: Der dichtere Stoff setzt sich nach einiger Zeit als Bodensatz ab, und die über dem Bodensatz stehende Flüssigkeit kann vorsichtig abgegossen oder abgesaugt werden. Eine vollständige Trennung der Stoffe wird dabei nicht erreicht.

De|klaration, die (lat.)
(grundsätzliche) Erklärung

Deklination, die (lat. declinatio „Beugung")
1. Bei der Deklination werden Substantive, Artikel, Adjektive, Pronomen und Numerale in verschiedene Fälle (*Kasus*) und in Einzahl und Mehrzahl (*Numerus*) gesetzt. Wir kennen im Deutschen vier Fälle:
1. Fall oder *Nominativ* (Frage: wer oder was?)
2. Fall oder *Genitiv* (Frage: wessen?)
3. Fall oder *Dativ* (Frage: wem?)
4. Fall oder *Akkusativ* (Frage: wen oder was?)
Man unterscheidet zwei Formen des Numerus: Einzahl oder Singular und Mehrzahl oder Plural. Der Plural wird gebildet, indem der Singular eine Endung erhält (Kind — Kinder), durch Umlaut im Wortstamm (Apfel — Äpfel) oder durch Umlaut und Endung (Haus — Häuser). Es kommen jedoch auch in Singular und Plural gleiche Formen vor (Schüler — Schüler). — Bei der Deklination des Substantivs kennen wir drei Formen: die starke (der Tag, des Tages, die Tage), die schwa-

che (der Bär, des Bären, die Bären) und die gemischte (der Strahl, des Strahls, die Strahlen).
2. Abweichung der Richtung einer Magnetnadel von der geographischen Nordsüdrichtung (Mißweisung)

Dekoration, die (franz.)
Ausschmückung; Raumgestaltung; Bühnenausstattung

De|kret, das (lat.)
Das Dekret ist eine staatliche Verfügung, eine Anordnung. — Am 8. 11. 1917, unmittelbar nach dem Sieg der Großen Sozialistischen Oktoberrevolution, beschloß der Gesamtrussische Sowjetkongreß in Petersburg (Leningrad) das „Dekret über den Frieden" und das „Dekret über den Grund und Boden". Beide Dekrete hatte Wladimir Iljitsch Lenin ausgearbeitet; sie wurden von der Funkstation des Kreuzers „Aurora" der ganzen Welt übermittelt.

Delegation, die (franz.)
Als Delegation bezeichnet man eine aus mehreren Personen bestehende, mit einem bestimmten Auftrag entsandte Abordnung. Die Beauftragten heißen Delegierte.

delikat (franz.)
1. auserlesen, wohlschmeckend, köstlich
2. heikel

Delikt, das (lat.)
Vergehen; strafbare Handlung

Delta, das (abgeleitet vom griech. Buchstaben Δ = delta)
Delta wird das verzweigte, meist dreieckförmige Mündungsgebiet eines schutt- und schlammreichen Flusses genannt. Die ständige Aufschüttung fester Stoffe führt dazu, daß sich der Fluß seinen Weg in zahlreichen Flußarmen sucht und das Delta ins Meer hineinwächst. Ausgedehnte Deltas haben der Hwangho, der Mekong und der Ganges. — Der Begriff wurde schon im Altertum zur Bezeichnung des Nildeltas verwendet.

Dem|agogie, die (griech.)
(Irreführung, Betrug des Volkes) Volksverführung

Dementi, das (franz.)
Widerruf; nachträgliche Berichtigung einer falschen Behauptung

Demo|kratie, die (griech. demokratia „Volksherrschaft")
Demokratie ist eine Form der politischen Machtausübung. Sie wird vom jeweiligen Klassencharakter des → Staates und von den herrschenden → Produktionsverhältnissen bestimmt. Wir unterscheiden bürgerliche und sozialistische Demokratie. — Die bürgerliche Demokratie kann niemals Herrschaft des Volkes sein, weil die → Bourgeoisie über die von ihr ausgebeutete Mehrheit der Werktätigen herrscht. Wirkliche Demokratie kann nur im Sozialismus durch die politische Macht der Werktätigen verwirklicht werden. — In der DDR verkörpert die Arbeiter-und-Bauern-Macht die sozialistische Demokratie. In unserer Verfassung heißt es: „Jeder Bürger der Deutschen Demokratischen Republik hat das Recht, das politische, wirtschaftliche, soziale und kulturelle Leben der sozialistischen Gemeinschaft und des sozialistischen Staates umfassend mitzugestalten."

demolieren (franz.)
beschädigen, zerstören

Demonstration, die (lat. demonstratio „Beweis")
1. Bekundung
2. Massenkundgebung
3. anschauliche Darlegung; Beweisführung; wissenschaftliche Vorführung

denunzieren (lat.)
(jemanden ungerechtfertigt) verdächtigen, anzeigen, verraten

Depesche, die (franz.)
(veraltete Bezeichnung für) Eilnachricht, Telegramm

Depot [..po], das (franz.)
Lager; Aufbewahrungsort

deprimiert (franz.)
niedergeschlagen, bedrückt

Deputierte, der (lat.)
Beauftragter, Abgeordneter

Deserteur [..tör], der (franz.)
Fahnenflüchtiger, Überläufer

Des|infektion, die (franz.)
Unschädlichmachen von Krankheitserregern; Entseuchung. Gegensatz → Infektion

Des|inter|esse [des—i..], das (lat.)
Gleichgültigkeit; mangelnde Anteilnahme. Gegensatz → Interesse

Des|potie, die (griech.) oder **Des|potismus**, der
Die Despotie ist eine Form der Alleinherrschaft über den Staat. Der Herrscher (Despot) regiert den Staat mit Willkür und Gewalt ausschließlich zum eigenen oder zum Nutzen einer kleinen Minderheit.

Destillation, die (lat. destillatio „Abtröpfeln")
Die Destillation ist ein Verfahren zur Trennung von flüssigen Stoffgemischen durch Verdampfen der Bestandteile und anschließendes Kondensieren (Verflüssigen durch Abkühlung) der Dämpfe. Dabei wird die unterschiedliche Siedetemperatur der Bestandteile ausgenutzt: Stoffe mit niedriger Siedetemperatur verdampfen schneller als Stoffe mit hoher. — Auf der Destillation beruht z. B. das technische Verfahren, Erdöl in Benzin, Petroleum, Gasöl (Dieselkraftstoff), Maschinenöl (Schmierstoff) und Bitumen (Straßenbelag) zu trennen.

Detail [..taj], das (franz.)
Einzelheit, Einzelteil

determinieren (lat. determinare „abgrenzen")
genau bestimmen; festlegen; zuordnen

Detonation, die (franz.)
mit starkem Knall vor sich gehende, schlagartige Verbrennung von Sprengstoffen. Dabei erzeugen freigesetzte, hocherhitzte, verdichtete Gase eine sich mit Überschallgeschwindigkeit ausbreitende Druckwelle, die zur Zertrümmerung des anliegenden Materials führt.

Dev_i_se, die (franz.)
Wahlspruch, Losung

Devisen, die (Plur.) (franz.)
Zahlungsmittel (Banknoten, Münzen) in ausländischer Währung

Einige Währungen

(Übersicht)

Land	Währungseinheit	unterteilt in
Ägypten	Ägypt. Pfund	100 Piaster
		1000 Millièmes
Algerien	Alg. Dinar	100 Centimes
Argentinien	Neuer Peso	100 Centavos
Brasilien	Cruzeiro	100 Centavos
BRD	Deutsche Mark	100 Pfennige
Bulgarien	Lew	100 Stotinki
ČSSR	Koruna	100 Haleru
Dänemark	Dän. Krone	100 Öre
DDR	Mark der DDR	100 Pfennige
Frankreich	Franc	100 Centimes
Griechenland	Drachme	100 Lepta
Großbritannien und Nordirland	Pfund Sterling	100 New Pence
Indien	Ind. Rupie	100 Paise
Italien	Ital. Lira	—
Japan	Yen	100 Sen
Jugoslawien	Dinar	100 Paras
Kuba	Kub. Peso	100 Centavos
Mexiko	Mex. Peso	100 Centavos
MVR	Tugrik	100 Mongo
Niederlande	Holl. Gulden	100 Cents
Norwegen	Norweg. Krone	100 Öre
Österreich	Österr. Schilling	100 Groschen
Polen	Złoty	100 Groszy
Rumänien	Leu	100 Bani
Schweden	Schwed. Krone	100 Öre
Schweiz	Schweizer Franken	100 Rappen
Spanien	Span. Peseta	100 Céntimos
UdSSR	Rubel	100 Kopeken
Ungarn	Forint	100 Fillér
USA	US-Dollar	100 Cents
Vietnam	Dong	10 Hao

devot (lat.)
(unterwürfig) ergeben

dezent (franz.)
unaufdringlich

dezi- (lat.)
Vorsilbe mit der Bedeutung: zehntel

dezimale Vielfache und Teile
Bildung bestimmter Maßeinheiten durch Anfügen von Vorsätzen:

Vorsatz	Kurzzeichen		Faktor, mit dem die Einheit multipliziert wird	
Tera	T	10^{12}	bzw.	1 000 000 000 000
Giga	G	10^{9}	bzw.	1 000 000 000
Mega	M	10^{6}	bzw.	1 000 000
Kilo	k	10^{3}	bzw.	1 000
Hekto	h	10^{2}	bzw.	100
Deka	da	10^{1}	bzw.	10
Dezi	d	10^{-1}	bzw.	0,1
Zenti	c	10^{-2}	bzw.	0,01
Milli	m	10^{-3}	bzw.	0,001
Mikro	M	10^{-6}	bzw.	0,000 001
Nano	n	10^{-9}	bzw.	0,000 000 001
Pico	p	10^{-12}	bzw.	0,000 000 000 001

dezimieren (lat. decimare „jeden Zehnten mit dem Tode bestrafen") (stark) vermindern

Dia|gnose, die (griech.)
Erkennen und Benennen einer Krankheit

Diagonale, die (griech.)
Gerade, die zwei nicht benachbarte Ecken eines Vielecks (mit mindestens vier Ecken) verbindet

Dia|gramm, das (griech.)
Ein Diagramm ist ein Schaubild, die anschauliche zeichnerische Darstellung eines durch Zahlenwerte ausgedrückten Zusammenhanges zwischen verschiedenen Größen. Man unterscheidet z. B. Liniendiagramme, Streifendiagramme, Kreuzdiagramme.

Dialekt, der (griech.)
Als Dialekt bezeichnet man eine Mundart oder eine Gruppe miteinander verwandter Mundarten, die in bestimmten Gegenden Besonderheiten in der Aussprache, im Wortschatz und in der Grammatik aufweisen

Dialektik, die (griech.)
Im griechischen Altertum war die Dialektik die Kunst, in Rede und Gegenrede Widersprüche aufzudecken und durch deren Überwindung die Wahrheit zu finden. — Im → Marxismus-Leninismus, der Weltanschauung der Arbeiterklasse, ist die Dialektik die Wissenschaft von den allgemeinen Bewegungs- und Entwicklungsgesetzen der Natur, der Gesellschaft und des Denkens. — Seit ihrer Begründung durch Karl Marx und Friedrich Engels hat sich die marxistische materialistische Dialektik als die grundlegende Methode zur Erkenntnis der Welt und ihrer revolutionären Umgestaltung bewährt.

Dialog, der (griech.)
(Gespräch zwischen mehreren Personen) Wechselrede; Zwiegespräch. Gegensatz → Monolog

diametral (griech.)
(völlig) entgegengesetzt; gegensätzlich

Diapositiv, das (griech. + lat.)
fotografisch erzeugtes, schwarzweißes oder farbiges, durchsichtiges Bild, das zur → Projektion mit einem Bildwerfer vorgesehen ist. Kurzform: Dia

Dia|skop, das (griech.)
Bildwerfer für die vergrößerte Abbildung von Diapositiven auf einer Bildwand

Diät, die (griech. diaita „Lebensweise")
1. Schonkost
2. Krankenkost

diffamieren (lat.)
(im Ansehen herabsetzen, üble Nachrede verbreiten, in Verruf bringen) verleumden

Differenz, die (lat. differentia „Verschiedenheit")
1. Unterschied; Abweichung; Fehlbetrag; Meinungsverschiedenheit
2. → Subtraktion

differenzieren (lat.)
(bis ins einzelne gehende Unterschiede machen) unterscheiden; trennen; auseinanderhalten; (genau) abstufen

diffus (lat.)
verschwommen, unklar, ohne feste Abgrenzung, ohne geordneten Verlauf

Diktatur, die (lat.)
Diktatur bedeutet unbeschränkte Herrschaft im Staat und in der Gesellschaft. Wir müssen verschiedene Formen der Diktatur unterscheiden. — Die Diktatur der Sklavenhalter, der Feudalherren, der → Bourgeoisie ist von der Herrschaft einer Minderheit über die Mehrheit des Volkes gekennzeichnet. Diese Klassen nutzten bzw. nutzen ihre Macht, um die von ihnen unterdrückten Klassen auszubeuten. Der Diktatur der Ausbeuterklasse entgegengesetzt ist die *Diktatur des Proletariats*, die Klassenherrschaft der Arbeiterklasse und der mit ihr verbundenen werktätigen Klassen und Schichten, also die Herrschaft der Mehrheit über die Minderheit. — Es ist der geschichtliche Auftrag der Arbeiterklasse, durch die sozialistische Revolution die politische Herrschaft der Bourgeoisie, ihr Privateigentum an den → Produktionsmitteln zu beseitigen, damit den → Kapitalismus zu stürzen und die von jeder Ausbeutung und Unterdrückung freie sozialistische Gesellschaftsordnung zu errichten. Karl Marx erkannte, daß der Staat in dieser Übergangsperiode vom Kapitalismus zum Kommunismus „nichts anderes sein kann als die revolutionäre Diktatur des Proletariats". — Die Erkenntnis der Notwendigkeit der Diktatur des Proletariats bestätigte sich durch die Erfahrungen der Pariser Kommune, der ersten sozialistischen Revolution der Weltgeschichte. Im Jahre 1871 hatten die Arbeiter in Paris im revolutionären Kampf die erste Arbeiterregierung, die Kommune, gebildet. Sie scheiterte, weil die Kommunarden über keine marxistische Arbeiterpartei und damit über keine einheitliche Führung verfügten, weil sie kein

festes Bündnis mit den werktätigen Bauern eingegangen waren und den bürgerlichen Staatsapparat nicht zerschlagen hatten. — Mit der Großen Sozialistischen Oktoberrevolution 1917 wurde die Diktatur des Proletariats in Gestalt der Sowjetmacht zum ersten Male Wirklichkeit. Ausdruck der Diktatur des Proletariats in der DDR ist unser Arbeiter-und-Bauern-Staat.

Dilemma, das (griech.)
Zwangslage; Wahl zwischen zwei in gleicher Weise schwierigen oder unangenehmen Entscheidungen

Dimension, die (lat.)
Abmessung; Ausdehnung; Ausmaß

Di|plom, das (griech.)
Prüfungszeugnis; Auszeichnungsurkunde

Di|plomat, der (franz.)
Diplomaten sind Vertreter eines Staates, die von ihrer Regierung an den Sitz der Regierung eines anderen Staates oder einer zwischenstaatlichen Einrichtung (z. B. UNO) entsandt werden. Aufgabe der Diplomaten ist es, die gegenseitigen Beziehungen und die friedliche Zusammenarbeit zu fördern. — Diplomatische Vertretungen können Botschaften, Gesandtschaften oder Missionen sein. Die Diplomaten unterteilt man ihrem Rang nach in Botschafter, Gesandte, Geschäftsträger, Räte, Sekretäre und Attachés [..aschés]. — Ein diplomatisches Korps [kohr] wird von der Gesamtheit der bei einem Staat akkreditierten (ernannten) Vertreter gebildet; ihr Wortführer ist der Doyen [doajē], der am längsten dort tätige Botschafter.

direkt (lat. directus „geradlinig")
unmittelbar; sofort; geradewegs; offen; ausgesprochen. Gegensatz → indirekt

Direktive, die (lat.)
Anordnung, Weisung, Richtlinie

dirigieren (lat.)
1. leiten, führen, lenken
2. die Aufführung eines Musikwerkes leiten

dis- (lat.)
Vorsilbe, die einen Gegensatz oder eine Verneinung ausdrückt

Disharmonie, die (griech.)
Mißklang; Unstimmigkeit; Uneinigkeit. Gegensatz → Harmonie

Diskothek, die (griech.)
1. Tanz- und Unterhaltungsveranstaltung für Jugendliche mit Musik von Schallplatte oder Tonband
2. Ort dieser Veranstaltung
3. Schallplatten- oder Tonbandsammlung

Dis|krepanz, die (lat.)
Mißverhältnis; Abweichung

dis|kriminieren (lat.)
(im Ansehen) herabsetzen, herabwürdigen, verächtlich machen; unterschiedlich behandeln

Diskussion, die (lat.)
Aussprache, Meinungsaustausch, Erörterung; Auseinandersetzung

Dispatcher [..pätscher], der (engl.)
jemand, der den Produktions- oder Transportablauf ständig überwacht und bei Störungen sofort entsprechende Maßnahmen trifft

Dis|proportion, die (lat.)
Mißverhältnis, gestörtes Gleichgewicht. Gegensatz → Proportion

Disput, der (lat.)
(wissenschaftliches) Streitgespräch; (wortreiche) Auseinandersetzung

disqualifizieren (lat.)
einen Sportler wegen groben Verstoßes gegen die sportlichen Regeln vom Wettkampf ausschließen

Distanz, die (lat.)
Abstand, Entfernung; Strecke; Zurückhaltung

Dis|tributivität, die (lat.)
Die Distributivität drückt eine Beziehung zwischen der → Addition und → Multiplikation aus und sagt, daß man eine Zahl mit einer Summe von Zahlen multiplizieren kann, indem man diese Zahl mit jedem Summanden einzeln multipliziert und dann die erhaltenen Produkte addiert.
$a \cdot (b + c) = a \cdot b + a \cdot c$

Diszi|plin, die (lat. disciplina „Unterricht, Wissenschaft, Zucht und Ordnung")
1. Ordnung; (auf Einsicht beruhende freiwillige) Ein- oder Unterordnung
2. Wissenschaftszweig
3. Teilgebiet einer Sportart

Division, die (lat.)
1. Die Division ist eine Grundrechenart. Sie ist die Umkehrung der → Multiplikation, das heißt, zu gegebenem Produkt und zu einem von Null verschiedenen Faktor ist der andere Faktor zu finden:
$$a : b = x \ (b \neq 0)$$
Dividend Divisor Quotient
Quotient

2. Division heißt der größte taktische Verband der Streitkräfte. Er setzt sich in der Regel aus mehreren Truppenteilen und Einheiten zusammen.

Dogma, das (lat.)
festgelegter starrer Lehr- oder Glaubenssatz; mit dem Anspruch ewiger Gültigkeit, aber ohne Beweisführung

Dokument, das (lat. documentum „Beweis")
1. Urkunde; beglaubigtes oder als Beweis dienendes Schriftstück
2. Mitgliedsbuch
3. Personalausweis

Dom, der (franz.)
Bezeichnung für die Bischofskirche, gleichbedeutend mit → Kathedrale und Münster

Dominante, die (lat.)
1. vorherrschendes Merkmal
2. Bezeichnung für den sich auf dem 5. Ton einer Tonart aufbauenden Dreiklang innerhalb der → Kadenz

dominieren (lat.)
vorherrschen

Do|ping, das (engl.)
unerlaubter Gebrauch von Anregungsmitteln zur vorübergehenden Steigerung der sportlichen Leistung

Dosis, die (griech. „Gabe")
genau abgemessene (kleine) Menge

drastisch (griech.)
wirksam, merklich spürbar; unverblümt, derb

Dschungel, der (hindust. → engl.)
feuchter, dichter, lichtarmer Urwald in
den → Tropen

Duell, das (lat.)
Das Duell ist eine überlebte Form des
Zweikampfes, die auf Ehrbegriffen
aus der Zeit des → Feudalismus her-
rührt. Ein Duell wurde nach bestimmten Regeln mit tödlich wirkenden
Waffen ausgetragen.

Du|plikat, das (lat. duplicatio „Ver-
dopplung")
zweite, gleichlautende Ausfertigung
einer Urschrift; Abschrift; Durchschlag. Vergleiche → Kopie

Dynamo, der (griech.) → Generator

Dynastie, die (griech. dynasteia „Herrschaft")
Herrscherfamilie; Fürstenhaus, das
durch Erbfolge über mehrere Men-
schenalter hinweg regierte

E

Echo, das (griech. „Widerhall")
Das Echo ist als deutliche Wiederholung eines Schallsignals zu hören,
wenn die ausgesandten Schallwellen
auf ein Hindernis (z. B. Bergwand,
Waldrand) treffen und von dort zurückgeworfen werden. Da sich der
Schall in der Luft mit einer Geschwindigkeit von rund 340 m in der Sekunde
ausbreitet und das menschliche Ohr
mindestens eine Zehntelsekunde Zeit
braucht, um Schallsignal und Widerhall getrennt wahrnehmen zu können,
muß der Abstand von der Schallquelle
zum Hindernis mindestens 17 m betra-
gen.

Effekt, der (lat.)
(überraschende) Wirkung; Erfolg; Ergebnis

effektiv (lat.)
tatsächlich; wirksam

Egoismus, der (lat. ego „ich")
Egoismus bedeutet Eigenliebe, Eigen-
nutz, Selbstsucht. Ein Egoist ist nur
auf seinen Vorteil bedacht und unfä-
hig, zugunsten anderer auf etwas zu
verzichten. Diese Denk- und Hand-
lungsweise paßt nicht in unsere Gesellschaft.

eklatant (franz.)
Aufsehen erregend; offenkundig

Elan, der (franz.)
Begeisterung, Schwung

Elaste, die (Plur.) (griech.)
natürliche oder künstlich hergestellte
Werkstoffe mit gummiähnlichen Eigenschaften. Vergleiche → Plaste

Elastizität, die (griech.)
Eigenschaft vieler Körper, beim Auf-
hören einer verformenden Kraftein-
wirkung wieder die ursprüngliche Form
einzunehmen; Dehnbarkeit; Federkraft

elegant (franz.)
modisch und geschmackvoll gekleidet;
gewandt

Elektroenergie, die (griech.)
Die Elektroenergie hat große Bedeutung für die Volkswirtschaft, deren

Energiebedarf sie zum größten Teil deckt. Sie ist leicht in andere Energieformen umzuwandeln, läßt sich mit geringen Verlusten über weite Entfernungen übertragen, leicht aufteilen und einfach anwenden. Elektroenergie kann jedoch nur in geringem Maße und mit hohem technischem Aufwand gespeichert werden. — Die Elektroenergie wird hauptsächlich in Kraftwerken gewonnen, indem man die chemische Energie von Kohle, Erdöl oder Erdgas (Wärmekraftwerke), die mechanische Energie des strömenden Wassers (Wasserkraftwerke, Pumpspeicherwerke) oder die Kernenergie (Kernkraftwerke) in elektrische Energie überführt. — In der DDR gibt es vor allem Wärmekraftwerke. Hier wird Rohbraunkohle (chemische Energie) in Kesselanlagen verheizt (Wärmeenergie); der so erzeugte heiße und unter hohem Druck stehende Dampf treibt → Turbinen an (mechanische Energie), die mit → Generatoren gekoppelt sind. In den Generatoren wird die Umwandlung in elektrische Energie vollzogen. — Weitverzweigte Hochspannungsfernleitungen, die zu einem Verbundnetz zusammengeschlossen sind, leiten die Elektroenergie von den Kraftwerken zu den Verbrauchern. — Im Rahmen der internationalen Zusammenarbeit der sozialistischen Länder im Rat für Gegenseitige Wirtschaftshilfe (RGW) wurde das Energieverbundnetz „Frieden" geschaffen, über das Elektroenergie vorteilhaft ausgetauscht werden kann.

Elektromotor, der (griech. + lat.) → Motor

Elektron, das (griech.)
Die Elektronen (elektrisch negativ geladen) bewegen sich mit außerordentlich hoher Geschwindigkeit um den Atomkern und bilden die Atomhülle. Vergleiche → Atom

Element, das (lat. elementum „Grundbestandteil")
1. Grundlage, Grundbegriff; Bestandteil; Wesenszug
2. Grundstoff. Vergleiche → chemisches Element
3. elektrochemische Spannungsquelle (galvanisches Element)
4. Naturgewalt

elementar (lat.)
grundlegend; ursprünglich; naturhaft

eliminieren (lat.)
aussondern, ausschließen

Emanzipation, die (franz.)
Befreiung (von Vorurteilen oder aus entwürdigender gesellschaftlicher Abhängigkeit); Gleichstellung (der zuvor Unterdrückten)

Em|blem, das (griech. emblema „Hineingelegtes")
Embleme können Abzeichen, Wahr- und Hoheitszeichen sein. In der Regel hat das darauf Dargestellte sinnbildliche Bedeutung. So versinnbildlicht das Staatswappen der DDR mit Hammer, Zirkel und Ährenkranz das Wesen der Arbeiter-und-Bauern-Macht: Die Arbeiterklasse übt im Bündnis mit den werktätigen Bauern und der Intelligenz die politische Macht aus.

Em|bryo, der oder das (griech.)
1. das sich aus der befruchteten Ei-

zelle entwickelnde Lebewesen, solange es sich noch in der Eischale, den Eihüllen oder im mütterlichen Körper befindet
2. bei Samenpflanzen, Moosen und Farnen der im befruchteten Samen eingeschlossene Keimling

emigrieren (lat.)
aus politischen, weltanschaulichen oder rassischen Gründen in einen anderen Staat auswandern oder flüchten

emotional (lat.)
(auf die Gefühle bezogen) gefühlsmäßig, gefühlsbetont

Emulsion, die (lat.)
Gemisch zweier nicht ineinander löslicher Flüssigkeiten (z. B. Öl in Wasser oder Wasser in Öl), wobei die eine Flüssigkeit in Form kleiner schwebender Tröpfchen zerteilt ist. Eine natürliche Emulsion ist die Milch.

endogen (griech.)
von innen, aus dem Inneren heraus wirkend. Gegensatz → exogen

Energie, die (griech.)
1. Willensstärke, Tatkraft
2. Energie ist die Fähigkeit der → Materie, Arbeit zu verrichten, oder einfacher gesagt: Energie ist gespeicherte Arbeit (die im schnell fließenden Wasser eines Baches gespeicherte Bewegungsenergie kann z. B. ein Wasserrad in Drehung versetzen und damit Arbeit leisten). — Die in der Natur vorhandene Energie kann nicht verlorengehen und nicht erzeugt werden. Sie läßt sich jedoch von einer Form in andere umwandeln. Bei der Umwandlung der verschiedenen Energieformen (z. B. mechanische, chemische, elektrische Energie, Wärme-, Strahlungs-, Atomenergie) ineinander bleibt stets die Gesamtenergie erhalten. Diesen Satz von der Erhaltung der Energie entdeckte 1842 der Arzt und Naturforscher Julius Robert Mayer.

energisch (franz.)
tatkräftig; nachdrücklich; entschlossen

Engagement [āgaschmā], das (franz.)
Bindung; Verpflichtung; Einsatz; Parteinahme

enorm (franz.)
maßlos; ungeheuer; erstaunlich

Ensem|ble [āsāmbl], das (franz.)
1. Gesamtheit; ein zusammengehöriges, eine Einheit bildendes Ganzes
2. Gruppe von ständig zusammenwirkenden Künstlern (z. B. Volkskunst-, Opern-, Ballett- oder Schauspielensemble)

En|thusiasmus, der (griech. + lat.)
(leidenschaftliche) Begeisterung; Schwärmerei

Enzy|klopädie, die (griech. → lat.)
Enzyklopädie nannte man die den ganzen Kreis der Wissenschaften umschließende allgemeine Bildung, die sich jeder freie Athener aneignen mußte. — Heute versteht man unter Enzyklopädie ein Nachschlagewerk mit lexikalischer (nach dem Alphabet geordneter) oder systematischer (nach Sachgebieten gegliederter) Stoffanordnung, das einen zusammenfassenden Überblick des gesamten Wissens oder eines Teilgebietes davon vermittelt.

Enzyme, die (Plur.) (lat.)
Enzyme (auch Fermente genannt) sind

in → Zellen gebildete Eiweißverbindungen, die die Stoffwechselvorgänge im → Organismus entscheidend beeinflussen.

Epidemie, die (griech.)
Seuche; plötzliches, massenhaftes Auftreten einer ansteckenden Krankheit, die sich schnell weiterverbreitet

Epi|dia|skop, das (griech.)
Bildwerfer, der sich als → Episkop und → Diaskop verwenden läßt

Epi|skop, das (griech.)
Bildwerfer, mit dem undurchsichtige Bilder (z. B. Abbildungen aus Büchern) vergrößert auf einer Bildwand gezeigt werden können

Episode, die (franz.)
1. (vorübergehendes) Ereignis; Erlebnis (ohne nachhaltige Wirkung)
2. Zwischenspiel; Nebenhandlung

Epoche, die (griech.)
bedeutsamer, längerer Zeitabschnitt der Menschheitsgeschichte; Zeitalter

Erosion, die (lat. erosio „Zernagung")
Zerstörung und Abtragung der Erdoberfläche durch Wind, fließendes Wasser, sich auf dem Festland bewegendes Eis (Gletscher)

Eruption, die (lat.)
Eruption nennt man den plötzlichen Ausbruch gashaltiger Gesteinsschmelze (Magma) aus tieferen Schichten der Erdkruste (Vulkanausbruch).

Eskorte, die (ital./franz.)
militärische Begleitung zur Bewachung oder zum Schutz; militärisches Ehrengeleit

Etage [etasche], die (franz.)
Stockwerk, Geschoß eines Hauses

Etui [etwi], das (franz.)
(flacher) Behälter, Hülle

evakuieren (lat. evacuare „leeren")
1. die Bewohner eines Gebiets bei drohender Gefahr vorübergehend umsiedeln
2. einen Hohlraum gasleer machen (auspumpen)

eventuell (franz.)
unter Umständen, möglicherweise, vielleicht

Ever|greens [äwagrihns], die (Plur.) (engl. evergreen „immergrün")
Musikstücke (meist Schlager der Tanzmusik), die nicht in Vergessenheit geraten und auch nach längerer Zeit wieder gesungen oder gespielt werden

Evolution, die (lat.)
1. Entwicklung
2. (in der Erdgeschichte) Zeitabschnitt ruhiger Entwicklung
3. Als Evolution bezeichnet man die stammesgeschichtliche Entwicklung der → Organismen (Lebewesen) von einfacheren zu höheren Formen im Verlauf der Erdgeschichte. Daß sich die Lebewesen im Verlauf sehr langer Zeiträume, in ständiger Auseinandersetzung mit ihrer Umwelt, aus einfachsten Lebensformen entwickelt haben, erforschten und bewiesen zuerst Charles Darwin (1809 bis 1882) und Ernst Haeckel (1834 bis 1919), die damit die heute allgemein anerkannte Abstammungslehre begründeten.
Das Leben entstand in vielen Jahrmillionen aus nicht lebender → Materie. Die Entwicklung ging von der Bildung einfachster organischer Verbindungen aus, führte über die Entstehung von Urorganismen im Urozean, die Entstehung ' schließlich hochentwickelter Pflanzen und Tiere bis zur Herausbildung des Menschen und der menschlichen Gesellschaft.

Die Entwicklung der Organismen im Verlauf der Erdgeschichte

(Übersicht)

Erdzeitalter	Erdgeschichtliohe Formation (Beginn vor ungefähr (...) Millionen Jahren)	Es treten erstmalig auf
Erdneuzeit	Quartär (1,5)	Mensch (vor etwa 600 000 Jahren)
	Tertiär (65)	Steppe, Savanne, Wiese, neuzeitliche Insektengattungen und Säugerordnungen
Erdmittelzeit	Kreide (136)	Bedecktsamer, immergrüner Laubwald, Vögel
	Jura (195)	neuzeitliche Korallenriffe, neuzeitliche Knochenfische, Urvogel
	Trias (225)	Urschmetterlinge, Säuger, Dinosaurier
Erdaltzeit	Perm (285)	Nacktsamer, Käfer
	Karbon (345)	Samenfarne, Süßwassermuscheln, Reptilien
	Devon (395)	Nacktsprosser und höhere Farnpflanzen, Insekten, Ammoniten, Knorpel- und Knochenfische, Lurche
	Silur (440)	Panzerfische, Korallenriffe
	Ordovizium (500)	Meerestierchen, Kieferlose, Muscheln
	Kambrium (570)	Trilobiten, Krebse, Schnecken, Steinkorallen, Stachelhäuter
Erdfrühzeit/ Erdurzeit	Würmer, Armfüßer (vor etwa 700 Millionen Jahren), älteste algenartige Strukturen (vor etwa 3,2 Milliarden Jahren)	

ex-, e- (lat.)
Vorsilbe mit der Bedeutung: aus-, heraus-

ex|akt (lat.)
genau; sorgfältig

Ex|amen, das (lat.)
Abschlußprüfung (an einer Fach- oder Hochschule)

Exe|kution, die (lat.)
Hinrichtung

Ex|empel, das (lat.)
Beispiel; Muster

Ex|em|plar, das (lat.)
einzelnes Stück aus einer Menge gleichartiger Tiere, Pflanzen oder Dinge

ex|erzieren (franz.)
Einüben grundlegender militärischer Tätigkeiten und Verhaltensweisen, damit sie in festgelegter Reihenfolge schnell und genau befolgt werden können (z. B. Antreten, Marschieren)

Exil, das (lat. exilium „Verbannung")
Zufluchtsort von Menschen, die in ihrem Heimatland aus politischen, weltanschaulichen oder rassischen Gründen verfolgt werden

Existenz, die (lat.)
Leben, Vorhandensein, Bestehen

Exkursion, die (lat.)
Ausflug (Wanderung, Besichtigung) zu Unterrichtszwecken

exogen (griech.)
von außen wirkend. Gegensatz → endogen

exotisch (griech.)
aus fernen Ländern stammend; fremdartig

Expansion, die (lat.)
1. Ausdehnung; Erweiterung
2. völkerrechtswidrige Ausweitung des Macht- oder Einflußbereichs eines Staates auf andere Staaten mit wirtschaftlichen und militärischen Mitteln. Ziel ist die Eroberung von Rohstoffquellen, Absatzmärkten und militärischen Stützpunkten. Die Expansion ist ein Merkmal des → Imperialismus.

Expedition, die (lat.)
Entdeckungsreise in unerforschte oder wenig erforschte Gebiete; Forschungsreise

Experiment, das (lat. experimentum „Versuch, Beweis, Erfahrung")
1. Versuch, Wagnis
2. Das Experiment ist ein wichtiges Mittel der Forschung. Die planmäßige Beobachtung der Natur führt den Menschen zu Fragen und schließlich zu Vermutungen. Ob die Vermutung stimmt, zeigt sich im wissenschaftlichen Versuch durch die praktische Überprüfung. Ergebnis ist die Erkenntnis, die sorgfältig formuliert werden muß. — Erst die gleichen Ergebnisse vieler, unter denselben Voraussetzungen und Bedingungen durchgeführter Experimente erlauben es, diese Ergebnisse zu verallgemeinern. Das führt zur Entdeckung von Gesetzmäßigkeiten der beobachteten Naturvorgänge.

Experte, der (lat. expertus „erprobt")
Fachmann; Sachverständiger; Gutachter

Expertise, die (franz.)
Sachverständigengutachten (z. B. Echtheitsbeurteilung eines Kunstwerkes)

Explosion, die (franz.)
infolge schlagartiger Entzündung unter knallendem Geräusch sehr schnell ablaufende Verbrennung, die mit Gas- und Wärmeentwicklung sowie starkem Druckanstieg verbunden ist. Bei Verbrennungsmotoren und Geschossen wird die Explosion technisch genutzt.

Exponat, das (lat.)
in Ausstellungen oder auf Messen gezeigter Gegenstand; Ausstellungsstück; Muster

Exponent, der (lat.) → Potenz

Export, der (lat.)
Ausfuhr von Waren ins Ausland; Teil des Außenhandels. Gegensatz → Import

ex|preß (lat.)
eilig, Eil-

exquisit (lat.)
erlesen; vorzüglich

extensiv (lat.)
nach außen wirkend; ausgedehnt, auf großen Flächen; umfassend. Gegensatz → intensiv

ex|tra (lat.)
besonders; gesondert; zusätzlich; ausdrücklich. In Zusammensetzungen: außerhalb, außerordentlich

Ex|trakt, der oder das (lat. extrahere „herausziehen")
1. Auszug; Hauptinhalt; Kern
2. eingedickte Lösung

ex|trem (lat.)
übertrieben; maßlos; außergewöhnlich

Ex|tremitäten, die (Plur.) (lat.)
Gliedmaßen; Arme und Beine (bei Tieren auch Flügel oder Flossen)

exzellent (lat.)
vortrefflich; erstklassig

F

Fabel, die (lat. fabula „Erzählung")
1. Grundplan, Handlungsgerüst, Ablauf des Geschehens in einer Dichtung
2. kleine Erzählung (oder Gedicht), in der oft Tiere wie Menschen handeln und sprechen. Ein Beispiel:
„Ochsen zogen einen Wagen. Als seine Räder quietschten, drehten sie sich um und sagten zu ihnen: ‚Ach ihr! Wir müssen die ganze Last tragen, und ihr kreischt so!'" In der Fabel will der Dichter den Menschen ihre Schwächen zeigen oder Kritik an den gesellschaftlichen Verhältnissen üben. Die meist durch ein Gleichnis vermittelte Lebensweisheit wird in der Handlung sichtbar, manchmal aber auch ausdrücklich ausgesprochen.
Fabeltiere, erfundene Tiere, kommen in Märchen und Sagen vor, so z. B. Drachen, das Einhorn und der Vogel Greif.

Fa|brik, die (lat. fabrica „Werkstätte")
Die Fabriken entstanden im Zusam-

menhang mit der → industriellen Revolution Ende des 18., Anfang des 19. Jahrhunderts, zuerst in England, dann auch in Frankreich und Deutschland. — Die kapitalistischen Unternehmer richteten neue Produktionsstätten mit Maschinen ein. Da ein Arbeiter an einer Maschine in der gleichen Zeit viel mehr herstellen konnte als zuvor mit Handarbeit in der → Manufaktur, lösten die Fabriken bald die Manufakturen ab. — In der kapitalistischen Fabrik wurde die → Arbeitsproduktivität erheblich gesteigert, gleichzeitig aber auch die Ausbeutung.

fair [fähr] (engl.)
anständig (anderen gegenüber); (sportlich) einwandfrei

Faksimile, das (lat. fac simile! „mache ähnlich!")
vorlagengetreue Wiedergabe einer alten Handschrift, einer Unterschrift, einer Zeichnung usw.

Faktor, der (lat.)
1. (bestimmende) Ursache; (mitwirkender) Umstand
2. Größe, die mit einer anderen multipliziert wird. Vergleiche → Multiplikation

fakultativ (lat.)
der eigenen Entscheidung überlassen; wahlfrei. Gegensatz → obligatorisch

famos (lat.)
großartig, vortrefflich

Fan [fän], der (engl.)
leidenschaftlich begeisterter Anhänger

fanatisch (lat.)
blindgläubig; unbelehrbar; verrannt

Faschismus, der (ital.)
Der Begriff Faschismus geht auf die nach dem ersten Weltkrieg in Italien entstandene Partei der Faschisten zurück. Sie benannten sich nach den „fasces", den Rutenbündeln mit Beil, die im Römischen Reich von Dienern den hohen Beamten vorangetragen wurden und sinnbildlich ausdrückten, daß diese das Recht hatten, auszupeitschen und hinzurichten.
Der Faschismus dient dem → Imperialismus als Form der Machtausübung, wenn er seine Vorherrschaft über die Volksmassen gefährdet sieht, vor allem durch die revolutionäre Arbeiterbewegung und ihre Partei. Deshalb entwickelt der Faschismus einen hemmungslosen, grausamen, blutigen Terror gegen alle fortschrittlichen Kräfte und scheut nicht davor zurück, seine Gegner umzubringen. Der Faschismus bedroht jedoch nicht nur das eigene Land; er bereitet Kriege zur Eroberung, Unterjochung, Ausplünderung und Ausrottung anderer Völker vor und löst sie aus.
Im Jahre 1933 verhalf das deutsche Monopolkapital dem Hitlerfaschismus zur Macht, der bisher aggressivsten, brutalsten, bestialischsten Form des Faschismus. Die deutschen Faschisten wurden im von ihnen ausgelösten zweiten Weltkrieg durch die Sowjetunion und die anderen gegen Hitlerdeutschland kämpfenden Länder sowie durch die Befreiungsbewegung des → Antifaschismus vernichtend geschlagen. — Auch in unserer Zeit gibt es in einer Reihe von Ländern faschi-

stische Organisationen (z. B. in der BRD und Italien).

Fassade, die (franz.)
Ansicht, Vorderseite (eines Gebäudes)

faszinieren (lat.)
fesseln, bezaubern

fatal (lat.)
unangenehm, peinlich; verhängnisvoll

Fauna, die (lat. nach der segenspendenden Flurgöttin Fauna)
die Tierwelt allgemein oder innerhalb eines bestimmten Gebietes

Favorit, der (franz.)
1. Begünstigter, Liebling
2. Wettkampfteilnehmer mit Siegesaussicht

Fazit, das (lat. facit „es macht")
(zusammenfassendes) Ergebnis; Endergebnis; Summe

Femininum, das (lat.) → Genus

Fermente, die (Plur.) (lat.) → Enzyme

Festival [..wäl], das (engl.)
Als Festival bezeichnet man eine mehrtägige Festveranstaltung. Das bedeutendste Festival sind die „Weltfestspiele der Jugend und Studenten für Frieden, Freundschaft und antiimperialistische Solidarität", die jeweils in einem anderen Land stattfinden.

Feudalismus, der (lat.)
Der Feudalismus war die Gesellschaftsordnung, in der sich die Klasse der Feudalherren (weltliche Feudalherren: Kaiser, Könige, Fürsten und niederer Adel; geistliche Feudalherren: Papst, Erzbischöfe, Bischöfe, Äbte) und die Klasse der von ihnen abhängigen, unterdrückten und ausgebeuteten Bauern feindlich gegenüberstanden. Sie beruhte auf dem fast alleinigen Eigentum der Feudalherren an Grund und Boden. — Die vorherrschende Form der Abhängigkeit war die Hörigkeit. Die hörigen Bauern besaßen eigene Werkzeuge, Geräte und Vieh, aber nicht das Entscheidende: Grund und Boden. Die schlimmste Form der Abhängigkeit jedoch war die Leibeigenschaft. Die leibeigenen Bauern waren unfrei, sie konnten vom Feudalherren verkauft werden. — Alle abhängigen Bauern hatten Leistungen zu erbringen: zunächst Frondienste (sie mußten ohne Lohn für die Feudalherren arbeiten) und Naturalabgaben (sie mußten fast alle von ihnen erzeugten Waren an die Feudalherren kostenlos abliefern); hinzu kamen schließlich auch Geldleistungen (Pachtzahlung). — Während zu Beginn des Feudalismus das Dorf Mittelpunkt der Feudalgesellschaft war, kam es mit der sich verstärkenden Arbeitsteilung zur Herausbildung neuer oder zum Aufblühen alter Städte, in denen sich das in Zünften zusammengeschlossene Handwerk entwickelte. — Die Bauern kämpften gegen die feudale Ausbeutung vor allem durch die Verweigerung von Diensten und Abgaben, durch Abwanderung in die Städte und auch in bewaffneten Aufständen. — Mit der zunehmenden Erzeugung von Waren für den Austausch und die Entfaltung der Geldbeziehungen wurde die auf der Naturalwirtschaft beruhende Feudalordnung allmählich zersetzt. Es entstanden die ersten An-

fänge einer neuen Gesellschaftsordnung, des → Kapitalismus.

Fiasko, das (ital./franz.)
Mißerfolg; Zusammenbruch

Filiale, die (lat.)
Zweiggeschäft; Zweigstelle

filtrieren, filtern (lat.)
Durch Filtrieren können Aufschlämmungen (Gemische fester und flüssiger Stoffe) getrennt werden. Dabei nutzt man die unterschiedliche Teilchengröße der Stoffe: Die Aufschlämmung wird durch ein Filter gegossen, das die Flüssigkeit (Filtrat) ablaufen läßt, feste Bestandteile aber zurückhält (Filterrückstand).

Finale, das (ital.)
Schlußteil, Ende

Finanzen, die (Plur.) (franz.)
Geldwesen; Geldmittel; Geldverhältnisse; Vermögen; Staatshaushalt

Finish [..isch], das (engl.)
Schlußrunde, Endspurt

Firma, die (lat.)
(kapitalistisches) Geschäft, Betrieb (Fabrik)

Firmament, das (lat.)
Himmelsgewölbe

fit (engl.)
leistungsfähig; in (bester sportlicher) Form

Fixstern, der (lat. stella fixa „feststehender Stern")
Fixsterne nennt man die selbstleuchtenden Himmelskörper. Im Unterschied zu den → Planeten (Wandelsterne) ändern die Fixsterne ihre Stellung zueinander am Himmel scheinbar nicht.

Fjord, der (skand.)
Ein Fjord ist eine langgestreckte, schmale, oft stark verästelte Meeresbucht an einer Gebirgsküste (z. B. in Norwegen, Schottland, Grönland). Die Fjorde entstanden, indem Täler von Gletschern tief ausgeschürft und später vom Meer überflutet wurden. Der Sognefjord in Norwegen erreicht eine Tiefe von etwa 1240 m.

flexibel (lat.)
biegsam; geschmeidig; anpassungsfähig

Flexion, die (lat.) → Deklination und → Konjugation

Flora, die (lat. nach der Blüten- und Frühlingsgöttin Flora)
1. die Pflanzenwelt allgemein oder innerhalb eines bestimmten Gebietes
2. Gesamtheit aller in Körperhöhlen lebenden Bakterien

Flotte, die (ital./franz.)
1. Bezeichnung für die Seestreitkräfte eines Staates
2. operativer Verband der Seestreitkräfte
3. Gesamtheit der Handelsschiffe eines Staates oder einer Reederei

Föderation, die (lat.)
Bund, Bündnis; Zusammenschluß von Staaten zu einem Staatenbund

Fokus, der (lat.)
Brennpunkt

Folie [foli-e], die (lat.)
papierdünner, schmiegsamer Werkstoff aus Metall oder Plast

Folk|lore, die (engl.)
Als Folklore bezeichnet man aus früherer Zeit überlieferte, nicht von einzelnen Menschen geschaffene, sondern im Volke entstandene und mündlich weitergegebene Sagen, Märchen, Schwänke, Sprichwörter, Rätsel, Lieder und Tänze, Bräuche und bestimmte handwerkliche Künste.

Fonds [fõ], der (franz.)
Vorrat; Bestand an für bestimmte Zwecke vorgesehenen Mitteln (meist Geldmitteln)

formal (lat.)
(nur die Form, nicht den Inhalt berücksichtigend) äußerlich

Formation, die (lat.)
1. Truppenverband
2. Schichtenfolge der in einem Zeitabschnitt abgelagerten Gesteine
3. Zeitabschnitt der Erdgeschichte, der durch eine bestimmte Entwicklungsstufe der Lebewesen gekennzeichnet ist
4. durch ähnliche Standortbedingungen und deshalb durch das Vorherrschen gleicher Lebensformen gekennzeichnete Einheit der → Vegetation, wie z. B. Wiese, Heide, Wald, Savanne, Steppe

Formel, die (lat.)
Darstellung eines gesetzmäßigen Zusammenhangs in kürzester Form; leicht faßbare Regel

Formular, das (lat.)
für bestimmte Eintragungen vorgesehener Vordruck; Formblatt

formulieren (franz.)
(Gedachtes) sprachlich genau ausdrücken; in Worte kleiden; verfassen

Forum, das (lat.)
1. altrömischer Markt-, Gerichts- und Versammlungsplatz
2. öffentliche Aussprache

Fossil, das (lat. fossilis „ausgegraben")
Fossilien nennt man aus vergangenen Erdzeitaltern erhalten gebliebene Teile oder Spuren von Pflanzen und Tieren. Erhalten blieben z. B. Hartteile (Knochen, Schuppen), Abdrücke (von Körperteilen oder Trittspuren), Versteinerungen, Kohlebildungen, Einschlüsse in Harz oder Eis.

Foul [faul], das (engl.)
an einem Gegner im Sport bewußt begangene Regelwidrigkeit, die auf dessen Behinderung oder Schädigung abzielt

Foyer [foaje], das (franz.)
Vorhalle, Wandelgang

Fragment, das (lat. fragmentum „Bruchstück")
unvollendet hinterlassenes (meist künstlerisches) Werk

Fraktion, die (franz.)
Fraktion heißt die Gesamtheit der Abgeordneten jeweils einer Partei oder Massenorganisation in der höchsten

Volksvertretung. In der Volkskammer der DDR sind neun Fraktionen vertreten: SED, CDU, LDPD, NDPD, DBD, FDGB, FDJ, DFD und KB der DDR.

Fregatte, die (franz.)
1. schnellsegelndes leichtes Kriegsschiff des 17. Jahrhunderts
2. heute: wendiges Kampfschiff mit bis zu 35 Knoten Geschwindigkeit (1 kn = 1852 m/h) für die Abwehr von U-Booten und Flugzeugen sowie für den Geleitschutz. Fregatten sind mit Raketen, Schiffsartillerie, U-Boot-Abwehrwaffen und Torpedos ausgerüstet.

Frequenz, die (lat.)
1. Häufigkeit
2. Anzahl der vollen Schwingungen, die ein schwingender Körper je Zeiteinheit ausführt. Die Frequenz wird in Hertz (Hz) gemessen.
1 Hz = 1 Schwingung je Sekunde

Fresko, das (ital. fresco „frisch")
Als Freske oder Fresko bezeichnet man ein Wandgemälde, das auf frischem Kalkputz entsteht. Die dafür verwendeten Wasserfarben dringen in den feuchten Kalk ein und sind nach dem Trocknen unlöslich mit ihm verbunden. Es kann deshalb nur stückweise von oben nach unten gearbeitet werden, und das jeweils Begonnene muß noch am gleichen Tage vollendet werden. — Fresken entstanden schon während des Altertums. Im 16. Jahrhundert entwickelten große Künstler, wie Michelangelo und Raffael, die Freskenmalerei zu hoher Blüte.

Fries, der (franz.)
Ein Fries ist ein streifenartiges, waagerechtes Feld, das die Wand eines Bauwerkes gliedert oder abschließt, schmückt und belebt.

Front, die (franz.)
1. Vorder-, Stirnseite
2. höchste Gliederungsform der Streitkräfte der im Warschauer Vertrag vereinigten sozialistischen Armeen
3. Linie der Kampfberührung der Streitkräfte auf dem Kriegsschauplatz; Kampfgebiet
4. (organisierter) Verband von Menschen mit einem bestimmten Ziel (z. B. Nationale Front)

frontal (lat.)
an der Vorderseite, von vorn

Fundament, das (lat.)
1. Grundlage
2. Unterbau eines Bauwerkes, der dessen Last auf den Baugrund überträgt; Grundmauern

fundiert (lat.)
begründet

Funktion, die (lat. functio „Verrichtung")
Aufgabe; Aufgabengebiet; bestimmte Tätigkeit

funktionieren (franz.)
ordnungsgemäß arbeiten; ohne Störung, reibungslos ablaufen; in Ordnung sein

Fusion, die (lat.)
Verschmelzung; Zusammenschluß

Futur, das (lat.) → Tempus

G

Gag [gäg], der (engl.)
überraschender, witziger Einfall (z. B. in Filmen)

Galaxis, die (griech.)
Unser Sonnensystem (die Sonne und alle Körper, die sie umkreisen) ist Teil eines übergeordneten großen Sternsystems, der Galaxis (Milchstraße). Sie enthält außer Milliarden von Sternen auch Gas- und Staubwolken. — Ähnliche Sternsysteme kommen im Weltall in sehr großer Anzahl vor. Man nennt die Sternsysteme außerhalb der Galaxis extragalaktische Systeme oder Galaxien. Vergleiche → Kosmos

Galeere, die (griech. → ital.)
mittelalterliches Kriegsschiff, das zwei Segelmaste hatte, aber meist von angeketteten Kriegsgefangenen oder Sträflingen (Galeerensklaven) gerudert wurde

Galerie, die (ital.)
1. Die Galerie war ursprünglich ein langer, schmaler, an einer Außenwand liegender fensterreicher Saal in einem Schloß, der für Empfänge und Feste genutzt wurde und später oft als Ausstellungsraum für den fürstlichen Kunstbesitz, insbesondere für Gemäldesammlungen, diente. Daher stammt die heutige Bezeichnung für Kunstsammlungen und Kunstausstellungen (z. B. Gemäldegalerie Dresden, Nationalgalerie Berlin).
2. Galerie nennt man auch einen an einer Seite offenen, mit einem Geländer versehenen oder durch Säulen begrenzten Laufgang in oder an einem Gebäude.
3. Früher wurde der oberste Rang in einem Theatersaal Galerie genannt. Er hatte nur Stehplätze und war den Armen vorbehalten.

Gangster [gängstr], der (engl.)
Bandit; Mitglied einer berufsmäßigen Verbrecherbande

Garantie, die (franz.)
1. Zusicherung; Gewähr; Sicherheit
2. Vom Hersteller einer Ware für deren einwandfreie Beschaffenheit und volle Nutzungsmöglichkeit übernommene Haftung. Alle nicht vom Käufer verursachten Mängel, die während der Garantiezeit auftreten, muß der Hersteller kostenlos beseitigen.

Gavotte [gawot], die (franz.)
Die Gavotte entstand als heiterer Volkstanz in mäßig schnellem $\frac{4}{4}$-Takt zu Anfang des 17. Jahrhunderts in Frankreich. Später bildet die Gavotte einen Satz der → Suite.

Gaze [gahse], die (franz.)
durchsichtiges, gitterartiges Gewebe

Generation, die (lat.)
Die Gesamtheit der zur gleichen Zeit lebenden Menschen, aber auch der Tiere und Pflanzen, nennt man Generation. Beim Menschen ist damit die Gesamtheit der ungefähr Gleichaltrigen gemeint, wobei eine Zeitspanne von 30 bis 40 Jahren zugrunde gelegt wird (Generation der Großeltern, Eltern, Kinder oder Enkel).

Generator, der (lat. „Erzeuger")
Der Generator ist eine Maschine, die mechanische Energie (Bewegungsenergie) in elektrische umwandelt. Ihr Vorläufer war die Dynamomaschine, die Werner Siemens 1866 baute. — In Kraftwerken wird mit Hilfe von Generatoren → Elektroenergie gewonnen; als Antriebsmaschinen für die Generatoren dienen → Turbinen.

generell (lat.)
allgemein; allgemeingültig; grundsätzlich. Gegensatz → speziell

genial (lat.)
(schöpferisch außergewöhnlich) begabt; großartig; vollendet

Genitiv, der (lat.) → Deklination

Genus, das (lat.)
Genus heißt das grammatische Geschlecht des → Substantivs und der mit ihm zusammenhängenden Wortarten, des → Artikels und des → Pronomens. Im Deutschen gibt es drei Genera:
— das *Maskulinum* oder männliche Geschlecht (der Mann, der Baum, der Hund),
— das *Femininum* oder weibliche Geschlecht (die Frau, die Blume, die Tür),
— das *Neutrum* oder sächliche Geschlecht (das Kind, das Haus, das Glas).
Das Geschlecht des Substantivs ist am → Artikel und häufig auch an der Endung zu erkennen (der Maler, die Schönheit, das Häuschen). Manchmal stimmt das natürliche Geschlecht nicht mit dem grammatischen überein (das Mädchen, das Reh).

Genus verbi, das (lat.)
Als Genus verbi bezeichnet man die Handlungsrichtung des → Verbs. Der deutsche Satz kennt zwei Handlungsrichtungen, das *Aktiv* und das *Passiv*. In einer aktiven Fügung geht die Handlung vom Subjekt aus und kann auf ein Objekt gerichtet sein (Kinder pflücken Blumen.). Im Passiv wird die Handlung umgekehrt und ist nun auf das Subjekt gerichtet (Die Blumen werden gepflückt.). Das Objekt wird hier zum (grammatischen) Subjekt.
Wir kennen zwei Formen des Passivs: Vorgangspassiv oder einfach Passiv genannt und Zustandspassiv. Das Vorgangspassiv wird mit „werden" gebildet und bezeichnet ein Geschehen (Das Geschäft wird geschlossen.). Das Zustandspassiv bezeichnet das Ergebnis dieses Geschehens und wird mit „sein" gebildet (Das Geschäft ist geschlossen.).

geo- (griech.)
Vorsilbe mit der Bedeutung: die Erde betreffend

Geo|graphie, die (griech. → lat. geographia „Erdbeschreibung")
Die Geographie ist eine der ältesten Wissenschaften. Während sie sich vom Altertum bis ins Mittelalter hinein im wesentlichen mit der Messung und Darstellung der Erdoberfläche beschäftigte, ist die Geographie heute eine Wissenschaft, die alle die Erdoberfläche betreffenden Fragen zu beantworten sucht. Ihre Forschungsbereiche sind also die Gesteinshülle, die Lufthülle, die Wasserhülle und die Lebensbereiche der Pflanzen- und Tierwelt. Die Geographie untersucht, wie diese natürlichen Gegebenheiten zusammenhängen, wie sie aufeinanderwirken und wie die Menschen diese Gegebenheiten auch wirtschaftlich nutzen können.

Geologie, die (griech.)
Wissenschaft von der Zusammensetzung, dem Aufbau und der Entwicklung der Erde, besonders der Erdkruste

Geologische Zeittafel

Erdzeitalter	Formation (Beginn vor ungefähr (...) Mill. Jahren)	Abteilung
Erdneuzeit (Känozoikum)	Quartär (1,5)	Holozän
		Pleistozän
	Tertiär (65)	Neogän Paläogen
Erdmittelzeit (Mesozoikum)	Kreide (136)	
	Jura (195)	
	Trias (225)	Keuper Muschelkalk Buntsandstein
Erdaltzeit (Paläozoikum)	Perm (285)	Zechstein
		Rotliegendes
	Karbon (345)	
	Devon (395)	
	Silur (440)	
	Ordovizium (500)	
	Kambrium (570)	
Erdfrühzeit (Präkambrium)	(4000)	
Erdurzeit (Archaikum)	(5000)	

Geste, die (lat.)
1. Gebärde; das Sprechen begleitende oder ersetzende Handbewegung
2. Zeichen guten Willens

Getto oder Ghetto, das (ital.)
Viele Jahrhunderte lang wurden die Juden in den Ländern Europas nicht als Staatsbürger anerkannt. Man zwang die jüdischen Einwohner, in von der übrigen Stadt streng abgeschlossenen Stadtvierteln zu wohnen. Diese Stadtviertel nannte man Gettos. — Der deutsche → Faschismus, der sechs Millionen jüdische Männer, Frauen und Kinder ermordet hat, errichtete Gettos in den von ihm im zweiten Weltkrieg besetzten Gebieten Osteuropas, vor allem in Polen. Das Warschauer Getto wurde von den Hitlerfaschisten im Jahre 1943 dem Erdboden gleichgemacht.

gigantisch (griech.)
(von einem ungeheuren Ausmaß) gewaltig, riesenhaft; außerordentlich

Gigue [dschiek], die (franz.)
übermütiger, sehr schneller schottisch-irischer Tanz des 16. Jahrhunderts. Die Gigue war bald in ganz Europa bekannt und bildete später den Schlußsatz der → Suite.

Gladiator, der (lat.)
Die Gladiatoren, meist Sklaven oder

Kriegsgefangene, die in Gladiatorenschulen ausgebildet wurden, mußten im alten Rom zur Belustigung der freien Römer auf riesigen Freiluftbühnen (z. B. im Kolosseum) mit Schwertern oder anderen Waffen gegeneinander (meist bis zur Tötung des Gegners) oder gegen Raubtiere kämpfen. — Einer der bedeutendsten Aufstände der Sklaven gegen ihre Unterdrücker, der Spartacusaufstand (74 bis 71 v. u. Z.), nahm in einer Gladiatorenschule seinen Anfang.

glazial (lat. glacialis „eisig")
während der Eiszeiten entstanden

glaziale Serie, die
Als glaziale Serie bezeichnet man die entwicklungsgeschichtlich zusammenhängenden Oberflächenformen und Ablagerungen der Erdkruste, die beim Abschmelzen eines Gletschers oder einer Inlandeisdecke entstanden. In der Richtung vom Eis zum eisfreien Vorland folgen aufeinander:
— die Grundmoräne, bestehend aus Gesteinsschutt, der vom Eis transportiert und dabei teilweise abgeschliffen und zerrieben wurde. Nach dem Abschmelzen des Eises blieb sie als ungeschichtete Decke zurück und bildete die flache und kuppige Grundmoränenlandschaft;
— die Endmoräne, der von der Stirn eines Gletschers oder Inlandeises gebildete Moränenwall. Er besteht aus Wällen und einzelnen Kuppen, die oft bogen- oder girlandenförmig angeordnet sind;
— der Sander, von den Schmelzwässern vor den Endmoränen aufgeschüttete Sande und Kiese;
— das Urstromtal, ein breiter Talzug, der als Hauptsammelader für die abfließenden Schmelzwässer diente.

global (lat.)
weltumfassend; gesamt

Globus, der (lat. „Kugel")
Der Globus, die verkleinerte Nachbildung der Erde (die jedoch an den → Polen abgeplattet, also nicht genau eine Kugel ist), wurde im Mittelalter erfunden (der erste erhalten gebliebene Globus stammt von Martin Behaim aus dem Jahre 1492). Man hatte erkannt, daß die Erde keine Scheibe, sondern eine Kugel ist. Den endgültigen Beweis jedoch brachte erst die Weltumseglung durch Fernão de Magalhães in den Jahren 1519 bis 1522. — Es gibt auch Mond- und Himmelsgloben.

Gobelin [gobelę̃], der (franz.)
seit dem 17. Jahrhundert Bezeichnung für einen Wandteppich mit kunstvoll eingewebten Bildern; handgewebter Bildteppich

Gotik, die (franz.)
Als Gotik wird die Ausdrucksform der europäischen Kunst in der Zeit des späten Mittelalters (etwa 1150 bis 1500) gekennzeichnet. — Ursprungsland der Gotik war Frankreich; von dort wurde sie im Laufe eines Jahrhunderts über West- und Mitteleuropa verbreitet und löste die → Romanik ab. Starken Ausdruck fand die Gotik in der Baukunst, aber auch in der Bildhauerkunst und Malerei.
In der Blütezeit des → Feudalismus waren Bürgerstädte als Mittelpunkt des Handwerks und Handels entstanden. Hier wurden gewaltige Kirchenbauten, prächtige Rathäuser, Zunfthäuser, Wohngebäude für reiche Kaufleute, Tuch- und Fleischhallen sowie Stadtbefestigungen errichtet, die von Macht und Reichtum des jungen Städtebürgertums kündeten. Besonders die Bischofskirchen (Kathedralen, Dome, Münster) wurden immer höher, größer und kunstvoller gebaut. Als hauptsächliche Gliederungsform erscheint an ihnen die Senkrechte;

waagerechte Gliederungen ordnen sich unter und betonen im Gegensatz zu den Senkrechten deren himmelstürmende Linien. Schlanke Strebepfeiler und Strebebögen stützen leicht und schwerelos die Dächer von außen. Im Kircheninnern setzen sich die Linien hochstrebender Bündelpfeiler in den Gewölberippen fort. Die Wände sind durch hohe spitzbogige Fenster aufgebrochen, die ein feingliedriges Maßwerk und farbenprächtige Glasmalerei aufweisen. Steinmetzen schmückten die Wände, Türen, Türme und Dächer mit unzähligen Figuren. Im Inneren der Kirchen wurden lebensnahe, ausdrucksstarke Plastiken aus Stein aufgestellt. — Die gotischen Kirchen und anderen Bauwerke sind Zeugnisse des Fleißes und Könnens vieler unbekannter Künstler und Handwerker. Manchmal wurde mehr als hundert Jahre lang an einem Bauwerk gearbeitet. Es entstanden die Bauhütten, Genossenschaften freier Handwerker, die ihre Berufserfahrungen geheimhielten, sich gegen Lohn von Baustelle zu Baustelle, von Land zu Land verdingten und so ihre Baukunst verbreiteten. — Gotische Bauwerke auf dem Gebiet der DDR sind u. a. die Annenkirche in Annaberg, die Dome in Erfurt, Halberstadt, Magdeburg, Meißen, Naumburg, die Rathäuser in Stralsund, Tangermünde und Wernigerode.

Gouverneur [guwernör], der (franz.) oberster Verwaltungsbeamter; Statthalter

Granate, die (ital.)
Die Granate ist ein Geschoß, dessen Sprengladung mit Hilfe des Zünders an einem bestimmten Punkt der Flugbahn oder beim Aufschlag zur Wirkung gebracht wird. Man unterscheidet aus Waffen abgefeuerte Geschosse und von Hand geworfene (Handgranaten).

grandios (ital.)
großartig; überwältigend

-graphie (griech.)
Nachsilbe mit der Bedeutung: -beschreibung

gratis (lat.)
unentgeltlich, kostenlos

Gravitation, die (lat. gravitas „Schwere")
Isaac Newton erkannte Ende des 17. Jahrhunderts, daß sich alle Körper gegenseitig anziehen und die Ursache dafür ihre Masse ist. Newton nannte diese Eigenschaft, die alle Körper besitzen, Gravitation (Massenanziehungskraft). — Die Masse eines Körpers hängt von der Dichte des Stoffes ab, aus dem er besteht. Je größer seine Masse, um so größer ist auch die von ihm ausgeübte Anziehungskraft. Je dichter zwei Körper (Massen) zusammenkommen, um so stärker ziehen sie sich an. Das von Newton entdeckte Gravitationsgesetz lautet deshalb: Zwei Körper ziehen einander an mit einer Kraft, die proportional ihrer Masse ist und umgekehrt proportional dem Quadrat ihres Abstandes. — Die Gravitation ist überall wirksam, auf der Erde und auch in den fernsten Sternsystemen des Weltalls. So sind alle Himmelskörper unseres Sonnensystems — z. B. die Planeten, Monde,

Kometen, Meteorite — der riesigen Anziehungskraft der Sonne unterworfen (sie hat die 750fache Masse aller Himmelskörper unseres Sonnensystems).

graziös (franz.)
anmutig; zierlich

H

Harmonie, die (griech.)
(bestmögliches Verhältnis der Teile eines Ganzen zueinander) Einklang, Wohlklang; Übereinstimmung; Ebenmaß; Ausgewogenheit. Gegensatz → Disharmonie

Havarie, die (franz.)
1. Unfall bei Verkehrsmitteln; insbesondere bei Schiffen, Flugzeugen und Schienenfahrzeugen
2. Schaden, der eine große technische Anlage außer Betrieb setzt

Hegemonie, die (griech.)
1. Vorherrschaft, Vormachtstellung
2. führende Rolle einer Klasse oder eines Staates

hektisch (griech.)
überstürzt betriebsam

hekto- (griech.)
Vorsilbe mit der Bedeutung: hundert

helio- (griech.)
Vorsilbe mit der Bedeutung: auf die Sonne bezogen

hemi- (griech.)
Vorsilbe mit der Bedeutung: halb

Herbarium, das (lat. herba „Gras")
geordnete Sammlung getrockneter und gepreßter Pflanzen oder Pflanzenteile

hermetisch (griech.)
Die Sage berichtet, daß der ägyptische Weise und Zauberer Hermes Trismegistros („der dreimalgrößte Hermes") die Kunst erfunden haben soll, Gefäße mit einem geheimnisvollen Siegel luftdicht zu verschließen. Hermetisch abgeschlossen bedeutet: gasdicht, wasserdicht.

heroisch (griech.)
heldenhaft

hetero- (griech.)
Vorsilbe mit der Bedeutung: anders, fremd

heterogen (griech.)
verschiedenartig; uneinheitlich; entgegengesetzt. Gegensatz → homogen

hetero|troph (griech.)
Als heterotroph bezeichnet man Lebewesen, die sich überwiegend von organischen Stoffen ernähren. Dazu gehören auch Lebewesen, die kein → Chlorophyll besitzen, wie z.B. die Pilze. Gegensatz → autotroph

Hier|archie, die (griech.)
1. stufenförmig aufgebautes Befugnis- und Abhängigkeitsverhältnis
2. Rangordnung der Priesterschaft (Papst — Bischöfe — Priester)

Hiero|glyphen [hiroglüfen], die (Plur.) (griech.)
Aus Hieroglyphen bestand die mehrere hundert verschiedene, bildartige Zeichen umfassende Schrift im alten

Ägypten, deren nur die Priester kundig waren. Die Hieroglyphen wurden in Stein gemeißelt oder auf Papyrusrollen geschrieben. — Lange Zeit versuchte man, die Hieroglyphen zu entziffern. Dies gelang jedoch erst Jean François Champollion im Jahre 1822. Dabei half ihm der „Stein von Rosette", ein Fund, den Soldaten des französischen Kaisers Napoleon im Jahre 1799 an der Nilmündung gemacht hatten. Dieser Gedenkstein trägt eine Inschrift, die sowohl mit den rätselhaften Hieroglyphen als auch mit den bekannten griechischen Schriftzeichen eingemeißelt war.

historisch (griech.)
die Geschichte betreffend; geschichtlich; überliefert; für die Geschichte bedeutungsvoll

Hobby, das (engl.)
Lieblingsbeschäftigung

homogen (griech.)
gleichartig, übereinstimmend. Gegensatz → heterogen

Homophonie, die (griech. „Gleichklang")
mehrstimmige Setzweise, bei der eine Melodiestimme von einer oder mehreren sich ihr unterordnenden Stimmen begleitet wird. Gegensatz → Polyphonie

Horizont, der (griech.)
1. (das Blickfeld begrenzende scheinbare Trennlinie zwischen Erdoberfläche und Himmel) Sichtgrenze
2. Gesichtskreis; Auffassungskraft

horizontal (griech.)
waagerecht. Gegensatz → vertikal

Hormone, die (Plur.) (griech.)
Hormone sind Wirkstoffe, die im Körper des Menschen und der Wirbeltiere von Hormondrüsen gebildet und ins Blut abgegeben werden. Sie steuern die Vorgänge des Stoffwechsels, des Wachstums und der Fortpflanzung.

human (lat.)
menschlich; menschenwürdig; menschenfreundlich

Humanismus, der (lat. humanitas „Menschlichkeit")
Mit dem Erstarken des Bürgertums entwickelte sich in Süd- und Westeuropa vom 14. bis zum 16. Jahrhundert eine frühbürgerliche Weltanschauung, der Humanismus. Diese neue Weltanschauung vertröstete den Menschen nicht mehr auf ein besseres Leben nach dem Tode, stellte nicht mehr Gott und das Jenseits, sondern den Menschen selbst in den Mittelpunkt des Denkens und Strebens. Sie vermittelte ein zukunftsfrohes Lebensgefühl und wies den Menschen auf die Ausbildung aller seiner Kräfte und Möglichkeiten hin. Das Bürgertum hatte erkannt, daß es eine bessere Bildung, mehr Wissen brauchte, um sich von den feudalen Fesseln zu befreien und frei entwickeln zu können. Die Bildung der Herrschenden im alten Griechenland und im Römischen Reich, die Literatur und Kunst jener Zeit wurden zum Vorbild und deren Wiedergeburt (→ Renaissance) erstrebt. — Heute versteht man unter Humanismus das Streben nach Menschlichkeit und menschenwürdigen Verhältnissen.

Humanität, die (lat.)
Streben und Kämpfen für Menschlichkeit

Humor, der (lat. → franz./engl.)
Humor ist die erstrebenswerte Fähigkeit des Menschen, über eigene und

fremde Schwächen zu lachen, das Leben und die damit verbundenen Schwierigkeiten überlegen von der heiteren Seite zu betrachten.

Humus, der (lat. „Erde, Boden")
oberste, dunkle, kohlenstoffreiche, das Wachstum der Pflanzen fördernde Schicht des Bodens, die durch allmähliche Zersetzung pflanzlicher und tierischer Stoffe entsteht

Hurrikan [harriken], der (indian. → engl.)
verheerender Wirbelsturm, der besonders im Gebiet des Nordatlantiks und Westindiens in den Monaten August bis Oktober auftritt

hyd-, hydro- (griech.)
Vorsilbe mit der Bedeutung: Wasser-

Hy|drant, der (griech.)
Anschlußstelle für Schläuche zur Wasserentnahme aus dem Leitungsnetz

hy|draulisch (griech.)
auf Flüssigkeitsdruck beruhend

Hydrokultur oder **Hydroponik**, die (griech.)
erdeloser Pflanzenanbau in Nährlösung

Hygiene [hügi-ene], die (griech.)
1. Wissenschaft von der Gesundheit
2. alle Maßnahmen zur Erhaltung und Förderung der Gesundheit und zur Krankheitsverhütung

hy|gro|skopisch (griech.)
aus der Luft Wasserdampf aufnehmend; wasseranziehend

Hymne, die (griech. „Loblied")
1. feierliches Gesangs- oder Instrumentalstück
2. Nationallied

Hy|pothese, die (griech.)
Die Hypothese ist eine Annahme oder Vermutung, die als Hilfsmittel für die wissenschaftliche Erkenntnis dient. Mit Hypothesen wird versucht, Beobachtungen zu erklären, die Ursachen für Erscheinungen und Zusammenhänge zu erkennen, für die keine Beweise vorliegen. Außerdem dienen Hypothesen dazu, Entdeckungen und Entwicklungen vorauszusagen.

I

ideal (griech.)
1. vollkommen; beispielhaft; vorbildlich; äußerst günstig
2. nur in der Vorstellung bestehend, nicht wirklich vorhanden. Gegensatz → real

Ideal, das (griech.)
Unter Idealen versteht man Leitbilder, erstrebenswerte Ziele menschlichen Handelns. Die Ideale sind klassengebunden, sie unterscheiden sich in den verschiedenen Gesellschaftsordnungen.

Idea|lismus, der (griech.)
1. Streben nach Verwirklichung von → Idealen; Selbstlosigkeit
2. Der Idealismus ist die dem → Materialismus entgegengesetzte und von ihm widerlegte Weltanschauung. Der Idealismus betrachtet das Denken, das Bewußtsein, den Geist als das Ursprüngliche und Bestimmende. Er sieht einerseits die → Materie und Natur als

zweitrangig, von einem außerweltlichen Geist oder Gott hervorgebracht, an. Andererseits erklärt er die Dinge und Erscheinungen der Welt nur im Bewußtsein des einzelnen Menschen als wirklich gegeben. Damit kehrt der Idealismus das wirkliche Verhältnis von Denken und Sein, Geist und Natur, Materie und Bewußtsein um.

Idee, die (griech.)
1. Gedanke, Vorstellung; Einfall; Erkenntnis
2. Grund-, Leitgedanke

identisch (lat.)
ein und dasselbe; völlig übereinstimmend; wesensgleich

Ideologie, die (griech. → franz.)
Ideologie ist die Gesamtheit der gesellschaftlichen (politischen, rechtlichen, moralischen, künstlerischen usw.) Anschauungen einer bestimmten Klasse oder Gesellschaftsordnung. Sie bringt deren Interessen (Belange und Absichten) zum Ausdruck. Zur jeweiligen Ideologie gehören auch entsprechende Grundsätze für das Verhalten des Menschen in der Gesellschaft. — Die Ideologie der Arbeiterklasse ist der → Marxismus-Leninismus.

igno|rieren (lat. ignorare „nicht wissen")
(absichtlich nicht beachten) übersehen, übergehen

Ikone, die (griech.)
Eine Ikone ist ein Tafelbild (auf eine Holztafel gemalt), das heilige Ereignisse, vor allem heilige Personen darstellt, die von den Gläubigen der orthodoxen Kirchen verehrt werden. — Die ältesten Ikonen stammen aus dem 6./7. Jahrhundert. Hauptstätten der Ikonenmalerei waren im 14./15. Jahrhundert die russischen Städte Nowgorod und Moskau.

Illegalität, die (lat.)
Die geheime Fortsetzung der politischen Arbeit fortschrittlicher Parteien und Organisationen nach deren Verbot durch die herrschende Klasse bezeichnet man als Illegalität. Im faschistischen Deutschland von 1933 bis 1945 führten antifaschistische Widerstandskämpfer den Kampf gegen die faschistische Herrschaft in der Illegalität unter großen Opfern fort.

Illusion, die (lat. illusio „Täuschung")
1. (auf Selbsttäuschung beruhende falsche Vorstellung von der Wirklichkeit) Einbildung
2. nicht erfüllbare Hoffnung
3. durch ein Zauberkunststück oder einen Trick bewirkte Täuschung

Illu|stration, die (lat. illustratio „Erleuchtung")
1. Veranschaulichung, Erläuterung
2. erläuternde Abbildung, Bildbeigabe zu einem Text

im-, in- (lat.)
Vorsilbe mit der Bedeutung: in, hinein; oder Vorsilbe mit verneinender Bedeutung

Imitation, die (lat.)
1. möglichst wirklichkeitsgetreue Nachahmung; Nachbildung eines kostbaren, künstlerischen Gegenstandes aus weniger wertvollem Material

2. Nachahmung oder Wiederkehr einer Tonfolge

Immunität, die (lat.)
1. Unempfindlichkeit des menschlichen oder tierischen Körpers gegenüber Ansteckung (Infektion) durch Krankheitserreger (z. B. Bakterien, Viren). Natürliche Widerstandsfähigkeit kann angeboren sein (so ist z. B. der Mensch immun gegen die meisten Tierseuchen) oder während einer Infektionskrankheit erworben werden. Künstliche Immunität wird erzeugt, indem der Körper durch abgeschwächte Krankheitserreger zur Bildung von Abwehrstoffen angeregt wird oder ihm Abwehrstoffe zugeführt werden (Immunisierung = Impfen).
2. ein besonderer gesetzlicher Schutz für Abgeordnete und → Diplomaten

Imperativ, der (lat.) → Modus

Imperfekt, das (lat.) → Tempus

Imperialismus oder **Monopolkapitalismus**, der (franz.)
Der Imperialismus bildete sich um die Wende des 19./20. Jahrhunderts in führenden Industrieländern (wie Großbritannien, Frankreich, Deutschland, USA, Italien und Japan) heraus. Er ist die höchste und letzte Entwicklungsstufe des → Kapitalismus. — Wladimir Iljitsch Lenin erforschte diese Erscheinungsform des Kapitalismus und kennzeichnete den Imperialismus 1916 in seinem Werk „Der Imperialismus als höchstes Stadium des Kapitalismus" als monopolistischen, parasitären oder faulenden und sterbenden Kapitalismus.
Die Entwicklung des Kapitalismus zum Imperialismus läßt sich in fünf Merkmalen zusammenfassen:
1. Der Imperialismus ist Monopolkapitalismus, weil sich die kapitalistischen Industrieunternehmen und Banken zu riesigen Unternehmen, den → Monopolen, zusammenschließen. Sie beherrschen die Warenproduktion und deren Absatz auf dem Markt und sichern sich damit Höchstgewinne. Die Herrschaft der Monopole löst den Kapitalismus der freien Konkurrenz, die mit der → industriellen Revolution eingeleitete fortschrittliche Entwicklungsstufe des Kapitalismus, ab.
2. Das → Kapital der miteinander verflochtenen Industrie- und Bankmonopole verschmilzt zum Finanzkapital. Eine kleine, aber mächtige Schicht von Finanzkapitalisten (Finanzoligarchie) verfügt jetzt über das Finanzkapital und beherrscht die gesamte Volkswirtschaft. Sie gewinnt großen Einfluß auf den kapitalistischen Staat, den sie zur Herrschaft über die übrigen Klassen und Schichten der Gesellschaft und deren Ausbeutung nutzt.
3. Auch fremde Völker werden unterdrückt und ausgeplündert, indem die Monopolverbände an wirtschaftlich schwache Länder Geld verleihen oder es dort durch die Errichtung von Bergwerken, Fabrikanlagen usw. anlegen. Durch die Ausfuhr von Kapital (Kapitalexport) in schwach entwickelte Länder oder in → Kolonien erzielen die Imperialisten höhere Gewinne als im eigenen Lande. Sie gewinnen über diese Länder wirtschaftliche und politische Macht und machen sie, soweit sie noch selbständig sind, zu Halbkolonien.

4. Es bilden sich international verflochtene Monopole heraus, die z. B. die Bodenschätze, die Produktion und die Absatzmärkte der von ihnen beherrschten Teile der Erde unter sich aufteilen.
5. Da die Aufteilung der Erde bereits abgeschlossen ist, sind die Imperialisten bestrebt, sie nach ihren Wünschen neu aufzuteilen. Eroberungskriege sind deshalb zwangsläufig eine Begleiterscheinung des Imperialismus.
Nach dem zweiten Weltkrieg entwickelte sich der Imperialismus zum *staatsmonopolistischen Kapitalismus.* Durch die Vereinigung der Macht der Monopole mit der Macht des kapitalistischen Staates zu einer einheitlichen Unterdrückungs- und Ausbeutungseinrichtung gegenüber allen fortschrittlichen politischen Bewegungen, insbesondere der Arbeiterbewegung, will sich der Imperialismus vor dem Untergang retten. Sein Untergang erfolgt jedoch gesetzmäßig, denn der Imperialismus ist der „Vorabend der sozialen Revolution des Proletariats" (Lenin). Die Widersprüche des Kapitalismus spitzen sich immer mehr zu und drängen auf seine Ablösung durch den → Kommunismus.

Imperium, das (lat. „Befehlsgewalt")
Weltreich; Großmacht; Wirtschaftsmacht

imponieren (lat.)
beeindrucken; Achtung und Bewunderung hervorrufen

Import, der (lat. importare „hineinbringen" → engl.)
Einfuhr von Waren aus dem Ausland; Teil des Außenhandels. Gegensatz → Export

improvisieren (ital.)
etwas ohne Vorbereitung, aus dem Stegreif tun

Impuls, der (lat.)
Anstoß, Anregung, Antrieb

impulsiv (lat.)
schnell, aus einer plötzlichen Eingebung heraus handelnd; unüberlegt

in-, il-, im-, ir- (lat.)
Vorsilbe, die eine Verneinung ausdrückt; oder Vorsilbe mit der Bedeutung: hinein-

Indikativ, der (lat.) → Modus

indirekt (lat.)
mittelbar; nicht geradezu; auf Umwegen. Gegensatz → direkt

individuell (franz.)
den einzelnen und dessen Eigenart betreffend

Individuum [..wi̯du-um], das (lat. „das Unteilbare")
das einzelne Lebewesen; der einzelne Mensch

Indu|strie, die (lat. industria „Fleiß" → engl./franz.)
Die Industrie ist der wichtigste Produktionszweig der Volkswirtschaft. Sie umfaßt alle Betriebe, in denen mit Hilfe von → Maschinensystemen Naturreichtümer (z. B. Bodenschätze; Rohstoffe) gewonnen werden oder in denen man aus Werkstoffen Halbfertig- oder Fertigerzeugnisse herstellt.

Die Industrie deckt weitgehend ihren eigenen Bedarf und den anderer Zweige der Volkswirtschaft an → Produktionsmitteln (Werkstoffen, Werkzeugen, Maschinen, technischen Anlagen usw.), und sie erzeugt den größten Teil der Güter, die die Bevölkerung benötigt (Elektroenergie und Brennstoffe, Lebensmittel, Bekleidung, Industriewaren für den Haushalt, Fahrzeuge usw.).

Industrieland, das, oder **Industriestaat**, der
Land oder Staat, in dem die → Industrie der vorherrschende Wirtschaftszweig ist

industrielle Revolution, die
Die industrielle Revolution (in England zwischen 1760 und 1830, in Deutschland zwischen 1800 und 1870) begann mit der Erfindung wichtiger Arbeits- und Werkzeugmaschinen und deren Anwendung in einigen Produktionszweigen, hervorgerufen durch einen sprunghaft angestiegenen Bedarf an Rohstoffen (z. B. Eisen, Kohle, Wolle) oder an gewerblichen Erzeugnissen (z.B. Tuche und Garne). — Die Produktion hatte bis dahin — sowohl im Handwerk wie in der kapitalistischen → Manufaktur — vorwiegend auf Handarbeit beruht. Die Art und Weise der Produktion veränderte sich in der industriellen Revolution grundlegend: Die Handarbeit wurde zur Maschinenarbeit, die Handwerks- und Manufakturproduktion zur maschinellen Fabrikproduktion (Industrieproduktion). An die Stelle der Handwerkszeuge traten Werkzeug- und Arbeitsmaschinen. Ein neuer Industriezweig entstand, der Maschinenbau. Mit der industriellen Revolution setzte sich die mit Maschinen betriebene Fabrikproduktion in allen Industriezweigen durch. Damit erhöhte sich die → Arbeitsproduktivität und gleichzeitig die Ausbeutung der Arbeiter. — Neben der bürgerlichen → Revolution, die die gesellschaftlichen Verhältnisse zugunsten der Bourgeoisie änderte, war die industrielle Revolution eine wichtige Voraussetzung zur Überwindung des Feudalismus und zur Durchsetzung des → Kapitalismus. Mit ihr entstand die Industriebourgeoisie als entscheidender Teil der Kapitalistenklasse und das Industrieproletariat als Kern der Arbeiterklasse.

Wichtige Erfindungen während der industriellen Revolution
1767 Spinnmaschine „Spinning-Jenny" (James Hargraeves)
1769 Dampfmaschine (James Watt)
1787 Mechanischer Webstuhl (Edmund Cartwright)
1814 Dampflokomotive (George Stephenson)

Infektion, die (lat.)
Ansteckung von Mensch, Tier oder Pflanze durch krankheitserregende → Mikroorganismen (z. B. Bakterien, Viren). Durch Impfung und → Hygiene wird der Verbreitung übertragbarer Krankheiten bei Mensch und Tier vorgebeugt.

Infinitiv, der (lat.) → Verb

In|flation, die (lat. inflatio „Blähung")
Geldentwertung durch übermäßige Erhöhung des Zahlungsmittelumlaufs (Geldes), verbunden mit starkem Ansteigen der Warenpreise. Dadurch sinkt die Kaufkraft, und die Lebenshaltungskosten erhöhen sich.

Information, die (lat.)
Nachricht, Mitteilung, Unterrichtung; Auskunft

In|itiative, die (franz.)
bewußt herbeigeführter erster Schritt zu einer Handlung; Fähigkeit, etwas aus eigenem Antrieb zu beginnen; Unternehmungsgeist

inko|gnito (ital. „unerkannt") unter falschem Namen

inkonsequent (lat.)
nicht folgerichtig; unbeständig, schwankend. Gegensatz → konsequent

in memoriam (lat.)
zum Gedenken an

Inquisition, die (lat. inquisitio „Untersuchung")
Inquisition hieß die 1183 gegründete und bis ins 19. Jahrhundert hinein bestehende Gerichtsorganisation der katholischen Kirche, die fortschrittlich Denkende und Abtrünnige („Ketzer") verurteilte. Ihre Vertreter, die Inquisitoren und deren Knechte, wendeten oft grausamste Mittel an (Kerkerhaft, Folter, Verbrennen von Menschen auf dem Scheiterhaufen), um Denken und Handeln zu unterdrücken, das sich gegen die Lehre der katholischen Kirche oder gegen den von ihr mit getragenen Feudalstaat richtete. So wurde z. B. Galileo Galilei 1633 durch die Inquisition gezwungen, seine Erkenntnis zu widerrufen, nach der nicht die Erde, sondern die Sonne der Mittelpunkt des Weltalls ist. — Die Inquisition wütete vor allem in Spanien, Portugal, Italien und Frankreich.

Insekt, das (lat. insectum „eingeschnitten")
Von den Insekten (Kerbtieren), zu denen z. B. die Bienen, Ameisen, Käfer, Libellen, Heuschrecken, Schmetterlinge, Fliegen, Flöhe, Wanzen und Läuse zählen, kennt man fast eine Million Arten, das sind etwa drei Viertel aller bekannten Tierarten. — Die Insekten gehören zu den Landtieren. Sie ernähren sich räuberisch oder sind Pflanzenfresser. Viele Arten bringen dem Menschen großen Nutzen (sie bestäuben Blütenpflanzen, erhöhen die Bodenfruchtbarkeit, vertilgen Schädlinge, sind Heilmittelspender), andere Arten richten Schäden an (übertragen Krankheiten, sind Pflanzenschädlinge). — Die Insekten gehören zu den Gliederfüßern. Ihr Körper ist deutlich in Kopf, Brust und Hinterleib gegliedert und wird von einem Panzer aus → Chitin geschützt. Am Brustteil sitzen meist zwei Flügel- und drei Beinpaare. Mit ihren Netzaugen können sie nach allen Seiten sehen. Die Mundwerkzeuge dienen zum Saugen, Lecken, Beißen oder Stechen. — Insekten atmen durch Luftröhren, die sogenannten → Tracheen. Auf der Bauchseite erstreckt sich das strickleiterförmige Nervensystem. — Alle Insekten entstehen durch geschlechtliche Fortpflanzung entweder unmittelbar aus Eiern, oder aus Eiern entwickeln sich nacheinander Larven, Puppen und schließlich wieder Insekten. Vergleiche → Metamorphose

Insektizide, die (Plur.) (lat.)
Insektizide sind chemische Mittel, die als Berührungs-, Fraß- oder Atemgifte eingesetzt werden, um schädliche Insekten zu vernichten. Dabei sind Schutzbestimmungen zu beachten.

Inserat, das (lat.)
Anzeige, Angebot in einer Zeitung oder Zeitschrift

in|spirieren (lat.)
anregen, anspornen, begeistern

Installation, die (lat.)
Einbau technischer Anlagen in Gebäude (Wasser, Abwasser, Elektroenergie, Gas, Heizung, Lüftung)

Instanz, die (lat.)
zuständige Stelle einer Verwaltung oder eines Gerichts

Instinkt, der (lat.)
1. die vielen Tieren angeborene Verhaltensweise (Trieb) zu lebensnotwendigen Handlungen (z. B. Nahrungserwerb und Fortpflanzung). So ziehen die Zugvögel ihrem Instinkt folgend im Herbst zu Standorten in wärmere Länder, um dort zu überwintern.
2. ein auf Erfahrung beruhendes Verhalten des Menschen; sicheres Gefühl; Spürsinn; Ahnung

Institut, das (lat.)
Einrichtung, die der wissenschaftlichen Arbeit (Forschung) und/oder der Ausbildung dient

intakt (lat.)
unbeschädigt; voll einsatzfähig

Inte|gration, die (lat.)
1. Einbeziehung, Eingliederung; Vereinheitlichung; Zusammenschluß von Teilen zu einem übergeordneten Ganzen
2. *sozialistische ökonomische Integration:* wirtschaftliche und wissenschaftlich-technische Zusammenarbeit der im Rat für Gegenseitige Wirtschaftshilfe (RGW) zusammengeschlossenen sozialistischen Länder mit dem Ziel, deren Wirtschaft zum gegenseitigen Vorteil langfristig gemeinsam zu planen und zu leiten

intelligent (lat.)
klug, gescheit; begabt

Intelligenz, die (lat. intelligentia „Einsicht, Verständnis, Erkenntnisvermögen")
1. Auffassungsgabe; Klugheit; Verstand; bestimmte Fähigkeiten des Menschen, wie geistige Beweglichkeit, Denkvermögen, Urteilsfähigkeit usw.
2. Als *die Intelligenz* werden zusammenfassend die geistig schaffenden Werktätigen bezeichnet (z. B. Wissenschaftler und Ingenieure, Lehrer, Künstler und Schriftsteller, Ärzte). Die Intelligenz bildet keine Klasse in der menschlichen Gesellschaft, weil sie sich in jeder Gesellschaftsordnung aus Angehörigen verschiedener Schichten zusammensetzt.

intensiv (lat.)
stark, sehr wirksam; durchdringend, gründlich; heftig, lebhaft. Gegensatz → extensiv

inter- (lat. „zwischen")
Vorsilbe mit der Bedeutung: zwischen-, zusammen-

Inter|esse, das (lat.)
Anteilnahme; Aufmerksamkeit; Beachtung; Neigung, Liebe zur Sache; Bedeutung; Absicht; Vorteil. Gegensatz → Desinteresse

Interjektion, die (lat. interiacere „dazwischenwerfen")
Interjektionen geben als Ausdrucks- oder Empfindungswörter Gemüts- oder Willensregungen wieder, wie Freude (hurra!), Schmerz (au!), Über-

raschung (oh!). Empfindungswörter haben den Aussagewert eines ganzen Satzes, jedoch keine Satzform (ätsch! = Das hast du nun davon!). Steht eine Interjektion allein, dann setzt man ein Ausrufezeichen dahinter. Die betonte Interjektion wird von den anderen Wörtern durch Komma getrennt (Oh, wie schön das ist! aber: O Tannenbaum, o weh!).

intern (lat.)
im Innern befindlich; nicht öffentlich, vertraulich

Internat, das (lat.)
Erziehungs- und Bildungseinrichtungen angeschlossenes Schüler-, Lehrlings- oder Studentenwohnheim

international (lat.)
(mehrere Länder oder Staaten betreffend) zwischen- oder überstaatlich; weltweit

Internationale, die (lat.)
1. In London wurde 1864 unter maßgeblicher Beteiligung von Karl Marx und Friedrich Engels die I. Internationale (Internationale Arbeiterassoziation) gegründet. Sie war die erste Organisation, in der sich Arbeiter aus vielen Ländern zur revolutionären Bekämpfung des → Kapitalismus vereinigten. Die I. Internationale trug die Ideen des wissenschaftlichen → Kommunismus in die Arbeiterklasse und bereitete die Bildung von Arbeiterparteien in einzelnen Ländern vor. — Die II. Internationale wirkte für die Schaffung marxistischer Arbeiterparteien in allen Ländern und für die Erringung der politischen Macht durch die Arbeiterklasse. Auf der Gründungsversammlung 1889 in Paris wurde auch beschlossen, den 1. Mai künftig als Kampftag der internationalen Arbeiterklasse zu begehen. — Die III. Internationale (Kommunistische Internationale, Kurzform: Komintern) wurde 1919 in Moskau geschaffen. In ihr schlossen sich die nach der Oktoberrevolution in vielen Ländern entstandenen kommunistischen Parteien zusammen. —
2. Auch das internationale Kampflied der marxistischen Arbeiterbewegung trägt den Namen Internationale. Die Internationale (deutsch: „Wacht auf, Verdammte dieser Erde") entstand aus einem Gedicht, das Eugène Pottier 1871 schrieb. Er hatte am Kampf der Pariser Kommune mit der Waffe in der Hand teilgenommen. 1888 vertonte der Arbeiter Pierre Degeyter dieses Gedicht und schuf das Kampflied, das bald von den Arbeitern der ganzen Welt gesungen wurde. In den ersten Jahrzehnten der Sowjetmacht war die Internationale Nationalhymne der UdSSR.

Internationalismus, der (lat.) → proletarischer Internationalismus

Inter|pretation, die (lat.)
Auslegung, Deutung, Erklärung eines künstlerischen oder wissenschaftlichen Werkes

Interpunktion, die (lat.)
Interpunktion ist die Anwendung von Satzzeichen nach bestimmten Regeln in unserer Schriftsprache. Interpunktionszeichen sind beispielsweise Punkt, Fragezeichen, Komma, Semikolon, Gedankenstrich.

Intervall, das (lat.)
1. Zeitabstand; Zwischenraum; Unterbrechung
2. Abstand zweier Töne, die gleichzeitig (harmonisches Intervall) oder nacheinander (melodisches Intervall) erklingen

Intervention, die (franz.)
völkerrechtswidrige Einmischung eines Staates oder mehrerer Staaten in die inneren Angelegenheiten eines anderen Staates oder mehrerer anderer Staaten. Die Intervention ist ein Kennzeichen imperialistischer Politik und wird von den sozialistischen Staaten verurteilt.

Interview [..wju], das (engl.)
für die Veröffentlichung bestimmtes Gespräch

intolerant (lat.)
unduldsam gegen Andersdenkende oder Andersgläubige. Gegensatz → tolerant

in|transitives Verb → Verb

In|troduktion, die (lat. introductio „Einführung")
instrumentales Vorspiel zu größeren Musikwerken

invalid (franz.)
(durch körperlichen oder geistigen Schaden beeinträchtigt und auf Dauer) arbeitsunfähig

Invasion, die (franz.)
Eindringen militärischer Verbände in fremdes Staatsgebiet; militärischer Überfall

Inventur, die (lat.)
(mengen- und wertmäßige) Bestandsaufnahme

Ion, das (griech.)
Ionen entstehen bei → chemischen Reaktionen aus → Atomen durch Aufnahme bzw. Abgabe von → Elektronen. Je nachdem, ob Elektronen abgegeben oder aufgenommen werden, bilden sich elektrisch positiv (Kationen) bzw. negativ (Anionen) geladene Ionen der entsprechenden → chemischen Elemente.

Ironie, die (griech. eironeia „Verstellung")
Ausdrucksweise, bei der man spottend das Gegenteil des Gesagten meint (so z. B. mit „Dreimal abgeschnitten und immer noch zu kurz!")

irrational (lat.)
mit dem Verstand nicht begreifbar; unvernünftig. Gegensatz → rational

irreal (lat.)
unwirklich. Gegensatz → real

Isolator, der (lat.)
Nach ihrer elektrischen Leitfähigkeit teilt man die Stoffe in Leiter, Halbleiter und Isolatoren ein. Elektrische Lei-

ter sind Stoffe, die den elektrischen Strom sehr gut leiten (z. B. Metalle). Isolatoren leiten den elektrischen Strom fast gar nicht (z. B. Porzellan, Glas, Gummi, Plast). Halbleiter leiten den elektrischen Strom schlechter als Leiter, aber besser als Isolatoren. Die elektrische Leitfähigkeit der Stoffe ist abhängig von ihrer Anzahl frei beweglicher → Elektronen.

Isotop, das (griech.)
Isotope sind Atomarten eines → chemischen Elements, die bei gleicher Anzahl von → Protonen eine unterschiedliche Anzahl von → Neutronen haben.

J

Jubiläum, das (lat.)
Gedenkfeier zur Wiederkehr eines wichtigen Ereignisses nach 25, 50, 100 oder mehr Jahren

Jury [schüri], die (franz.)
Gruppe von Sachverständigen, die über die Preisträger in einem Wettbewerb entscheidet; Preisgericht

Justiz, die (lat. iustitia „Gerechtigkeit")
Rechtspflege; Rechtsprechung

K

Kadenz, die (ital.)
1. Akkordfolge, die durch Verwendung der drei Hauptdreiklänge (Tonika, Dominante, Subdominante) eine Tonart eindeutig festlegt und eine Schlußwirkung erzeugt
2. unbegleitetes, meisterhaftes Spiel des Solisten bei freier oder festgelegter Abwandlung eines oder mehrerer Themen, meist vor dem Abschluß eines Satzes

Kaliber, das (ital./franz.)
Bezeichnung für den Innendurchmesses des Rohrs (Laufs) einer Feuerwaffe

Kalkulation, die (lat.)
Ermittlung der Selbstkosten und Preise für Erzeugnisse oder Leistungen

Kanalisation, die (ital.)
1. System unterirdischer Leitungen (Kanäle) zur Ableitung von Haus- und Industrieabwässern sowie von Niederschlagswässern
2. Ausbau von Flüssen zu schiffbaren Kanälen

Kandidat, der (lat.)
Bewerber, Anwärter

Kanon, der (franz.)
mehrstimmiges Musikstück, bei dem alle Stimmen die gleiche Melodie vortragen, jedoch nacheinander in bestimmten Abständen einsetzen

Kanone, die (ital.)
Kanonen bilden die Hauptwaffe der → Artillerie, gehören aber auch zur Ausrüstung von Panzern, Kampfflugzeugen und Überwasserkampfschiffen. Mit diesen Geschützen werden → Granaten in gezieltem Feuer verschossen.

Kantate, die (lat. cantare „singen" → ital.)
mehrteiliges Musikwerk, das von Einzelstimmen im Zusammenwirken mit Instrumentalisten oder einem Orchester vorgetragen wird; oft tritt ein Chor hinzu

Kapazität, die (lat.)
1. Aufnahmefähigkeit; Fassungsvermögen; größtmögliches Leistungsvermögen
2. hervorragender Fachmann

Kapelle, die (lat.)
1. kleine Kirche oder abgeschlossener Teil einer großen Kirche
2. Orchester; Klangkörper

Kapillarität, die (lat. capillus „Haar") Wasser steigt in engen Röhrchen empor, wenn man sie in Wasser eintaucht. Je enger diese Röhrchen (Haarröhrchen oder Kapillaren genannt) sind, um so höher steigt in ihnen das Wasser. Dabei liegt der Flüssigkeitsspiegel einer in eine Flüssigkeit eintauchenden Kapillare entweder über (z. B. beim Wasser) oder unter dem Flüssigkeitsspiegel außerhalb der Kapillare. Diese Erscheinung nennt man Kapillarität.

Kapital, das (lat.)
1. Karl Marx, der das Wesen des → Kapitalismus erforscht hat („Das Kapital" ist sein dreibändiges Hauptwerk, dessen erster Band 1867 erschien), bezeichnete den von den Kapitalisten zur Erzeugung von Mehrwert (durch Ausbeutung der Lohnarbeiter) eingesetzten Wert (also zum Beispiel Geld und Fabriken) sowie das darauf beruhende → Produktionsverhältnis als Kapital. Kapital und Arbeit bilden einen unversöhnlichen Widerspruch.
2. Bezeichnung für die Gesamtheit der Kapitalisten (Bourgeoisie)

Kapitalismus, der (franz.)
Die Gesellschaftsordnung des Kapitalismus beruht auf dem Privateigentum, dem Besitz der Kapitalisten an den entscheidenden → Produktionsmitteln, und auf der Ausbeutung der Lohnarbeiter durch die Kapitalisten. Die Lohnarbeiter besitzen nur ihre Arbeitskraft, die sie den Kapitalisten gegen Lohn verkaufen müssen. Den Reichtum, den die Arbeiter mit ihrer Arbeit in der → Produktion erzeugen, eignen sich die Kapitalisten zum überwiegenden Teil an. Die Arbeiter schaffen mit ihrer Arbeit nämlich mehr (einen bedeutend höheren) Wert, als sie an Lohn erhalten, und an diesem Mehrwert bereichern sich die Kapitalisten. Die ständige Vermehrung des Profits (des Gewinns für die Kapitalisten) ist das Hauptziel der kapitalistischen Produktionsweise. — Der Widerspruch zwischen dem gesellschaftlichen Charakter der Produktion und der privatkapitalistischen Aneignung des Mehrwerts bildet den Grundwiderspruch des Kapitalismus. — Während sich mit der Entwicklung des Kapitalismus einerseits immer größerer Reichtum und damit verbunden wirtschaftliche und politische Macht in den Händen weniger Kapitalisten zusammenballt, verschärft sich andererseits die Ausbeutung der Arbeiter. Ihre Lebensbedingungen verschlechtern sich. Die beiden Grundklassen der kapitalistischen Gesellschaft, die Kapitalistenklasse (die → Bourgeoisie) und die Arbeiterklasse (das → Proletariat), stehen sich deshalb im Klassenkampf unversöhnlich, feindlich gegenüber. — Die Arbeiterklasse hat die geschichtliche Aufgabe, den Kapitalismus, die letzte Ausbeuterordnung in der Geschichte der menschlichen Gesellschaft, zu stürzen und die Ausbeutung des Menschen durch den Menschen für immer abzuschaffen. Dies kann nur geschehen, indem die Arbeiterklasse die Macht der Bourgeoisie durch die sozialistische → Revolution beseitigt, das Privateigentum an Produktionsmitteln aufhebt und die → Diktatur des Poletariats errichtet. — Man unterscheidet in der geschichtlichen Entwicklung des Kapitalismus drei Hauptabschnitte:
1. Der *Frühkapitalismus* begann sich bereits im → Feudalismus zu entwickeln, den er als Gesellschaftsordnung ablöste. Es hatte sich bereits viel Kapital in Gestalt von Geld angehäuft, das

Kapitel — Karikatur

erworben wurde durch die Einrichtung von → Manufakturen, die Ausplünderung von → Kolonien, durch Handelsgewinne (u. a. aus dem Sklavenhandel) und durch Seeraub. Einer kleinen Schicht, die über Geld und Produktionsmittel verfügte, standen viele arme, ehemals freie Bauern gegenüber, die ihres wichtigsten Produktionsmittels, des Bodens, gewaltsam beraubt worden waren. Sie waren nun doppelt frei — frei von ihren ehemaligen Ausbeutern, den Feudalherren, aber auch frei vom Eigentum an Produktionsmitteln. Sie besaßen nur noch ihre Arbeitskraft, die sie, um leben zu können, an ihre neuen Ausbeuter, die Kapitalisten, verkaufen mußten.

2. Der *Kapitalismus der freien Konkurrenz* bildete sich mit dem Übergang von der Manufaktur zur Maschinenarbeit und zum Fabriksystem in der → industriellen Revolution heraus. Die → Arbeitsproduktivität wurde erheblich gesteigert; in gleichem Maße wuchsen die Ausbeutung (besonders schändlich war die Ausbeutung der Kinder) und die Klassengegensätze.

3. Um die Wende des 19./20. Jahrhunderts wandelte sich der Kapitalismus der freien Konkurrenz zum *Monopolkapitalismus* oder → Imperialismus, der gesetzmäßig vom Sozialismus und → Kommunismus abgelöst wird.

Kapitel, das (lat.)
1. größerer Abschnitt eines Buches, oft mit besonderer Überschrift versehen
2. in sich abgeschlossener Teil eines Ganzen

Kapitell, das (lat. capitulum „Köpfchen")
Das Kopfstück einer Säule oder eines Pfeilers heißt Kapitell. Als Zwischenglied vermittelt es zwischen der Stütze und der von ihr getragenen Last. Es gibt verschiedene Kapitellformen.

kapitulieren (franz.)
aufgeben; sich ergeben; die militärischen Kampfhandlungen zu den Bedingungen einstellen, die der Sieger festlegt

Karabiner, der (franz.)
Karabiner sind Gewehre mit verkürztem Lauf. Sie gehören zu den Feuerwaffen, mit denen Schützeneinheiten ausgerüstet sind.

Karavelle, die (port.)
schnelles, dreimastiges Segelschiff des 14. bis 16. Jahrhunderts

Karawane, die (pers. → ital.)
(zum gegenseitigen Schutz) gemeinsam durch Wüsten oder unbewohnte Gebiete Afrikas und Asiens reisende Gruppe; meist beförderten Kamele die Reisenden und Lasten

Kardinalzahl, die
Benutzt man eine natürliche Zahl 0, 1, 2, 3, 4 ..., um die Anzahl der Elemente einer Menge anzugeben (z. B. 3 Sprünge), so nennt man sie *Kardinalzahl*. Benutzt man eine natürliche Zahl, um den Platz eines Elements in einer durchnumerierten Menge anzugeben (z. B. der 3. Sprung), so nennt man sie *Ordinalzahl*.

Karikatur, die (ital. caricatura „Überladung")
Die Karikatur ist eine Spottzeichnung, mit der ein Künstler (Karikaturist) bestimmte menschliche Eigenschaften oder Verhaltensweisen so übertrieben darstellt, daß man darüber lacht. Die Karikatur dient jedoch nicht nur lie-

benswertem Spott. Sie kann auch überlebte oder menschenfeindliche gesellschaftliche Zustände bildlich zum Ausdruck bringen und beim Betrachter Verachtung und Haß darauf wecken.

Karneval, der (lat.)
Fastnacht, Fasching

Kasus, der (lat.) → Deklination

Katalog, der (griech.)
Verzeichnis; Ausstellungsführer

Kata|strophe, die (griech. „Wendung")
furchtbares, folgenschweres Ereignis; Zusammenbruch; Untergang

Kathe|drale, die (lat.)
in Frankreich, Großbritannien und Spanien übliche Bezeichnung für die Bischofskirche; gleichbedeutend mit Dom, Münster

kausal (lat.)
(auf dem Verhältnis von Ursache und Wirkung beruhend) ursächlich; zugrunde liegend

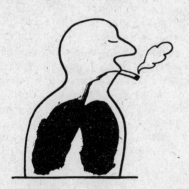

Keramik, die (griech.)
Zur Keramik werden alle Erzeugnisse aus gebrannten Erden gezählt: Baustoffe, wie Ziegel, Kacheln, Fliesen, Wasch- und Toilettenbecken, Kanalisationsrohre; Geschirr, wie Steingut, Porzellan, Tonwaren; künstlerische Gegenstände, wie Plastiken, Vasen, Krüge, Wandteller; technische Gegenstände, wie Isolierkörper. — Schon vor etwa 7000 Jahren entstand das Töpferhandwerk. Die Töpferscheibe, mit der dünnwandige, gleichmäßig geformte Gefäße aus Ton hergestellt werden können, gehört zu den ältesten technischen Erfindungen. Gebrannte Ziegel wurden bereits vor ungefähr 5000 Jahren im Vorderen Orient zum Hausbau verwendet.

kilo- (griech.)
Vorsilbe mit der Bedeutung: tausend

Kiosk, der (türk. → franz.)
Verkaufshäuschen

Klassiker, der (lat.)
Künstler, Schriftsteller oder Wissenschaftler, dessen Werk eine unübertroffene, über die Zeiten gültige Leistung darstellt

klassisch (lat.)
1. das griechische oder römische Altertum (die → Antike) betreffend
2. einen unübertroffenen Höhepunkt künstlerischer oder wissenschaftlicher Leistungen darstellend
3. vollendet; großartig

Klerus, der (griech. → lat.)
Gesamtheit der katholischen Geistlichen; Priesterschaft

Klima, das (griech.)
Als Klima eines bestimmten Ortes oder Gebietes bezeichnet man den durchschnittlichen Wetterverlauf vieler Jahre. Das Klima ist u. a. abhängig von der Breitenlage, der Lage zum Meer, der Höhenlage, der Sonneneinstrahlung, von den Niederschlägen, dem Luftdruck und den Winden. Gebiete mit gleichartigem Klima bilden eine Klimazone (Klimagürtel).

Klinik, die (griech.)
Einrichtung zur Aufnahme und Behandlung bettlägeriger Kranker; Teil eines Krankenhauses

ko-, kol-, kom-, kon- (lat.)
Vorsilbe mit der Bedeutung: mit-, zusammen-

Ko|alition, die (franz.)
Zusammenschluß; unter bestimmten Bedingungen eingegangenes Bündnis von Parteien oder Staaten

Ko|existenz, die (lat. „Zusammenbestehen")
1. Zusammen- oder Nebeneinanderbestehen; gleichzeitiges Vorhandensein mehrerer Dinge oder Erscheinungen
2. Während imperialistische Staaten seit der Großen Sozialistischen Oktoberrevolution immer wieder und mit verschiedenen Mitteln versuchen, den Siegeszug des Sozialismus in der Welt aufzuhalten — angefangen mit Verleumdungen bis schließlich zur Entfesselung von Kriegen —, wurde die Politik der *friedlichen Koexistenz*, des friedlichen Nebeneinanderbestehens von Staaten mit unterschiedlicher Gesellschaftsordnung — schon 1917 von Wladimir Iljitsch Lenin begründet —, Grundlage der Außenpolitik aller sozialistischen Länder. Die friedliche Koexistenz zwischen Staaten mit unterschiedlicher Gesellschaftsordnung ist Grundbedingung für die Erhaltung des Weltfriedens.

Kohäsion, die (lat. cohaerere „mit etwas zusammenhängen")
Unter Kohäsion versteht man den Zusammenhalt der → Moleküle eines Stoffes durch zwischen ihnen wirkende Anziehungskräfte. — Infolge starker Kohäsionskraft haben feste Körper eine bestimmte Form und setzen ihrer Trennung (z. B. durch Zerreißen oder Zerbrechen) Widerstand entgegen. Bei Flüssigkeiten ist die Kohäsionskraft geringer, sie haben deshalb keine bestimmte Form und lassen sich leicht trennen. Bei Gasen fehlt die Kohäsionskraft, sie breiten sich im gesamten zur Verfügung stehenden Raum aus.

Kollektiv, das (lat. → russ.)
Gemeinschaft von Menschen, die ein gemeinsames Ziel anstrebt. — Ein *sozialistisches Kollektiv* ist eine Gruppe von Werktätigen, die nach dem Grundsatz der gegenseitigen Hilfe sozialistisch arbeitet, lernt und lebt und hohe Leistungen vollbringt. Der Kampf um den Titel „Kollektiv der sozialistischen Arbeit" ist eine Form der Teilnahme am sozialistischen Wettbewerb.

kollidieren (lat.)
zusammenstoßen

Kolonie, die (lat.)
1. Kolonien war im Altertum die Bezeichnung für die Ansiedlungen der Griechen oder Römer in eroberten oder abhängigen Gebieten. So gab es z. B. griechische Kolonien in Kleinasien oder römische Kolonien in Nordafrika.
2. Gebiete, die von kapitalistischen Staaten militärisch erobert oder auf andere Weise unterworfen und ausgebeutet wurden. — Die Eroberung, Versklavung und Ausplünderung schwächerer Länder und Völker begann bereits mit den ersten Anfängen des → Kapitalismus. Vom 15. Jahrhundert an errichteten die herrschenden Klassen Spaniens, Portugals, der Niederlande,

Frankreichs und besonders Großbritanniens Kolonien in Amerika, Afrika und Asien. Sie bereicherten sich vor allem durch die unmenschliche Ausbeutung der unfreien Arbeiter auf Plantagen und in Bergwerken sowie durch den Handel mit Arbeitskräften (Sklavenhandel). — Als sich der Kapitalismus schließlich zum → Imperialismus entwickelte, wurde der Kolonialismus zu einem seiner Wesensmerkmale. Die Monopole hielten die Kolonien in gesellschaftlicher Rückständigkeit. In ihrem Streben nach Höchstgewinnen beschränkten sie die wirtschaftliche Entwicklung dieser Länder auf den Abbau von Bodenschätzen, auf die Erzeugung und Verarbeitung von landwirtschaftlichen Rohprodukten und auf den Ausbau der für deren Ausfuhr wichtigen Verkehrswege. Die Bevölkerung erhielt keine ausreichende Ernährung, keine Ausbildung, keine gesundheitliche Betreuung. Hungersnot, Seuchen und Elend waren die Folge. — Mit Waffengewalt, Zwang und Betrug hatten die imperialistischen Staaten Großbritannien, Frankreich, USA, Belgien, Deutschland, die Niederlande sowie Spanien, Portugal und Italien gegen Ende des 19. Jahrhunderts schließlich fast ganz Afrika, den größten Teil Asiens und Südamerikas als Kolonien unter sich aufgeteilt. Der Kampf um ihre Neuaufteilung wurde zu einer Hauptursache für imperialistische Kriege. — Mit der ständigen Veränderung des Kräfteverhältnisses in der Welt zugunsten des Sozialismus seit der Großen Sozialistischen Oktoberrevolution 1917 konnte sich auch der Freiheitskampf der Kolonialvölker immer stärker entwickeln. Die nationalen Befreiungsbewegungen, die von den sozialistischen Staaten und der internationalen Arbeiterbewegung unterstützt werden, führten dazu, daß es heute nur noch wenige Kolonien gibt.

Kombinat, das (lat. → russ.)
Großbetrieb, in dem mehrere Betriebe oder Betriebsteile „kombiniert", vereinigt sind

kombinieren (lat.)
verbinden, verknüpfen; berechnen, folgern

Komet, der (griech.)
Ein Komet ist ein sich allmählich auflösender Himmelskörper im Bereich unseres Sonnensystems. Jeder Komet besitzt einen kleinen Kern, der aus festen Teilchen (Minerale, Metalle) und Gasen in gefrorenem Zustand, also Eis, besteht. Wenn ein Komet in Sonnennähe gelangt, entwickelt er eine Gashülle um den Kern (Koma) und einen Schweif. — Die meisten Kometen bewegen sich auf langgestreckten, ellipsenförmigen Bahnen um die Sonne. Ihre Umlaufzeit beträgt viele Jahre oder sogar Jahrhunderte.

Komfort [..for], der (franz.)
der Bequemlichkeit dienende, höchsten Ansprüchen entsprechende Ausstattung

komisch (griech.)
1. zum Lachen reizend; belustigend; erheiternd; spaßig. Gegensatz → tragisch
2. seltsam, sonderbar, verwunderlich

Komitee, das (franz.)
von einer Vereinigung, Organisation gewählte oder von einer Regierung beauftragte Gruppe von Menschen, die in deren Namen handelt; leitender Ausschuß

kommandieren (franz.)
Befehle geben; Truppen befehligen

Kommentar, der (lat.)
Erklärung; Erläuterung

Kommission, die (franz.)
gewählter oder beauftragter Beratungsausschuß, der seine Entscheidungen (Beschlüsse, Empfehlungen) mit Stimmenmehrheit faßt; Untersuchungsausschuß

kommunal (lat.)
einer Stadt oder Gemeinde gehörend oder sie betreffend

Kommuniqué [..münike], das (franz.)
zusammenfassende, für die Öffentlichkeit bestimmte Mitteilung über Verhandlungen oder bedeutsame Ereignisse; Bekanntmachung; Verlautbarung

Kommunismus, der (franz.)
Der Kommunismus — die höchste Entwicklungsstufe der menschlichen Gesellschaft — löst den → Kapitalismus gesetzmäßig ab. Die Errichtung der kommunistischen Gesellschaft vollzieht sich in zwei geschichtlichen Abschnitten:
Der *Sozialismus* ist der erste Entwicklungsabschnitt der kommunistischen Gesellschaft. Er ist das Ergebnis der unter Führung der Arbeiterklasse und ihrer marxistisch-leninistischen Partei durchgeführten sozialistischen → Revolution, in der die → Bourgeoisie entmachtet und die → Diktatur des Proletariats errichtet wurde. Die Arbeiterklasse übt im Bündnis mit der Klasse der Genossenschaftsbauern, der → Intelligenz und den anderen Werktätigen die politische Macht aus. — Der Sozialismus beruht auf dem gesellschaftlichen Eigentum an den → Produktionsmitteln, das nun Volkseigentum oder genossenschaftliches Eigentum ist. Die Ausbeutung des Menschen durch den Menschen wurde beseitigt, und es gilt der Grundsatz: Jeder nach seinen Fähigkeiten, jedem nach seinen Leistungen. —
Der Aufbau der sozialistischen Gesellschaftsordnung vollzieht sich in zwei Abschnitten: Während des ersten Abschnitts werden die Grundlagen des Sozialismus errichtet. Während des zweiten Abschnitts, der umfassenden Gestaltung der entwickelten sozialistischen Gesellschaft, werden zugleich grundlegende Voraussetzungen für den Übergang zum Kommunismus geschaffen. —
Der *Kommunismus* ist der zweite Entwicklungsabschnitt der kommunistischen Gesellschaft. Der Übergang vom Sozialismus zum Kommunismus geht allmählich vor sich. Während eines langen Zeitraumes müssen sich grundlegende Veränderungen in der Gesellschaft vollziehen, als deren Ergebnis schließlich die kommunistische Gesellschaft entsteht, in der
— es keine Klassen mehr gibt,
— sämtliche Produktionsmittel Eigentum des ganzen Volkes sind,
— alle Mitglieder der Gesellschaft ihre geistigen und körperlichen Fähigkeiten allseitig entwickeln und bewußt, im höchsten Maße für das Wohl der Gemeinschaft einsetzen,
— die Arbeit erstes Lebensbedürfnis ist.
Es gilt der Grundsatz: Jeder nach seinen Fähigkeiten, jedem nach seinen Bedürfnissen.

Kommutativität, die
Die Kommutativität ist ein Rechenge-

setz der → Addition und → Multiplikation. Es besagt, daß bei der Addition zweier Summanden die Summanden und bei der Multiplikation zweier Faktoren die Faktoren vertauscht werden können.

$a + b = b + a \qquad a \cdot b = b \cdot a$

Kompanie, die (franz.)
taktische Einheit der Streitkräfte, die im allgemeinen zum Bestand eines → Bataillons gehört und sich aus mehreren Zügen sowie selbständigen Gruppen zusammensetzt. Bei den Raketentruppen, der Artillerie und der Truppenluftabwehr ist die Batterie die der Kompanie gleichgestellte Einheit.

Komparation, die (lat.) → Adjektiv

Kompaß, der (ital.)
Der Kompaß ist ein Gerät zum Bestimmen der Himmelsrichtung. — Mit einem Marschkompaß und einer Karte (z. B. Wanderkarte) kann man sich im Gelände genau zurechtfinden. Voraussetzung ist, daß die Karte eingenordet wird. Man legt dazu den Kompaß mit der Anlegekante an den linken Rand der Karte und dreht sie mit dem Kompaß, bis die Kompaßnadel nach Norden zeigt. Nun entsprechen die Angaben der Karte der Wirklichkeit.

kompetent (lat.)
zuständig; maßgebend; sachverständig; berechtigt; befugt. Gegensatz: inkompetent

kom|plett (franz.)
vollständig; vollzählig; abgeschlossen

kom|plex (lat.)
zusammengesetzt; umfassend; allseitig

kom|pliziert (lat.)
schwierig

Komposition, die (lat.)
1. Zusammensetzung, Zusammenstellung
2. Aufbau, Gestaltung eines Kunstwerks
3. Musikwerk

kom|primieren (lat.)
zusammendrücken; zusammenpressen; verdichten

Kompromiß, der oder das (lat.)
Übereinkommen, das durch gegenseitige Zugeständnisse erzielt wurde

Kondensation, die (lat. condensus „zusammengedrängt")
Kondensation nennt man den Übergang eines Stoffes aus dem gasförmigen in den flüssigen Zustand bei einer bestimmten, vom Druck abhängigen Temperatur. Kondensations- und Siedetemperatur eines flüssigen Stoffes stimmen überein.

Kondition, die (lat.)
Bedingung; Beschaffenheit; körperliche Verfassung; Gesundheitszustand

Konferenz, die (lat.)
Beratung; Tagung

Kon|flikt, der (lat.)
Streit; Zusammenstoß; Zwiespalt; Widerstreit von Empfindungen

kon|frontieren (lat.)
gegenüberstellen

Kon|greß, der (lat. congressio „Zusammenkunft")
1. der Beratung und Beschlußfassung dienende Zusammenkunft von Vertre-

tern politischer oder beruflicher Vereinigungen; Tagung
2. gesetzgebende Körperschaft, z.B. in den USA

kon|gruent (lat.)
übereinstimmend, gleich, sich deckend

Kon|gruenz, die (lat. congruus „übereinstimmend")
Zwei Figuren heißen kongruent genau dann, wenn es eine Bewegung gibt, bei der die eine Figur das Bild der anderen Figur ist.

Konjugation, die (lat. coniugatio „Verbindung")
Als Konjugation bezeichnen wir die geregelte Formveränderung (Beugung) des Verbs. Die infinite Verbform (Grundform) wird zur finiten Verbform. Das finite Verb wird näher bestimmt durch:
— Person des Subjekts (Er lernt das Gedicht. — 3. Person)
— Numerus oder Zahl des Subjekts (Er lernt das Gedicht. — Einzahl)
— Tempus oder Zeit (Er lernt das Gedicht. — Präsens)
— Modus oder Aussageweise (Er lernt das Gedicht. — Indikativ)
— Genus verbi oder Handlungsrichtung (Er lernt das Gedicht. — Aktiv).
Im Deutschen gibt es zwei Arten der Konjugation: die starke und die schwache Konjugation. Bei der starken Konjugation tritt ein Wechsel des Stammvokals auf (finden, fand, gefunden). Die schwache Konjugation erkennen wir an der Beibehaltung des Stammvokals sowie der Endung -te im Imperfekt und -t beim Partizip II (kaufen, kaufte, gekauft). Unregelmäßig werden einige Hilfsverben konjugiert (sein, war, gewesen).

Konjunktion, die (lat. coniunctio „Verbindung")
Konjunktionen sind, wie der deutsche Begriff Bindewort schon sagt, Wörter, die Satzglieder oder Sätze verbinden. Wir unterscheiden koordinierende und subordinierende Konjunktionen. — Koordinierende (neben- oder beiordnende) Konjunktionen verbinden gleichwertige Satzglieder, Hauptsätze oder gleichwertige Nebensätze. Zu den koordinierenden Konjunktionen gehören: und, aber, denn, sondern, auch, allein, oder. — Subordinierende (unterordnende) Konjunktionen verbinden einen Gliedsatz mit einem übergeordneten Satz oder Satzglied. Zu den subordinierenden Konjunktionen gehören: daß, weil, während, obgleich, wenn auch, falls, da, damit. — Konjunktionen haben keinen Satzgliedwert.

Konjunktiv, der (lat.) → Modus

konkav (lat.)
nach innen gewölbt. Gegensatz → konvex

kon|kret (lat. concretus „verdichtet")
1. wirklich vorhanden; sinnlich wahrnehmbar; anschaulich; gegenständlich; greifbar. Gegensatz → abstrakt
2. sachlich; genau

Konkurrenz, die (lat. concurrere „aufeinanderstoßen")
1. Konkurrenz heißt der rücksichtslose, auf die wirtschaftliche Ausschaltung des Gegners (Konkurrenten) gerichtete Wettkampf der Kapitalisten

untereinander um den höchsten Profit (Gewinn).
2. sportlicher Wettbewerb, Wettkampf

konsequent (lat.)
beharrlich, zielstrebig; Grundsätzen treu bleibend; folgerichtig. Gegensatz → inkonsequent

konservativ (lat.)
am Althergebrachten hängend; an überlebten gesellschaftlichen Verhältnissen festhaltend; gegen den Fortschritt gerichtet; rückschrittlich. Vergleiche → reaktionär

Konsonant, der (lat.)
Wir unterscheiden stimmhafte (z. B. b, d, g) und stimmlose (z. B. p, t, k) Konsonaten (Mitlaute). Doppelte Konsonanten werden, außer bei zusammengesetzten Wörtern, wie ein Konsonant gesprochen (Sommer, Bett, dann). Die Doppelschreibung der Konsonanten bezeichnet die Kürze des vorhergehenden → Vokals.

konstant (lat.)
beständig, gleichbleibend, unveränderlich. Gegensatz → variabel

Konstellation, die (lat.)
1. Zusammentreffen von Umständen; Lage der Dinge
2. von der Erde aus beobachtete Stellung der → Planeten zueinander sowie zur Sonne und Erde

Konstitution, die (lat. constitutio „Einrichtung")
1. Grundgesetz, Verfassung eines Staates
2. körperliche Verfassung, gesundheitlicher Zustand

kon|struieren (lat. construere „erbauen")
1. entwerfen, gestalten; bauen
2. einseitig darstellen

Kontakt, der (lat.)
Berührung; Verbindung; Fühlungnahme

Konterrevolution, die (franz. „Gegenrevolution")
Als Konterrevolution bezeichnet man eine Bewegung, in der sich Kräfte gesammelt haben, die im Verlaufe der → Revolution durch die Volksmassen gestürzt wurden. Die Konterrevolution verfolgt das Ziel, die Errungenschaften der Revolution zu beseitigen und die überlebten gesellschaftlichen Verhältnisse wiederherzustellen.

Kontinent, der (lat. terra continens „zusammenhängendes Land, Festland")
Kontinente oder Erdteile werden die großen zusammenhängenden Landflächen auf der Erde genannt. Es gibt sieben Erdteile: Europa, Asien, Afrika, Nordamerika, Südamerika, Australien und Antarktika.

Kontingent, das (lat.)
Anteil; festgesetzte Menge; Zuteilungsmenge

kontinuierlich (lat.)
stetig; ununterbrochen; lückenlos aufeinander folgend. Gegensatz: diskontinuierlich

Kon|trast, der (ital.)
(deutlich erkennbarer) Gegensatz; auffälliger Unterschied

Kon|trolle, die (franz.)
Aufsicht; Überwachung; Überprüfung

konvex (lat.)
nach außen gewölbt. Gegensatz → konkav

konzen|triert (franz.)
1. (mit hohem Anteil des gelösten Stoffes) gesättigt; verdichtet
2. (angespannt) aufmerksam

Konzept, das (lat.)
erste Niederschrift, Entwurf; Plan, Programm

Konzern, der (engl.)
Zusammenschluß kapitalistischer Unternehmen eines oder verschiedener Wirtschaftszweige mit dem gemeinsamen Ziel, die → Konkurrenz auszuschalten, die Absatzmärkte zu beherrschen, Einfluß auf den Staat zu nehmen, um so Höchstgewinne zu erzielen

Konzert, das (ital./franz.)
1. meist dreisätziges Instrumentalstück, in dem ein oder mehrere Soloinstrumente mit einem Orchester zusammenwirken (z. B. Konzert für Klavier und Orchester)
2. Aufführung von Musikwerken (außer musikalischen Bühnenwerken)

Ko|operation, die (lat.)
(auf ein gemeinsames Ziel gerichtete, planmäßige) Zusammenarbeit. Man unterscheidet innerbetriebliche, zwischenbetriebliche und zwischenstaatliche Kooperation.

ko|ordinieren (lat.)
(aufeinander) abstimmen; zusammenführen; zuordnen

Kopie, die (lat. copia „Menge, Fülle")
Nachbildung; Abschrift; Abdruck; Abzug; Durchschlag

Korps [kohr], das (franz.)
1. aus mehreren taktischen Verbänden der Waffengattungen oder aus selbständigen Truppenteilen zusammengesetzter Truppenverband
2. diplomatisches Korps. Vergleiche → Diplomat

korrekt (lat.)
einwandfrei; tadellos

korrigieren (lat.)
berichtigen; verbessern; ausgleichen

Korrosion, die (lat. corrodere „zernagen")
von der Oberfläche ausgehende chemische Zerstörung von Eisenmetall (z. B. Rost)

korrupt (lat.)
bestechlich; käuflich

Kosmetik, die (franz.)
Körper- und Schönheitspflege

Kosmonaut, der (griech. → russ. kosmonavt „Weltraumfahrer")
Die Bezeichnung Kosmonaut entstand am 12. 4. 1961, als der sowjetische Fliegerkosmonaut Juri Gagarin im Raumschiff Wostok I als erster in den Weltraum flog und die Erde umrundete. Seitdem werden die Raumfahrer aus sozialistischen Ländern Kosmonauten genannt; die amerikanischen Raumfahrer heißen Astronauten.

Kosmos, der (griech. kosmos „Weltordnung, Weltall")
Der Kosmos (Weltall, Universum) enthält viele, außerordentlich weit voneinander entfernte kosmische Körper. Sie sind gruppenweise in verschiedene Systeme geordnet, deren einzelne Glieder hauptsächlich durch die → Gravitation verbunden werden. — Die Sonne und die Gesamtheit der Kör-

per, die sie umkreisen, bilden das Sonnensystem, in dem es zahlreiche Untersysteme gibt, darunter das System der → Planeten. Unser Sonnensystem ist Teil eines übergeordneten Systems, der → Galaxis. — Die Gesamtheit der der Beobachtung zugänglichen Sternsysteme wird Metagalaxis genannt. Beobachtungen der Metagalaxis zeigen, daß im Weltall viele Sternsysteme in den verschiedensten Erscheinungsformen vorhanden sind. Im Weltall vollziehen sich nach Naturgesetzen Entwicklungsprozesse, die ständig neue Erscheinungsformen entstehen lassen. Der Kosmos hat räumlich und zeitlich weder einen Anfang noch ein Ende.

Kredit, der (franz.)
durch Banken oder Sparkassen für einen bestimmten Zeitraum und gegen eine Gebühr (Zinsen) verliehenes Geld

kriminell (franz.)
verbrecherisch; strafbar

Krise, die (griech. krisis „Entscheidung")
1. Wendepunkt
2. schwierige oder gefährliche Lage, in der es um eine Entscheidung geht
3. tiefgreifende Störung in der kapitalistischen Wirtschaft, die u. a. zur Arbeitslosigkeit führt

Kriterium, das (griech.)
Kennzeichen; (unterscheidendes) Merkmal; Beurteilungsmaßstab

Kritik, die (franz.)
1. Beurteilung, Bewertung, Einschätzung; Beanstandung
2. *Selbstkritik* ist die Fähigkeit, eigene Schwächen zu erkennen und berechtigte Kritik durch andere einzusehen

Kurier, der (franz.)
Bote, der wichtige, meist geheimzuhaltende Nachrichten oder Schriftstücke überbringt

kurios (franz.)
seltsam, sonderbar, merkwürdig

kursiv (lat.)
schräg nach rechts geneigt

Kutikula, die (lat. „Häutchen")
Kutikula heißt die äußere, schützende Körperhülle vieler Tiere oder die Hülle oberirdischer Pflanzenteile. Bei den Gliederfüßern besteht die Kutikula aus → Chitin, sie dient als Außenskelett und wird während des Wachstums mehrmals durch Häutungen erneuert.

L

---

labil (lat.)
1. unbeständig, schwankend, veränderlich. Gegensatz → stabil
2. unzuverlässig, haltlos

Laboratorium, das (lat.)
Arbeitsstätte für naturwissenschaftliche, medizinische, technische Untersuchungen und Forschung (Kurzform: Labor). — In einem vor 150 Jahren erschienenen Lexikon war zu lesen: „vorzüglich bei den Chemikern, Apothekern, Feuerwerkern das Gemach, worin die Arbeiten gemacht werden und welches gewöhnlich der Sicherheit wegen aus einem feuerfesten Gewölbe besteht".

Labyrinth, das (griech.)
1. Gebäude mit verwirrend vielen ineinander übergehenden Räumen und Gängen, in dem die Ausgänge sehr schwer zu finden sind. — Eine Sage berichtet, König Minos von Kreta habe ein Labyrinth bauen lassen, in dem der Minotaurus (ein Ungeheuer, halb Mensch, halb Stier) gefangengehalten wurde.
2. von hohen beschnittenen Hecken gesäumte Irrgänge in Gärten oder Parks. Solche Irrgärten waren zur Zeit des → Barocks beliebt.
3. Teil des inneren Ohres

Lafette, die (franz.)
Schieß- und Fahrgestell für Geschützrohre

latent (lat.)
verborgen; versteckt, sich noch nicht (sichtbar) auswirkend, aber als verborgene Gefahr vorhanden; aufgespeichert, ruhend

Latifundien, die (Plur.) (lat.)
Als Latifundien bezeichnete man im Römischen Reich riesige Landgüter, auf denen Sklaven für Großgrundbesitzer arbeiten mußten. Seit dem 3. Jahrhundert v. u. Z. hatten sich reiche römische Senatoren zunehmend Staatsland (ager publicus) in Italien und den eroberten Provinzen angeeignet. Später, zur Zeit des → Feudalismus, wurden bäuerliche Kleinbetriebe, die durch den Militärdienst der Eigentümer und die Verwüstungen in den Kriegen verschuldet waren, von den Großgrundbesitzern billig aufgekauft. Die Bauern mußten als besitzlose Lohnarbeiter in die Städte ziehen.

Lava [lawa], die (ital.)
rotglühende, zähflüssige Gesteinsschmelze, die beim Ausbruch eines → Vulkans mit Temperaturen von über 1000 °C aus dem Krater tritt, dann am Hang herabfließt und sich als Lavastrom oder Lavadecke ausbreitet. Abgekühlt erstarrt sie zu grauschwarzem Gestein.

Lawine, die (lat. → schweiz.)
1. von Hochgebirgshängen plötzlich herabstürzende Schnee-, Eis- oder Geröllmassen
2. Unmenge

Lazarett, das (ital./franz.)
ortsgebundene oder verlegbare Einrichtung zur medizinischen Behandlung kranker und verwundeter Soldaten

legal (lat.)
den bestehenden Gesetzen entsprechend; rechtmäßig. Gegensatz: illegal

Legierung, die (ital.)
Die Legierung ist ein Metallgemisch. Es entsteht durch das Zusammenschmelzen verschiedener → Metalle bzw. von Metallen und Nichtmetallen. Die Eigenschaften des Grundmetalls können dadurch wesentlich verändert werden. — Die älteste Legierung ist die Bronze. Sie besteht aus 9 Teilen Kupfer und 1 Teil Zinn. Weitere Mischmetalle sind z. B. Messing (aus Kupfer und Zink) und Stahl. — Die Erfindung der Bronze in Vorderasien um 2500 v. u. Z. führte zu so großen Fortschritten in der Technik, daß der nachfolgende Zeitraum bis etwa 600 v. u. Z. als Bronzezeit bezeichnet wird. Es war die Zeit, in der man Werkzeuge, Geräte und Waffen nicht mehr aus Stein und noch nicht aus Eisen herstellte.

Legion, die (lat. ursprünglich „auserlesene Mannschaft")
1. im Römischen Reich: Abteilung von etwa 4000 bis 6000 Berufssoldaten (Legionären), in 10 Kohorten gegliedert, von einem Legaten geführt
2. Gegen sehr hohe Bezahlung (Sold)

legitim freiwillig im Dienst kriegslüsterner Kräfte stehende Soldaten (Söldner) bilden die *Fremdenlegionen* der Gegenwart.
3. unbestimmte große Anzahl

legitim (lat.)
rechtmäßig, anerkannt. Gegensatz: illegitim

Lektion, die (lat. lectio „Vorlesen")
1. Unterrichtseinheit; Aufgabe; Lehrabschnitt
2. Belehrung, Zurechtweisung

Lektüre, die (franz.)
das Lesen: das zum Lesen Ausgewählte

Leninismus, der → Marxismus-Leninismus

Lexikon, das (griech.)
1. nach dem → Alphabet geordnetes Nachschlagewerk
2. Sprachwörterbuch

Liga, die (span.)
1. Bund, Vereinigung (von Staaten oder Personen)
2. Gruppe ähnlich starker Mannschaften im Sport

liquidieren (lat.)
1. ein Geschäft auflösen
2. Der → Faschismus gab diesem Wort die Bedeutung: Menschen umbringen, beseitigen

Literatur, die (lat. litteratura „Buchstabenschrift")
Literatur ist der zusammenfassende Begriff für alles schriftlich Niedergelegte bzw. Überlieferte. Insbesondere ist damit die künstlerische und die wissenschaftliche Literatur gemeint. — Die künstlerische Literatur wird auch schöne oder schöngeistige Literatur oder Belletristik genannt. Sie umfaßt vor allem Werke der Lyrik (z. B. Gedichte), Epik (z. B. Erzählungen, Romane) und Dramatik (z. B. Theaterstücke).

live [laif] (engl.)
Bezeichnung für Rundfunk- und Fernsehsendungen, die unmittelbar übertragen, also nicht vorher aufgezeichnet werden

Lizenz, die (lat.)
Erlaubnis, Genehmigung

-logie (von griech. logos „Wort, Rede")
Nachsilbe mit der Bedeutung: -kunde, -lehre; Wissenschaft von ...

logisch (franz.)
folgerichtig, denkrichtig; vernunftgemäß; klar, selbstverständlich

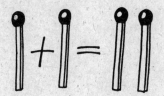

lokal (franz.)
auf einen bestimmten Ort, eine bestimmte Stelle beschränkt

Luxus, der (lat.)
1. überdurchschnittlicher Aufwand
2. Verschwendung
3. Prunk

lynchen (engl. → amerik.)
Lynchen nennt man die grausame Mißhandlung oder Tötung eines Menschen durch eine aufgehetzte Menge. — Das Wort ist vom Namen des amerikanischen Farmers Lynch abgeleitet, der Anfang des 18. Jahrhunderts Sklaven, die der grausamen Ausbeutung zu entfliehen suchten, ohne richterlichen Urteilsspruch erhängen ließ. Man nennt ein solches Vorgehen auch Lynchjustiz. Sie wird in den USA auch heute noch zur Einschüchterung der schwarzen Bevölkerung ausgeübt.

M

Magi|strat, der (lat.)
1. Stadtverwaltung
2. oberstes Verwaltungsorgan der Hauptstadt der DDR, Berlin

Magma, das (griech.)
glutflüssige, gasreiche Gesteinsschmelze im Erdinneren. Beim Ausbruch eines → Vulkans fließt Magma zur Erdoberfläche, gibt die Gase ab und erstarrt allmählich als → Lava.

Ma|gnet, der (griech.)
In „1001 Nacht" wird von einem Zauberberg erzählt. Kamen Schiffe in seine Nähe, so fielen die mit Eisennägeln verbundenen Planken auseinander. Durch einen sehr einfachen Versuch wird diese unglaubliche Erscheinung erklärbar: Wir legen einen Nagel auf eine Tischplatte und halten einen Magnet darunter. Nun können wir den Nagel auf der Tischplatte wandern lassen. Der Magnet zieht den Nagel an und hält ihn fest. Wir erkennen daran eine Eigenschaft des Magnets: Er übt auf Eisen eine Kraftwirkung aus. Daß der Magnet ein Kraftfeld hat, läßt sich durch einen weiteren Versuch sichtbar machen: Wir schütten Eisenfeilspäne auf ein Blatt Papier und halten einen Magnet darunter. Sofort ordnen sich die Eisenspäne den Feldlinien entsprechend. — Ein Magnet ist also ein Körper, der ein magnetisches Feld erzeugt. Bringt man einen unmagnetischen Körper aus Eisen in dieses Feld, so wird er angezogen.
Magnete haben u. a. die Form eines Stabes, eines Hufeisens oder einer Scheibe und sind nicht gleich stark. Sie besitzen jedoch stets zwei verschiedene Pole gleicher Stärke — einen Nord- und einen Südpol. Gleichnamige Pole stoßen einander ab, ungleichnamige ziehen sich an.
Man unterscheidet natürliche und künstliche Magnete. Ein natürlicher Magnet ist das Magneteisenerz. Es wurde im Altertum bei der Stadt Magnesia (Kleinasien) entdeckt — der Magnet hat davon seinen Namen. Auch unsere Erde ist ein natürlicher Magnet. Ihre magnetischen Pole befinden sich jedoch nicht an den gleichen Stellen wie die geographischen. Deshalb zeigt der → Kompaß, dessen Nadel ein frei aufgehängter kleiner Stabmagnet ist, die Nord-Süd-Richtung nicht ganz genau an (Mißweisung). — Künstliche Magnete werden magnetisiert, indem man sie in ein starkes Magnetfeld bringt. Dann behalten sie ihren Magnetismus für lange Zeit. *Elektromagnete* bestehen aus einer stromdurchflossenen Spule und einem Weicheisenkern. Wenn der elektrische Strom abgeschaltet wird, verliert der Elektromagnet augenblicklich seine Wirkung. Man verwendet Elektromagnete zum Heben von Lasten, in Elektromotoren, Klingeln u. a.

ma|kro- (griech.)
Vorsilbe mit der Bedeutung: groß

Mandat, das (lat.)
1. Auftrag; Vollmacht
2. Auftrag für Volksvertreter (Abgeordnete), die Belange ihrer Wähler in der Volksvertretung durchzusetzen

Manifest, das (lat.)
1. Aufruf; Erklärung, Darlegung von (politischen) Grundsätzen
2. Das „Manifest der Kommunistischen Partei", 1848 verfaßt von Karl Marx und Friedrich Engels, zeigte der Arbeiterklasse erstmalig den Weg zum → Kommunismus.

Manipulation, die (lat. → franz.)
1. Handhabung, Verfahren
2. Unter *Manipulierung* der öffentlichen Meinung versteht man die unmerkliche, zielgerichtete Beeinflussung der Menschen im Kapitalismus durch Zeitungen, Rundfunk und Fernsehen.

Manometer, das (griech.)
Gerät zum Messen des in Flüssigkeiten und Gasen herrschenden Drucks (in Dampfkesseln, Behältern, Rohrleitungen usw.)

Manöver, das (franz.)
1. zweiseitige Truppenübung unter gefechtsähnlichen Bedingungen
2. Veränderung des Ablaufs einer Truppenbewegung mit dem Ziel, die Truppen und Kampfmittel günstiger zu gruppieren
3. von einem Schiff oder Flugzeug ausgeführte Richtungsänderung
4. (Handlung, mit der man etwas anderes beabsichtigt, als man vorgibt) Scheinmaßnahme, Täuschungsversuch

manuell (lat. → franz.)
von Hand ausgeführt

Manufaktur, die (lat. manus „Hand" + facere „anfertigen" → engl./franz.)
Die Manufakturen entstanden vom 16. Jahrhundert an. Zu Reichtum gelangte Unternehmer richteten Werkstätten ein, wo sie Arbeiter (vertriebene Bauern und verarmte Handwerker) gegen geringen Lohn einstellten. Die Lohnarbeiter waren doppelt frei: frei vom Feudalherrn und frei vom Besitz an → Produktionsmitteln. Sie besaßen nichts außer ihrer Arbeitskraft, die sie, um leben zu können, den Kapitalisten verkaufen mußten. — In der Manufaktur wurden die Waren wie beim Zunfthandwerk in Handarbeit hergestellt, aber neu war die innerbetriebliche Arbeitsteilung: Jeder Arbeiter stellte nur noch ein bestimmtes Einzelteil des Erzeugnisses her. Durch die Verrichtung ständig gleicher Handgriffe gewann er große Fertigkeit. Die Arbeit ging ihm schneller von der Hand als dem Zunfthandwerker, der alle Arbeitsgänge beherrschen mußte. Im Manufakturbetrieb war demzufolge die → Arbeitsproduktivität wesentlich höher. Gleichzeitig verschärfte sich aber die Ausbeutung erheblich. Besonders schändlich war die Ausbeutung der Frauen- und Kinderarbeit. —
Die Manufakturen waren eine Frühform der kapitalistischen → Produktionsweise und Vorläufer der → Fabrik.

Manu|skript, das (lat. manuscriptum „eigenhändig Geschriebenes")
1. Urschrift
2. Niederschrift (hand- oder maschinegeschrieben); Ausarbeitung
3. Vorlage für die Vervielfältigung oder Verbreitung eines Textes

Marine, die (lat. mare „Meer" → franz.)
1. Seestreitkräfte
2. Handelsflotte

Ma|rionẹtte, die (franz.)
1. Marionetten sind an Fäden geführte Gliederpuppen im Puppentheater. Das Theaterspiel mit Marionetten ist schon rund 2000 Jahre alt.
2. Als Marionetten bezeichnet man auch abhängige, willfährige Politiker (z. B. Marionettenregierung).

markạnt (franz.)
ausgeprägt; einprägsam; hervorstechend, auffallend

markieren (franz.)
1. kennzeichnen, bezeichnen
2. hervorheben
3. so tun, als ob; vortäuschen

Märtyrer, der (griech.)
ein Mensch, der sein Leben für seine Überzeugung opfert

Marxịsmus-Leninịsmus, der
Der Marxismus-Leninismus ist die wissenschaftliche Weltanschauung* der Arbeiterklasse. Diese von Karl Marx, Friedrich Engels und Wladimir Iljitsch Lenin geschaffene Lehre zeigt der Arbeiterklasse und den Werktätigen aller Länder den Weg zum Kommunismus.
Der Marxismus-Leninismus umfaßt drei miteinander verbundene Bestandteile:
— Die *marxistisch-leninistische Philosophie* (der dialektische und historische → Materialismus) erforscht die allgemeinen Entwicklungsgesetze der Natur, der Gesellschaft und des Denkens.
— Die *marxistisch-leninistische Ökonomie* erforscht die → Produktionsweisen, insbesondere die → Produktionsverhältnisse und deren Gesetzmäßigkeiten.
— Der *wissenschaftliche Kommunismus* erforscht die Gesetzmäßigkeiten des Klassenkampfes der Arbeiterklasse, der sozialistischen → Revolution und der Entwicklung des Sozialismus und Kommunismus.

Maschine, die (lat. machina „großes Werkzeug" → franz.)
Die Maschine ist eine Verbindung von Teilen, die zwangsläufige Bewegungen ausführen; sie verrichtet nützliche mechanische Arbeit (Arbeitsmaschine) oder wandelt → Energie um (Kraftmaschine). Als *einfache Maschinen* bezeichnet man in der Physik Hebel, Rolle, Flaschenzug, Wellrad, geneigte Ebene, Keil und Schraube.

Maschinenelemente, die (Plur.)
Grundbestandteile von Maschinen (z. B. Schrauben, Stifte, Stangen, Hebel, Gestelle, Zahnräder, Lager, Kupplungen, Getriebe, Kolben, Ventile)

Maschinensystem, das
Gesamtheit der zu einem Produktionsverfahren gehörenden Maschinen

Maskulinum, das (lat.) → Genus

---

* *Unter Weltanschauung verstehen wir die vom Standpunkt einer Klasse ausgehende Gesamtheit der Auffassungen der Welt. Die Weltanschauung umfaßt Vorstellungen über das Wesen und den Ursprung der Natur, über die Entwicklung des Weltalls, über die Geschichte und Zukunft der Gesellschaft. Die Weltanschauung beschäftigt sich mit der Frage nach den allgemeinen Gesetzmäßigkeiten der Entwicklung in Natur und Gesellschaft und im Denken der Menschen. Sie gibt Antwort auf die Frage nach dem Sinn des menschlichen Lebens und prägt das Verhalten und Handeln der Menschen.*

Einteilung der Maschinen

Kraftmaschinen	Transportmaschinen	Arbeitsmaschinen	Informationsverarbeitungsmaschinen
Windräder Wasserräder Wasserturbinen Dampfturbinen Verbrennungsmotoren Gasturbinen Generatoren Elektromotoren	Flugzeuge Straßenfahrzeuge Schienenfahrzeuge Schiffe Aufzüge Kräne Bagger Pumpen	Metall-, Holz-, Plastbearbeitungsmaschinen Textil-, Verpackungs-, Nahrungsmittelmaschinen Polygraphische Maschinen Baumaschinen Landmaschinen Haushaltmaschinen	Rechenmaschinen Maschinen zur Datenerfassung und Datenverarbeitung

Massage [..sasche], die (arab. → franz.)
Heilbehandlung des menschlichen Körpers mit Hilfe der Hände (Kneten, Reiben, Klopfen, Streichen) sowie mit besonderen Geräten

Massaker, das (franz.)
Blutbad, Gemetzel, Massenmord

massiv (franz.)
schwer, fest, gediegen; roh, derb, grob; massig, wuchtig

Material, das (lat.)
1. (Arbeitsgegenstände, die bereits Ergebnis menschlicher Arbeit sind) Rohstoffe; Baustoffe; Werkstoffe; Hilfsmittel
2. Unterlagen; Beweismittel

Materialismus, der (franz.)
Haben Gott oder eine Idee die Welt erschaffen, oder ist die Welt ohne Anfang und Ende und das menschliche Denken (das Bewußtsein) lediglich ihr höchstes Ergebnis? Der Materialismus sieht die Natur (die → Materie) als das Ursprüngliche an und das Bewußtsein als davon abgeleitet. Der Materialismus ist deshalb die dem → Idealismus entgegengesetzte Weltanschauung. Er vermittelt die einzig richtige Anschauung von Natur und Gesellschaft, weil er sich auf die Ergebnisse der Wissenschaften stützt und diese verallgemeinert.
Dialektischer Materialismus: Wissenschaft von den allgemeinen Gesetzmäßigkeiten der Natur, der Gesellschaft, des Denkens und der Stellung des Menschen in der Welt
Historischer Materialismus: Wissenschaft von den allgemeinen Entwicklungsgesetzen der menschlichen Gesellschaft
Dialektischer und historischer Materialismus bilden zusammen die Philo-

sophie des → Marxismus-Leninismus, die die allseitige, wissenschaftliche Erklärung der Welt ermöglicht.

Materie [..i-e], die (lat. materia „Stoff")
1. die außerhalb und unabhängig vom Bewußtsein (vom Denken) bestehende objektive Wirklichkeit (Natur und Gesellschaft)
2. Gegenstand (einer Untersuchung); Stoffgebiet

Mathematik, die (griech.)
Wissenschaft von den Mengen, Zahlen und Formen sowie den zwischen ihnen bestehenden Beziehungen. Sie ist schon etwa 4000 Jahre alt.

Matriarchat, das (lat. + griech.)
Bezeichnung für das in frühen Entwicklungsstufen der Menschheit vorherrschende Mutterrecht, nach dem nicht der Mann das Familien- oder Sippenoberhaupt war, sondern die Frau als Mutter. Gegensatz → Patriarchat

Mausoleum, das (griech. → lat.)
Ein Mausoleum ist ein Bauwerk, das als Grabstätte dient. Der Name geht auf den König Mausolos (gestorben 353 v. u. Z.) zurück, der sich in Halikarnassos (Kleinasien) ein 44 Meter hohes, prunkvolles Grabmal errichten ließ. Es zählte schon im Altertum zu den Sieben Weltwundern und wurde bei einem Erdbeben zerstört. — Das bekannteste Mausoleum aus unserer Zeit ist das Lenin-Mausoleum in Moskau.

ma|ximal (lat. maxime „am meisten, überaus")
größt-, höchst-. Gegensatz → minimal

Mazurka [masurka], die (poln.)
Die Mazurka ist ein polnischer Volkstanz (Nationaltanz), genannt nach der Landschaft Mazowsze (Masuren). Kennzeichnend für diesen im $\frac{3}{4}$-Takt stehenden Tanz ist die fast immer unterteilte erste Taktzeit; die zweite oder dritte wird meist betont. — Die Mazurka war im 19. Jahrhundert in ganz Europa verbreitet.

Mechanik, die (griech.)
Teilgebiet der → Physik, das die physikalischen Eigenschaften der Körper (Festkörper, Flüssigkeiten und Gase), die Bewegungszustände und deren Ursachen, die Kräfte, untersucht

Mechanisierung, die
Unter Mechanisierung versteht man die teilweise bis vollständige Ablösung der Handarbeit des Menschen in der → Produktion durch den Einsatz von Maschinen oder Anlagen. Der Mensch steuert und überwacht die Arbeitsvorgänge; seine körperliche Arbeit wird eingeschränkt und erleichtert. — Die Mechanisierung erhöht die → Arbeitsproduktivität. Vergleiche → Automatisierung

Mechanismus, der (griech. + lat.)
1. technische Vorrichtung, in der Kräfte oder Bewegungen eines Teils zwangsläufig auf einen anderen Teil übertragen werden (z. B. Türschloß, Uhrwerk, Getriebe)
2. (zwangsläufiger, selbsttätiger) Ablauf

Medaille [medalje], die (franz.)
1. aus besonderem Anlaß hergestellte Gedenkmünze, die nicht für den Geldumlauf bestimmt ist
2. Auszeichnung

Medaillon [medaljõ], das (franz.)
meist an einem Kettchen getragene, schön gestaltete kleine flache Kapsel, die ein Bildnis enthält

Medikamęnt, das (lat.)
Heilmittel, Arzneimittel

Medizin, die (lat.)
Wissenschaft, die sich mit den Vorgängen im gesunden und kranken → Organismus beschäftigt. Sie untersucht die Ursachen von Krankheiten und entwickelt Wege für deren Vorbeugung, Behandlung und Heilung.

Mee|ting [mieting], das (engl.)
Zusammenkunft; Versammlung; Treffen; Kundgebung

melanchọlisch [..kolisch] (griech. melas „schwarz" + cholos „Galle")
(zu Traurigkeit neigend) schwermütig; trübsinnig

Melioration, die (lat. melior „besser")
Maßnahmen zur Verbesserung des Bodens, besonders der Bodenfruchtbarkeit (durch Entwässerung feuchter Standorte und Bewässerung trockener, durch Schutzmaßnahmen gegen Bodenabtragung usw.)

Melodie, die (griech.)
(sangbare, in sich geschlossene Folge von Tönen) Weise

Membran, die (lat.)
biegsames dünnes Häutchen oder Plättchen

Memoiren [memoaren], die (Plur.) (franz. mémoire „Erinnerung, Gedächtnis")
Lebenserinnerungen (einer bekannten Persönlichkeit)

Memorạndum, das (lat.)
Denkschrift; Erklärung, Stellungnahme (zu politischen Fragen)

Menschewjki, die (Plur.) (russ. menschinstwo „Minderheit")
Bezeichnung für die in der Minderheit gebliebene Gruppe von Mitgliedern der Sozialdemokratischen Arbeiterpartei Rußlands, die wegen ihrer gegen die → Bolschewiki und die Revolution gerichteten Tätigkeit 1912 aus der Partei ausgeschlossen wurde

Menstruation, die (lat. mensis „Monat")
Monatsblutung, Regel, Mensis, Periode, Unwohlsein. — Menstruation nennt man die meist alle 28 Tage auftretende Blutung aus der Gebärmutter. Sie setzt im allgemeinen im 12./13. Lebensjahr ein. — Bei der Menstruation wird die unbefruchtete, abgestorbene Eizelle mit der obersten Schleimhautschicht der Gebärmutter unter Austritt von Blut durch die Scheide ausgestoßen. Wurde die Eizelle jedoch befruchtet, so bleibt die Menstruation aus.

Menuętt, das (franz. menu „klein")
Das Menuett, ein alter französischer Volkstanz im ¾-Takt, wurde mit kleinen Schritten und in mäßigem Tempo getanzt. Nachdem dieser Tanz am französischen Hofe große Beliebtheit erlangte, ist das Menuett dann über ein Jahrhundert hinweg als (meist dritter) Satz von Sinfonien, Sonaten und Suiten in der Musik ganz Europas zu finden.

Meridian, der (lat. meridies „Mittag")
Meridiane (Mittagslinien) sind die von Pol zu Pol führenden halben Längenkreise des Gradnetzes der Erde. Sie heißen so, weil die Sonne an allen Orten der Erde, die auf dem gleichen Meridian liegen, zur gleichen Zeit am höchsten steht („im Mittag"). Alle Orte eines Meridians haben deshalb die gleiche (wahre) Ortszeit. — Als Nullmeridian (0° Länge) wurde 1883 durch ein internationales Abkommen der Meridian von Greenwich [grienitsch], einem Vorort Londons,

festgelegt. Vom Nullmeridian aus werden ostwärts bzw. westwärts jeweils 180 Meridiane (östlicher bzw. westlicher Länge) gezählt. Auf den Nullmeridian ist die Weltzeit bezogen.

Metall, das (griech.)
In Metalle und Nichtmetalle teilt man die → chemischen Elemente ein. Die besonderen Eigenschaften der Metalle sind: gutes Wärmeleitvermögen, gute elektrische Leitfähigkeit und metallischer Glanz. Viele Metalle sind gut verformbar. Sie können → Legierungen bilden.
Man teilt die Metalle ein in:
Leichtmetalle (Natrium, Aluminium) und Schwermetalle (Eisen, Gold);
leicht schmelzende Metalle (Blei, Zinn) und schwer schmelzende Metalle (Kupfer, Eisen);
unedle Metalle (Natrium, Kalzium) und Edelmetalle (Gold, Silber).
Als Nichteisenmetalle bezeichnet man die Buntmetalle (Kupfer). —
Metalle werden aus Erzen und Erden in Hüttenwerken gewonnen und in Stahl-, Walz- und Ziehwerken bzw. in Gießereien und Schmieden zu Halbzeugen weiterverarbeitet.

Metamorphose [..fose], die (griech.)
1. Umwandlung; Gestaltwandel
2. Umwandlung, die manche Tiere in ihrer (indirekten) Entwicklung durchmachen, bevor sie die Gestalt und Lebensweise des voll entwickelten Tieres

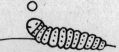

annehmen. Von einer vollständigen Metamorphose spricht man z. B. beim Maikäfer (Ei — Larve [Engerling] — Puppe — Maikäfer). Eine unvollständige Metamorphose geschieht beim Frosch (Ei — Larve [Kaulquappe] — Frosch).
3. mit einem Gestaltwandel verbundener Aufgabenwechsel der Grundorgane von Pflanzen (Wurzel, Sproßachse, Blatt); z. B. kann das Laubblatt zur Ranke oder zum Dorn werden

Meteor, der (griech. meteoros „in der Luft schwebend")
Leuchterscheinung am Himmel, die von einem aus dem Weltraum mit äußerst hoher Geschwindigkeit in die → Atmosphäre der Erde eindringenden Kleinkörper aus Gestein oder Metall (einem Meteoriten) verursacht wird. Meteore geringer Helligkeit, die durch Meteorite von weniger als 1 cm Durchmesser entstehen, nennt man Sternschnuppen.

Meteorologie, die (griech.)
Wissenschaft von der Lufthülle der Erde und den sich darin abspielenden Wettervorgängen; Wetterkunde.
Durch die ständige Wetterbeobachtung über große Gebiete hinweg (Sonnenstrahlung, Lufttemperatur, Luftdruck, Luftfeuchtigkeit, Wind, Bewölkung, Niederschläge) können die Meteorologen eine kurzfristige Wettervorhersage geben, die im Durchschnitt zu 80 Prozent zutrifft.

Methode, die (griech.)
1. Verfahren, Vorgehen
2. planvolles und folgerichtiges wissenschaftliches Verfahren, mit dem man ein bestimmtes Ziel zu erreichen sucht

Mezzosopran, der (ital.)
mittlere Frauen- oder Knabenstimmlage (zwischen Sopran und Alt)

mi|kro- (griech.)
Vorsilbe mit der Bedeutung: klein

Mi|kroorganismen, die (Plur.) (griech.)
tierische oder pflanzliche Kleinstlebewesen, wie → Viren, → Bakterien, Pilze, Algen, → Protozoen. Schon um 1670 beobachtete Antony van Leeuwenhoek Bakterien und einzellige Tiere mit einem einfachen, selbstgebauten → Mikroskop. Er bezeichnete sie als „lebende Tierchen, die sich lustig bewegen".

Mi|krophon oder **Mikrofon**, das (griech.)
Das Mikrophon ist ein Gerät, das Schallwellen (Geräusche, gesprochene Worte, Musik) über ihre natürliche Reichweite hinaus hörbar macht. Das geschieht über eine Membran, ein dünnes Metallplättchen. Wenn jemand ins Mikrophon spricht, gerät die Membran durch das Auftreffen der Schallwellen in Schwingungen, die als Stromstöße (elektrische Schwingungen) weitergeleitet und am Empfangsort in Schallwellen zurückverwandelt werden.

Mi|kro|skop, das (griech.)
Mit einem Mikroskop können sehr kleine Gegenstände vergrößert betrachtet werden. Es besteht aus zwei Linsensystemen: Das eine ist dem zu betrachtenden Gegenstand, das andere dem Auge zugewandt. Das dem Gegenstand zugewandte *Objektiv* entwirft ein reales, umgekehrtes, vergrößertes Bild des Gegenstandes (Objekts). Es wird durch das dem Auge zugewandte *Okular* nochmals vergrößert.

Mi|lieu [miljö], das (franz.)
Umwelt, Umgebung; die Gesamtheit der die Lebensumstände der Menschen beeinflussenden natürlichen und gesellschaftlichen Verhältnisse

Militär, das (lat. miles „Krieger" → franz.)
Streitkräfte eines Staates; Armee; Heer

Militarismus, der (franz.)
Wladimir Iljitsch Lenin hat den modernen Militarismus als eine „Lebenserscheinung" des → Kapitalismus bezeichnet. Die Herrschaft des Militarismus bedeutet Unterordnung des gesamten staatlich-gesellschaftlichen Lebens unter das Militärwesen und wird errichtet, um die militärische Macht und den Krieg zur Aufrechterhaltung und Ausdehnung der kapitalistischen Klassenherrschaft sowie zur Niederhaltung der Arbeiterklasse einsetzen zu können.

Miliz, die (lat.)
Bezeichnung für die zum Schutz der öffentlichen Ordnung eingesetzte Polizei in der Sowjetunion und in einigen anderen sozialistischen Ländern

milli- (lat. mille „tausend")
Vorsilbe mit der Bedeutung: tausendstel

Mine, die (franz.)
1. Bergwerk, Erzgrube
2. Kampfmittel, das aus einem mit Spreng- oder Kampfstoff gefüllten Metall- oder Plasthohlkörper besteht und mit einem Zünder zur → Detonation gebracht wird
3. Bleistift- bzw. Kugelschreibereinlage

Minerale oder **Mineralien** [..li-en], die (Plur.) (lat.)
alle einheitlich zusammengesetzten, natürlich gebildeten und zur unbelebten Natur gehörenden Bestandteile der Erdrinde. Es gibt etwa 2000 Mineralarten, die häufigste ist der Feldspat (daraus bestehen etwa 58 Prozent der Erdrinde).

minimal (lat.)
1. geringfügig, unbedeutend; winzig
2. mindest-, kleinstmöglich. Gegensatz → maximal

Minister, der (lat. „Diener, Gehilfe" → franz.)
Mitglied der Regierung und als Leiter eines Ministeriums für einen bestimmten Bereich der staatlichen Verwaltung verantwortlich

Minuend, der (lat.) → Subtraktion

Mission, die (lat.)
1. Botschaft; Auftrag
2. meist unter Leitung eines Gesandten oder Geschäftsträgers stehende diplomatische Vertretung
3. von einer Regierung oder Organisation mit besonderem Auftrag ins Ausland entsandte Personengruppe

Modell, das (ital. modello „Vorbild, Vorlage")
1. Entwurf, Muster, Urform
2. verkleinerte, maßstabgerechte Ausführung (z.B. von Bauwerken, Bühnenbildern, Maschinen)
3. lebendes Vorbild für Werke der Malerei, Grafik, Plastik und Fotografie
4. meist aus Ton hergestellte Urform einer Plastik
5. aus Holz, Gips, Plast angefertigte Urform eines im Gußverfahren hergestellten Gegenstandes
6. vereinfachte Darstellung schwer zu überschauender Vorgänge

modern (franz.)
(dem gegenwärtigen Geschmack entsprechend) zeitgemäß; modisch

Modus, der (lat. modus „Art und Weise")
Der Modus gibt die Stellungnahme des Sprechers zur Aussage wieder. Das Deutsche kennt drei Aussageweisen:
Indikativ (Wirklichkeitsform)
Konjunktiv (Möglichkeitsform)
Imperativ (Befehlsform)
Der *Indikativ* ist die normale, neutrale Aussageweise der Rede, der Erzählung und Darstellung (Sowjetische Kosmonauten flogen ins Weltall.). Er bezeichnet ein wirkliches, tatsächliches Ereignis.
Der *Konjunktiv* bezeichnet das Unwirkliche im weitesten Sinne, d. h. Mögliches, Ungewisses, Nichtwirkliches und den Wunsch (Käme er doch schon heute.). Häufig dient der Konjunktiv auch zur Wiedergabe der indirekten Rede (Er sagte, er habe sein Heft vergessen.).
Wir unterscheiden zwei Formen des Konjunktivs:
Konjunktiv I — wird aus dem Präsensstamm gebildet (man komme) und steht vor allem im Bericht und im Aufforderungssatz.
Konjunktiv II — wird aus dem Präterialstamm gebildet (man käme) und steht vor allem im Wunschsatz.
Konjunktives Geschehen wird heute häufig durch „würde" ausgedrückt (Er sagte, er würde bald kommen.).
Der *Imperativ* ist in der Regel ein Hauptsatz, der einen Befehl, eine Aufforderung, eine Warnung, eine Bitte, eine Erlaubnis oder einen Wunsch ausdrückt (Seid bereit!).

Molekül, das (franz.)
Moleküle sind kleinste Teilchen → chemischer Verbindungen oder Teilchen eines → chemischen Elements.

Sie setzen sich aus mindestens zwei, meist aber mehr → Atomen zusammen. Das Molekül eines chemischen Elements besteht aus gleichartigen, das Molekül einer chemischen Verbindung aus verschiedenartigen Atomen. Bei → chemischen Reaktionen können die Moleküle in ihre Bestandteile zerlegt werden.

Moment, das (lat.)
(ausschlaggebender) Umstand; Beweggrund; Gesichtspunkt

Moment, der (franz.)
(sehr kurze Zeitspanne) Augenblick; Zeitpunkt

Mon|archie, die (griech. monos „allein" + archein „herrschen")
1. *absolute Monarchie*: ein Staat, in dem ein Monarch (Kaiser, König, Fürst; Landesherr; Souverän) die gesamte Staatsgewalt uneingeschränkt allein innehat. Vergleiche → Absolutismus
2. *konstitutionelle Monarchie*: ein Staat, in dem die Machtausübung des Monarchen durch die Verfassung (Konstitution) und die Volksvertretung eingeschränkt ist
3. *parlamentarische Monarchie*: eine kapitalistische Form des Staates. Der Monarch vertritt den Staat der Öffentlichkeit gegenüber, regiert ihn aber nicht (z. B. in Großbritannien, Schweden, Norwegen, Belgien, Niederlande).

mon(o)- (griech.)
Vorsilbe mit der Bedeutung: ein-, allein-, einzel-

Monolog, der (griech.)
Einzelrede; (Gedanken und Empfindungen ausdrückendes) Selbstgespräch. Gegensatz → Dialog

Monopol, das (griech.)
Zu Monopolen, riesigen Unternehmen (Kartellen, Syndikaten, Trusts, Konzernen usw.), vereinigen sich im → Imperialismus große Industriebetriebe und Banken mit dem Ziel, die Verkaufspreise zu bestimmen, den Markt zu kontrollieren und zu beherrschen, über dem Durchschnitt liegende Gewinne (Monopolprofite) zu erzielen und Einfluß auf die politische Entwicklung im Staat und in der Welt zu nehmen.

monoton (griech.)
eintönig; gleichförmig; langweilig

Monsun, der (arab. → port.)
Der Monsun ist ein in Süd- und Ostasien regelmäßig auftretender Wind, der jahreszeitlich wechselt. Im Sommer weht er vom Meer ins Land, im Winter vom Land zum Meer. Man unterscheidet den tropischen Monsun (Vorderasien, Hinterindien und Teile Indonesiens) und den außertropischen Monsun (China, Korea, Japan).

Montage [..tasche], die (franz.)
1. Zusammenbau vorgefertigter Teile zu Maschinen, Häusern usw.
2. Auswahl und Aneinanderreihung von Bildfolgen für die endgültige Gestaltung eines Films

Moral, die (franz.)
1. Gesamtheit der Anschauungen und Regeln für das Verhalten der Menschen in der Gesellschaft. Die Moral des einzelnen ist von den Moralauffassungen der Gesellschaft abhängig, sie ist klassengebunden.
2. *die Moral aus der Geschichte*: die Lehre daraus

Moräne, die (franz.) → glaziale Serie

Mosaik, [..a-ik], das (ital. → franz.)
1. Mosaik nennt man aus kleinen, verschiedenfarbigen Stein- oder Glasstükken zusammengesetzte Bilder oder Muster. — Das Mosaik war schon im alten Orient und Griechenland bekannt. Die kunstvoll zusammengesetzten Bilder, vor allem aus farbigem Marmor, dienten hauptsächlich zum Schmuck von Fußböden, aber auch von Wänden und Decken.
2. bunte Vielfalt

Moschee, die (arab.)
Gebetshaus der Mohammedaner; meist ein Kuppelbau mit einem glokkenlosen schlanken Turm, dem Minarett

Motiv, das (lat.)
1. Beweggrund einer Handlung; Leitgedanke
2. eine künstlerische Gestaltung auslösender Gegenstand
3. kurze, kennzeichnende Tonfolge, aus der sich größere Melodien entwickeln

Motor, der (lat. motor „Beweger")
Motoren sind Antriebsmaschinen für Fahrzeuge, Flugzeuge, Schiffe und Arbeitsmaschinen. Sie verwandeln die ihnen zugeführte Wärmeenergie (Verbrennungsmotoren) oder elektrische Energie (Elektromotoren) in Bewegungsenergie (mechanische Energie).

Motto, das (ital.)
Leitspruch, Leitsatz; Kennwort

multi- (lat.)
Vorsilbe mit der Bedeutung: viel-, vielfach

Multiplikation, die (lat.)
Die Multiplikation ist eine Grundrechenart. Für je zwei beliebige Zahlen a und b gibt es genau eine natürliche Zahl x, die das Produkt der Zahlen a und b ist.

$$a \cdot b = x$$
Faktor Faktor Produkt
$\underbrace{\qquad\qquad}_{\text{Produkt}}$

Die Multiplikation ist uneingeschränkt ausführbar.

Mumie [..i-e], die (pers. → arab. → ital.)
Als Mumie wird ein nicht verwester Leichnam bezeichnet. Zur *Mumifizierung* kommt es auf natürliche Weise, z. B. im Dauerfrostboden, im ewigen Eis oder im Moor. Auf künstliche Weise hat man die Mumifizierung im alten Ägypten seit dem 3. Jahrtausend v. u. Z. vorgenommen. Die Leichen von Herrschern, Vornehmen und heiligen Tieren wurden — nach Entfernung der Eingeweide und des Gehirns — fest in harzgetränkte Leinenstreifen gewickelt und durch den so bewirkten Luftabschluß vor der Verwesung geschützt.

Munition, die (franz./ital.)
Sammelbezeichnung für alle Arten von Patronen, Granaten, Bomben, Gefechtsköpfen von Raketen, Minen, Treibladungen

Museum, das (griech. museion „Heiligtum der Musen")
Gebäude, in dem alte und neue Gegenstände aus Kunst, Geschichte, Naturwissenschaft und Technik gesammelt, erforscht und ausgestellt werden

Muskeln, die (lat.)
Muskeln sind die Bewegungsorgane des Körpers. Ihre Zellen enthalten feine, in Längsrichtung angeordnete Fäden, die die Fähigkeit haben, sich auf Nervenreize hin zusammenzuziehen. Die mit dem → Skelett durch Sehnen verbundenen Muskeln unter-

liegen unserem Willen, die Muskeln der inneren Organe und die Gefäßmuskeln nicht. — Bei der Muskeltätigkeit wird Energie verbraucht.

Mutation, die (lat. mutatio „Veränderung")
Mutation nennt man die bei Lebewesen plötzlich auftretende Veränderung von Erbanlagen, die dann weitervererbt wird. Sie kommt in der Natur zufällig vor, kann aber auch künstlich (z. B. durch Röntgenbestrahlung) hervorgerufen werden. — Aus einer natürlichen Mutation ist beispielsweise die Blutbuche entstanden. Alle Blutbuchen stammen von einer einzigen rotblättrigen Buche ab, die sich zufällig aus dem Samen einer grünblättrigen entwickelte. Die Farbe ihrer Blätter vererbte die erste Blutbuche in allen ihren Samen weiter.

mysteriös (griech. → lat. → franz.)
geheimnisumwittert, rätselhaft; unerklärlich

mystisch (griech.)
geheimnisvoll, dunkel, unklar

Myzel, das (griech.)
Geflecht von Pilzfäden, aus dem die Pilze bestehen. Hutpilze haben ein unterirdisches Myzel; Stiel und Hut sind dessen Fruchtkörper.

N

naiv [na-if] (franz.)
unbefangen, natürlich, ungekünstelt; arglos, treuherzig; einfältig, leichtgläubig

Nation, die (lat. natio „Volksstamm")
Von einer Nation spricht man, wenn die Gemeinsamkeit des Staates, der Wirtschaft, des Gebiets, der Sprache, der Kultur, der Sitten und Bräuche u. a. ein Volk verbindet. Während sich in einer bürgerlichen Nation zwei Hauptklassen feindlich gegenüberstehen (eine ausgebeutete Mehrheit und eine herrschende Minderheit), ist die sozialistische Nation die Gemeinschaft aller Werktätigen unter Führung der Arbeiterklasse. — Es gibt zwei deutsche Nationen, die bürgerliche deutsche Nation der BRD und die sozialistische deutsche Nation der DDR.

Navigation, die (lat. navigatio „Schiffahrt")
Bestimmung des Standorts eines Schiffs, Flugzeugs oder Raumschiffs sowie des Kurses, mit dem es ein bestimmtes Ziel erreicht

negativ (lat. negare „verneinen")
1. verneinend, abschlägig
2. ergebnislos; ungünstig
3. kleiner als Null
Gegensatz → positiv

negieren (lat.)
verneinen; ablehnen; nicht beachten

neo- (griech.)
Vorsilbe mit der Bedeutung: neu-

Nerven, die (Plur.) (griech. → lat.)
von Bindegewebe umhüllte Bündel aus Nervenfasern (Fortsätze der Nervenzellen). Sie leiten von den Sinnes-

organen aufgenommene Reize zum Zentralnervensystem oder Reize von dort zu den → Organen.

Nervensystem, das
Das Nervensystem ist mit allen anderen Organsystemen verbunden. Man unterscheidet
— *netzförmige Nervensysteme* (Nervenzellen, die über den gesamten Körper verteilt sind und durch Fortsätze miteinander in Verbindung stehen, z. B. bei den Hohltieren) und
— *zentralisierte Nervensysteme* (strangförmiges Nervensystem bei den Plattwürmern; Strickleiternervensystem bei den Ringelwürmern und Insekten; Zentralnervensystem bei den Wirbeltieren und beim Menschen). —
Das Nervensystem des Menschen und der Wirbeltiere wird unterteilt in
— das *Zentralnervensystem* (Gehirn und Rückenmark),
— das *periphere Nervensystem* (alle vom Zentralnervensystem ausgehenden Nerven, die Reize zu den Erfolgsorganen, z. B. den Muskeln, leiten),
— das *vegetative (autonome) Nervensystem* (es steuert, vom Bewußtsein oder Willen unabhängig, die Tätigkeit der inneren Organe und der Gefäße).

nervös (griech. → franz.)
1. leicht reizbar; unruhig, fahrig
2. (das Nervensystem betreffend) nervlich

netto (ital. „rein")
ohne Verpackung (gewogen); nach Abzug alles Abzuziehenden. Gegensatz → brutto

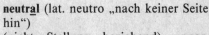

neutral (lat. neutro „nach keiner Seite hin")
(nicht Stellung beziehend) unparteiisch; unbeteiligt; unwirksam

Neutron, das (lat. + griech.)
elektrisch ungeladener (neutraler) Baustein des Kerns von → Atomen. Die Neutronenanzahl kann für Atomkerne des gleichen → chemischen Elements unterschiedlich sein.

Neutrum, das (lat.) → Genus

Niveau [niwo], das (franz.)
1. Stufe, Grad
2. Stufe (Höhe) der geistigen Entwicklung; Grad der Bildung; Stand der Lebenshaltung
3. Höhenlage einer Ebene

Nocturne [noktürn], das (franz. „nächtlich")
im 18. Jahrhundert ein aus mehreren Sätzen bestehendes, der → Serenade ähnliches Musikstück, oft für Bläserbesetzung verfaßt; vom 19. Jahrhundert an meist einsätziges, verträumt-schwermütiges Klavierstück, das eine nächtliche Stimmung zum Ausdruck bringt

Nomade, der (griech.)
Nomaden sind Viehzüchter, die mit ihren Herden für die jeweilige Jahreszeit Weidegründe aufsuchen und damit auch ihren Wohnsitz ständig wechseln.

Nominativ, der (lat.) → Deklination

nominieren, (lat. nomen „Name, Benennung")
zur Wahl vorschlagen; für einen Wettkampf benennen

Nonius, der (nach dem lateinischen Namen des portugiesischen Mathematikers Nuñez)

Hilfsskale am Meßschieber zum Ablesen von Bruchteilen der Hauptskale (an dem Teilstrich des Nonius, der mit einem Teilstrich der Hauptskale übereinstimmt)

nonstop (engl.)
ohne Halt, ohne Unterbrechung

Norm, die (lat. norma „Regel, Vorschrift")
Regel; Richtlinie; Grundsatz; Vorschrift; Verhaltensregel; Maßstab; Richtwert; Leistungssoll

normal (lat.)
1. üblich; gewohnt
2. geistig gesund; zurechnungsfähig
Gegensatz → abnorm, anormal

Novelle, die (ital. novella „Nachricht, Neuigkeit")
Die Novelle ist eine kurze Erzählung, in deren Mittelpunkt „eine sich ereignete, unerhörte Begebenheit" (Goethe) steht. Die spannende Handlung der Novelle beschränkt sich auf dieses einzelne ungewöhnliche Ereignis und verzichtet auf weit ausholende Lebensgeschichten der Personen, wie es beispielsweise im Roman üblich ist.

Novum, das (lat.)
(etwas noch nicht Dagewesenes) Neuigkeit, Neues

Nuance [nüãse], die (franz.)
(feiner) Unterschied; Übergang; Abschattung

nuklear (lat. nucleus „Kern")
auf den Atomkern bezogen; Kern-

Numerale, das (lat.)
Wir unterscheiden *Kardinalzahlen* (Grundzahlen) und *Ordinalzahlen* (Ordnungszahlen).
Kardinalzahlen drücken die Anzahl von Dingen, Erscheinungen oder Personen aus (drei Häuser).

Ordinalzahlen kennzeichnen die Reihenfolge und heben aus einer Reihe ein Glied hervor (das dritte Haus). In Ziffern geschriebene Grundzahlen mit einem Punkt bezeichnen die Ordnungszahl (das 3. Haus).
Kardinal- und Ordinalzahlen gehören zu den bestimmten Numeralien. Außerdem gibt es noch unbestimmte Numeralien (einige Bücher, viele Besucher).
Im Satz sind die Numeralien meist Attribute (In vier Tagen beginnen die Ferien!), manchmal auch Teil des Prädikats (Wir waren vier.).

numerieren (lat.)
etwas mit fortlaufenden Ziffern versehen, beziffern

Numerus, der (lat.) → Deklination und → Konjugation

O

Oase, die (ägypt.)
kleines (meist dicht besiedeltes) Gebiet in der Wüste, in dem ständig Wasser (Grundwasser, Quellen, Fremdlingsflüsse) vorhanden sind und deshalb Pflanzenwuchs möglich ist

Obelisk, der (griech.)
Ein Obelisk ist ein frei stehender, hoher vierkantiger Steinpfeiler, der sich

nach oben verjüngt und in einer pyramidenförmigen Spitze endet. Die ältesten Obelisken stammen aus dem alten Ägypten. Sie waren dem Sonnengott geweiht oder wurden paarweise vor Tempeln und Palästen als Glücksbringer aufgestellt. Meist tragen sie Inschriften aus → Hieroglyphen.

Objekt, das (lat.)
1. Gegenstand; Sache; Ding
2. Einrichtung; Gebäude
3. selbständiges Satzglied, das der sinnvollen Ergänzung der Satzaussage dient. Auf das Objekt ist die Verbhandlung gerichtet. Das → Verb ist folglich eng mit dem Objekt verbunden und bestimmt den Kasus (Fall), in welchem das Objekt steht.
Das Objekt tritt auf als
— *Akkusativobjekt* (Wir lesen die „Trommel".). Es wird am häufigsten gebraucht und ist oft besonders eng an das Verb gebunden. Es gibt das Ziel der Tätigkeit an. — Die Tatsache, daß sehr viele Verben durch ein Akkusativobjekt ergänzt werden müssen, wurde zum Einteilungsmerkmal der Verben. Man nennt solche Verben transitive (zielende) Verben. Dagegen können intransitive (nichtzielende) Verben auch ohne Akkusativobjekt gebraucht werden. — Das Akkusativobjekt bezeichnet vorwiegend Sachen. Es wird mit „wen oder was?" erfragt.
— *Dativobjekt*. Hierbei wendet sich die Aussage des Satzes meist einer Person zu (Ich danke dem Freund.). Es steht auch häufig mit einem Akkusativobjekt zusammen (Ich schreibe dir einen Brief.). Das Dativobjekt antwortet auf die Frage „wem?".
— *Genitivobjekt*. Es kommt fast nur noch in der Literatursprache und in festen Wendungen vor (Er freut sich seines Sieges.). Wir erfragen das Genitivobjekt mit „wessen?".
— *Präpositionalobjekt*. Es ist ein Substantiv oder ein → Pronomen mit einer → Präposition (Ich denke an den Vater. Ich denke an ihn.). Hierbei regiert das Verb die zum Objekt gehörende Präposition.
— *Infinitiv oder Infinitiv mit „zu"*. (Sie half tragen. Wir hoffen unser Ziel zu erreichen.). Einige Verben (z. B. hoffen, glauben, versuchen) fordern manchmal den Infinitiv mit „zu".
— *Objektsatz*. Er wird meist durch eine Konjunktion eingeleitet (Ich hoffe, daß es dir in den Ferien gefallen hat.), kann aber auch Relativsatz, indirekter Fragesatz oder uneingeleiteter Nebensatz sein.

objektiv (lat.)
(ausschließlich von der Sache her) sachlich; vorurteilsfrei, unvoreingenommen; tatsächlich; allgemeingültig. Gegensatz → subjektiv

Objektiv, das (lat.)
dem zu betrachtenden Gegenstand zugewandtes Linsensystem optischer Geräte (z. B. in Kamera, Fernrohr und → Mikroskop).

obligatorisch (lat.)
verbindlich, verpflichtend. Gegensatz → fakultativ

Observatorium, das (lat. observare „beobachten")
wissenschaftliche Beobachtungsstation, z. B. Sternwarte, Wetterwarte

Offensive, die (lat.)
Vorstoß; Angriff. Gegensatz → Defensive

offiziell (franz.)
1. amtlich, dienstlich, verbindlich; glaubhaft
2. feierlich; förmlich
Gegensatz: inoffiziell

okay oder **o.k.** [okee] (amerik.)
in Ordnung; ja

Okkupation, die (lat.)
zeitweilige Besetzung eines Teils oder des gesamten Gebietes eines oder mehrerer Staaten von Streitkräften anderer Staaten. Die unrechtmäßige Okkupation als Folge einer → Aggression (Angriffskrieg) ist von der rechtmäßigen Okkupation durch die Streitkräfte der Seite, die einen gerechten (Verteidigungs-) Krieg führt, zu unterscheiden.

Ökonomie, die (griech. → lat.)
1. (Verteilung und Anwendung aller für die Erzeugung von Gütern und Leistungen notwendigen Mittel sowie ihren Austausch und Verbrauch betreffend) Wirtschaft
2. Wirtschaftswissenschaft
3. (sparsamer und sinnvoller Einsatz aller Mittel für die Wirtschaft) Wirtschaftlichkeit

Okular, das (lat.)
dem Betrachter zugewandtes Linsensystem optischer Geräte (z. B. im Fernglas und → Mikroskop)

Olympiade, die (griech.)
1. Olympische Spiele
2. auf die Förderung besonderer Fähigkeiten gerichteter (außerunterrichtlicher) Schülerwettstreit auf mathematischem, naturwissenschaftlichem, künstlerischem und sprachlichem Gebiet. Diese Olympiade beginnt in den Schulklassen und setzt sich in Schul-, Kreis-, Bezirks-, Republiks- und internationalen Olympiaden fort.

Oper, die (ital. opera „Werk, Arbeit")
1. gesungenes, vom → Orchester begleitetes Bühnenwerk. Musik, Gesang, Schauspielkunst, Bühnenbild und häufig auch Ballett verschmelzen zu einem Gesamtkunstwerk. − Die Oper ist in Aufzüge (Akte) gegliedert und wird meist durch eine → Ouvertüre eingeleitet.
2. Opernhaus, Musiktheater

Operation, die (lat.)
1. (zielgerichtete Handlung des Menschen) Verrichtung; Unternehmen; Verfahren; Arbeitsgang
2. Verknüpfung von Größen nach gegebenen Regeln (Rechenoperation)
3. ärztlicher Eingriff in den menschlichen oder tierischen Körper
4. planmäßig durchgeführte Kampfhandlung der Streitkräfte mit dem Ziel, gegnerische Gruppierungen zu zerschlagen, wichtige Gebiete zu besetzen und zu behaupten

Operette, die (ital.)
1. Operette bedeutet „kleine Oper". Sie ist ein heiteres Bühnenwerk mit eingängiger Musik, oft auch mit Ballett und Chören.
2. Theater, in dem Operetten aufgeführt werden

opponieren (lat.)
(eine gegensätzliche Meinung vertreten) widersprechen; sich widersetzen

Optik, die (griech.)
1. Teilgebiet der → Physik, das die Entstehung und Ausbreitung des Lichts und die damit verbundenen Erscheinungen untersucht
2. Linsensystem in optischen Geräten (z. B. in Kamera und Mikroskop)

optimal (lat.)
bestmöglich, am günstigsten

Optimismus, der (lat. optimum „das Beste")
zuversichtliche Lebensauffassung, die auf der Überzeugung beruht, daß Schwierigkeiten überwindbar sind und sich das Gute durchsetzt. Gegensatz → Pessimismus

Opus, das (lat. „Werk")
1. Gesamtwerk eines Künstlers
2. Opus oder op. (mit nachfolgender Zahl): seit dem 17. Jahrhundert Bezeichnung für ein in die Schaffensfolge des Komponisten eingeordnetes Musikstück

Orakel, das (lat.)
Orakel hieß im alten Griechenland die Stätte, an der Priester oder Priesterinnen die Götter über die Zukunft befragten. Auch die von ihnen verkündete, meist mehrdeutige Weissagung nannte man so. — Das berühmteste Orakel war das im Apollontempel zu Delphi.

Oratorium, das (lat.)
mehrteiliges Musikwerk für Chor, Einzelstimmen und Orchester; mit → Arien und → Rezitativen. In seinem Aufbau ist das Oratorium der → Oper ähnlich, es wird aber nicht auf der Bühne dargestellt, sondern im Konzertsaal oder in großen Kirchen aufgeführt.

orbital (lat. orbis „Kreis")
die Erde umkreisend

Orchester [orkę..], das (griech.)
1. im altgriechischen Theater der Bewegungsraum (Tanzplatz) des Chors
2. Raum zwischen Bühne und Zuschauerraum in der Oper (Orchestergraben)
3. Gesamtheit der Musiker (Instrumentalisten), die unter Leitung eines Dirigenten bzw. Kapellmeisters zusammen spielen; Kapelle; Klangkörper

Ordinalzahl, die (lat.) → Kardinalzahl

Organ, das (griech. organon „Werkzeug")
1. Teil, Glied; Werkzeug
2. eine Einheit bildender Teil des menschlichen oder tierischen Körpers oder von mehrzelligen Pflanzen (beim Menschen z. B. Ernährungs-, Fortpflanzungs-, Bewegungs- und Sinnesorgane)
3. Zeitung oder Zeitschrift
4. staatliche Einrichtung, Behörde

Organisation, die (lat.)
1. (planvolle, zweckmäßig gestaltete) Ordnung; Aufbau; gegliederter Bau
2. (auf ein bestimmtes Ziel gerichteter) Zusammenschluß von Menschen (Partei, Bund, Verband, Vereinigung)

organisch (griech.)
1. (auf die belebte Natur bezogen) belebt. Gegensatz → anorganisch
2. ein Organ oder den Organismus betreffend
3. gegliedert, geordnet

Organismus, der (griech.)
1. einheitliches, zweckmäßig gegliedertes Ganzes, dessen Bestandteile aufeinander abgestimmt sind
2. Als Organismen bezeichnet man alle Lebewesen (Einzeller, Pflanzen, Tiere, Mensch). Sie bestehen aus →

Zellen. Gegenwärtig sind etwa 1,5 Millionen verschiedene Arten von Organismen bekannt. Alle Organismen sind durch die gleichen Eigenschaften, deren Gesamtheit das Leben ausmacht, gekennzeichnet: Stoff- und Energiewechsel, Reizbarkeit und Bewegung, Wachstum und Entwicklung, Fortpflanzung und Vererbung.

Orient [ori-ent], der (lat. von sol oriens „(im Osten) aufgehende Sonne")
Bezeichnung für die Gesamtheit der Länder Vorder-, Mittel- und Südasiens sowie der nordöstlichsten Teile Afrikas im Altertum. Die Geschichte der Völker des Alten Orients beginnt mit dem Zerfall der Urgesellschaft und endet mit der Entstehung der ersten Feudalstaaten (Kalifate).

orientieren [..i-e..] (franz.)
1. (sich Überblick verschaffen) zurechtfinden, umsehen, erkundigen
2. einstellen auf etwas
3. (in Kenntnis setzen) unterrichten, aufklären
4. auf etwas hinweisen
Gegensatz: desorientieren

Original, das (lat. origo „Ursprung, Herkunft")
1. das Echte, Ursprüngliche; die Urform, Urfassung
2. Vorlage für die Vervielfältigung

originell (franz.)
ursprünglich; schöpferisch; einzigartig

Orkan, der (indian. → niederl.)
sehr starker Sturm mit über 120 km/h (und bis zu 500 km/h) Windgeschwindigkeit; als Wirbelsturm besonders häufig in den → Tropen (in Mittelamerika als → Hurrikan, in Ostasien als → Taifun bezeichnet)

Ornament, das (lat.)
Schmuckwerk, Verzierung

Ouvertüre [ower..], die (franz. „Eröffnung")
vom → Orchester ausgeführtes Vorspiel zu einem großen musikalischen Werk (z. B. Oper, Operette, Ballett; Oratorium, Kantate, Suite), in dem schon Melodien des nachfolgenden Werkes anklingen. Ouvertüren werden auch als selbständige Musikwerke komponiert.

oval (lat.)
eiförmig

Ovation (lat.)
Huldigung; Beifallssturm

Oxid, das (griech.)
aus Sauerstoff und einem anderen → chemischen Element bestehende → chemische Verbindung

Oxydation, die (franz.)
Als Oxydation bezeichnet man eine → chemische Reaktion, bei der aus Sauerstoff und einem anderen → chemischen Element ein → Oxid entsteht. Dabei wird Wärme abgegeben. Gegensatz → Reduktion

Ozean, der (griech. nach Okeanos „Gott der Weltmeere")
große, zusammenhängende Wasserfläche der Erde; Weltmeer. Wir unterscheiden vier Ozeane: Stiller Ozean (Pazifik), Atlantischer Ozean (Atlantik), Indischer Ozean, Arktischer Ozean (Nordpolarmeer). Die Ozeane nehmen zusammen mit ihren Neben-, Rand- und Binnenrandmeeren 71 Prozent der Erdoberfläche ein.

P

Pagode, die (Sanskrit → mal. → port.)
Pagoden heißen die turmartigen Tempel in Indien, China und Japan. Sie bestehen meist aus sieben bis dreizehn Stockwerken, die jeweils durch kleine Vordächer getrennt sind. Weltberühmt ist die mehr als 500 Jahre alte, 84 m hohe Steinpagode in Nanking (China), die mit Darstellungen aus glasiertem Ton verziert wurde.

Pakt, der (lat. pactum „Übereinkunft")
Übereinkunft, Vereinbarung; (politisches oder militärisches) Bündnis, (Staats-)Vertrag

Palette, die (ital./franz.)
1. zum Mischen und Aufnehmen von Malfarben dienende Scheibe
2. Ladeeinheit (Platte bzw. Behälter) für Stückgut

Panik, die (griech. → franz.)
Pan, der griechische Gott der Berge, Herden und Hirten (lat. Faunus), trug zum Teil Tiergestalt, denn er war behaart und hatte Ziegenfüße und Hörner. Er blies die aus Schilfrohr gemachte Hirtenflöte (Panflöte) und verbreitete bei seinem plötzlichen, unsichtbaren Auftauchen durch seinen Schrei (panischen) Schrecken. — Davon abgeleitet bezeichnet man eine plötzlich ausbrechende, irrsinnige Angst von Menschen, die sich unerwartet von einer Gefahr bedroht fühlen, als Panik. Sie führt zu unüberlegtem, oft rücksichtslosem Verhalten.

Pan|orama, das (griech.)
Rundblick auf eine Landschaft von einem erhöhten Punkt aus

Pantomime, die (griech. → franz.)
Darstellungskunst, die Verhaltensweisen und Vorgänge allein durch Körperbewegung und Gesichtsausdruck sichtbar und nacherlebbar macht

Paperback [pehperbeck], das (engl. eigentlich „Papierrücken")
Bezeichnung für (Taschen-)Bücher, deren Seiten durch eine Klebebindung zusammengehalten werden. Dieses Verfahren ist nicht so aufwendig wie die sonst übliche Fadenheftung, und deshalb können diese Bücher preisgünstig verkauft werden.

Papyrus, der (griech. „Nilschilf" → lat.)
Papyrus war im alten Ägypten (seit dem 3. Jahrtausend v. u. Z.) und im griechisch-römischen Altertum (seit dem 5. Jahrhundert v. u. Z.) der Beschreibstoff (heute dient uns dazu das Papier). Man preßte das in Streifen geschnittene Stengelmark der Papyrusstaude im feuchten Zustand kreuzweise übereinander. Es verleimte durch seinen Saft. Die geglätteten Bogen konnten zu Rollen aneinandergeklebt werden. — Zum Beschreiben verwendete man dünne Binsen, später angespitzte Rohrfedern und Tinte. — Im Britischen Museum (London) wird eine in Ägypten gefundene, 40 m lange Papyrusrolle aufbewahrt, auf der die Taten des Pharao Ramses III. festgehalten sind. — Seit dem 2. Jahrhundert v. u. Z. verdrängte das → Pergament den Papyrus.

par-, para- (griech.)
Vorsilbe mit der Bedeutung: bei, neben; entgegen

Parabel, die (griech. → lat.)
1. Gleichnis, Sinnbild
2. (kurze) Erzählung, die eine allgemeingültige, wesentliche Erfahrung des Menschen (Wahrheit) in einem Gleichnis anschaulich-bildhaft und überzeugend vermittelt (z. B. die Ring-Parabel in Lessings Schauspiel „Nathan der Weise")
3. Kegelschnitt; alle Punkte, die von einem festen Punkt (Brennpunkt) und einer festen Geraden (Leitlinie) den gleichen Abstand haben

Parade, die (span. → franz.)
Die Parade ist die höchste Form der militärischen Ehrenbezeigung. Sie besteht in der Aufstellung und im Vorbeimarsch einer Truppe, im Vorbeiflug von Fliegerkräften oder Vorbeifahren einer Flotte von Kriegsschiffen.

paradox (griech.)
einen (scheinbaren) Widerspruch enthaltend, (scheinbar) widersinnig, widersprüchlich; ungewöhnlich, seltsam

Paragraph, der (griech.)
Abschnitt von Gesetzen und Verträgen, der jeweils mit fortlaufenden Zahlen und dem Zeichen § (Plur. §§) versehen ist

Par|allele, die (griech.)
1. zu einer anderen Geraden in gleichbleibendem Abstand verlaufende Gerade
2. vergleichende Gegenüberstellung, vergleichbarer Fall

Par|allelogramm, das (griech.)
Jedes Viereck mit zwei Paaren zueinander paralleler Gegenseiten heißt Parallelogramm genau dann, wenn
— jeweils die Gegenseiten gleich lang sind,
— die → Diagonalen einander halbieren,
— jeweils die gegenüberliegenden Winkel gleich groß sind.

Parasit, der (griech. „der mit am Essen teilnimmt"; im alten Griechenland Bezeichnung für einen armen Bürger, der bei einem Reichen an den Mahlzeiten teilnahm und dafür die Gäste unterhalten mußte)
Parasiten (Schmarotzer) sind tierische oder pflanzliche Lebewesen, die an oder in einem fremden Organismus (Wirt) leben und ihm durch Nahrungsentzug oder auf andere Weise schaden. Sie sind dieser Lebensweise (Parasitismus) angepaßt und ohne Wirt nicht lebensfähig. Von Wirtswechsel spricht man, wenn die erwachsenen Parasiten in anderen Wirten leben als ihre Larven.

Parlament, das (engl.)
1. eine aus Wahlen hervorgegangene höchste Volksvertretung (z. B. Nationalversammlung). Im Kapitalismus ist das Parlament, in dem die Bourgeoisie und ihre politischen Beauftragten den bestimmenden Einfluß ausüben, ein Teil des Machtapparates des bürgerlichen Staates. — Das Parlament hat im allgemeinen das Recht, Gesetze zu erlassen und den Staatshaushalt zu bestimmen.
2. Das *Parlament der FDJ* ist das

höchste Organ der Freien Deutschen Jugend. Es wird in der Regel alle 4 Jahre durch den Zentralrat der FDJ einberufen. Es beschließt die grundsätzlichen Aufgaben der FDJ und der Pionierorganisation „Ernst Thälmann" und wählt den Zentralrat, der die Tätigkeit der sozialistischen Jugend- und Kinderorganisation zwischen den Parlamenten leitet.

Par|odie, die (franz.)
scherzhafte Verspottung durch übertreibende Nachahmung

Parole, die (franz. „Wort")
1. (nur Eingeweihten bekanntes Wort) Losungswort, Kennwort
2. Wahlspruch, Losung

Partei, die (franz.)
Eine Partei ist eine politische Organisation. In ihr vereinigen sich Menschen, die gleiche politische Auffassungen und Ziele haben und für diese eintreten. Eine Partei vertritt die Interessen einer Klasse oder von Teilen einer Klasse. — Die Aufgaben und Ziele einer Partei sind in ihrem Parteiprogramm festgelegt. Die Pflichten und Rechte der Mitglieder regelt das Parteistatut.
Die *marxistisch-leninistische Partei* ist der bewußte und organisierte Vortrupp der Arbeiterklasse und aller anderen Werktätigen eines Landes. Als aktive Vertreterin der Interessen der Arbeiterklasse hat sie ein wissenschaftlich begründetes Programm und führt die Arbeiterklasse und deren Verbündete im politischen Kampf.
Karl Marx und Friedrich Engels erkannten, daß die von ihnen begründete revolutionäre Theorie nur verwirklicht werden kann, wenn eine revolutionäre Partei der Arbeiterklasse die Idee vom Sozialismus und Kommunismus bewußt macht. Erst dann sind die Massen imstande, die Macht der Bourgeoisie zu brechen und die sozialistische Gesellschaft zu errichten. Die Grundsätze für den Aufbau und die Tätigkeit der revolutionären Partei der Arbeiterklasse wurden vor allem von Wladimir Iljitsch Lenin entwickelt.

Partikularismus, der (lat.)
Streben einzelner Gebiete eines feudalen bzw. bürgerlichen Staates nach Unabhängigkeit von der politischen Zentralgewalt; Kleinstaaterei

Partisan, der (franz.)
nicht den Streitkräften, sondern einer freiwilligen Kampfabteilung angehörender Widerstandskämpfer, der während eines Angriffskrieges im vom Feind besetzten Gebiet seiner Heimat am bewaffneten Kampf gegen den Angreifer teilnimmt

Partitur, die (ital.)
Takt für Takt untereinandergeschriebene, übersichtliche Aufzeichnung sämtlicher Stimmen eines Musikwerkes

Partizip, das (lat.)
Auf Grund seiner Entstehung und Bildung sowie seiner Verwendung im Satz steht das Partizip zwischen Adjektiv und Verb und wird deshalb auch Mittelwort genannt.
Partizipien sind infinite, ungebeugte Formen des Verbs. Im Deutschen kennen wir zwei Formen des Partizips:

Partizip I oder Präsens-Partizip (Mittelwort der Gegenwart) und
Partizip II oder Perfekt-Partizip (Mittelwort der Vergangenheit).
Das *Partizip I* stellt den Verlauf einer Handlung als unvollendet und in aktiver Bedeutung dar (lachende Kinder). Wird das Partizip I wie ein Adjektiv verwendet, so ist es Attribut (schnatternde Enten) oder Modalbestimmung (Die Enten liefen schnatternd zum Teich.). Bei attributivem Gebrauch wird das Partizip wie ein Adjektiv dekliniert und richtet sich in Person und Zahl nach dem zugehörigen Substantiv. — Ein Teil der Präsens-Partizipien kann wie ein Adjektiv gesteigert werden (der treffendste Vergleich). Das Partizip I kann aber auch Teil des Prädikats sein (Das Buch war spannend.). — Gebildet wird das Partizip I aus dem Präsensstamm des Verbs und der Endung — end, -nd, (lach-end, zitter-nd).
Das *Partizip II* kennzeichnet ein Geschehen als vollendet; bei transitiven Verben gibt es meist eine passive Beziehung wieder (der gebratene Fisch). Es dient vor allem zur Bildung zusammengesetzter Zeiten (außer Futur I) im Aktiv (Der Baum ist gewachsen, war gewachsen, wird gewachsen sein) und zur Bildung des Passivs (Der Baum wurde gefällt.). Hier ist das Partizip II Teil des Prädikats. Es kann jedoch auch ein Substantiv näher bestimmen (gefällte Bäume), dann ist es Attribut. — Perfekt-Partizipien haben meist die Vorsilbe ge- (laufen — gelaufen), schwache Verben enden auf -t (lieben — geliebt), starke Verben enden auf -en, -n; oft kommt noch ein Ablaut hinzu (treffen — getroffen).

Party, die (engl.)
geselliges Beisammensein; Haus- oder Gartenfest

Passagier [..schir], der (franz.)
Schiffsreisender; Fluggast; Fahrgast

Passat, der (span. → niederl.)
regelmäßig während des ganzen Jahres aus den subtropischen Gebieten in Richtung zum Äquator wehende warme bis heiße Luftströmung von geringer Feuchte und Niederschlagsneigung (infolge der Ablenkung durch die Erdbewegung auf der Nordhalbkugel als Nordostpassat und auf der Südhalbkugel als Südostpassat)

passiv (lat. passivus „leidend")
untätig. Gegensatz → aktiv

Passiv, das (lat.) → Genus verbi

Patent, das (lat.)
1. Rechtsschutz für eine technische Erfindung
2. Zeugnis (z. B. Kapitänspatent)

pathetisch (von griech. pathos „Leid, Leidenschaft")
sehr ausdrucksvoll; feierlich-erhaben

Patient [pazi-ent], der (lat. patiens „leidend")
ein Mensch, der sich in ärztlicher Behandlung befindet

Patriarchat, das (lat. + griech. „Vaterherrschaft")
Bezeichnung für das in frühen Entwicklungsstufen der Menschheit herrschende Vaterrecht, nach dem der

Mann das allein bestimmende Oberhaupt einer Verwandtengruppe war. Gegensatz → Matriarchat

Patriotismus, der (lat.)
Patriotismus bedeutet allgemein Liebe zum eigenen Volk, zur Heimat, zum Vaterland. Sie ist entschieden abhängig von der Klasse, der man angehört oder deren Interessen man vertritt.
Der *sozialistische Patriotismus* als Ausdruck der brüderlichen Freundschaft und → Solidarität der Werktätigen aller Länder im Kampf für Frieden und Sozialismus schließt die Achtung vor allen anderen Völkern ein. Er ist Bestandteil des → proletarischen Internationalismus.

Patrizier [..zi-er], der (lat.)
1. im Römischen Reich die durch Geburtsadel bevorrechtigte Klasse der Großgrundbesitzer und Sklavenhalter, die alle wichtigen Priester- und Staatsämter bekleidete. Im 3. Jahrhundert v. u. Z. bildete sie mit den reich gewordenen → Plebejern die Nobilität, eine neue herrschende Klasse.
2. im Mittelalter die Angehörigen der allein ratsfähigen (die Stadtverwaltung ausübenden) einflußreichen Bürgerfamilien deutscher Städte (z. B. die Fugger, die ungeheuer viel Geld besaßen und damit auch Macht)

Patrone, die (franz.)
1. (aus Sprengstoff, Zündung und Geschoß bestehende) Ladung für Feuerwaffen
2. Behälter (z. B. für Kleinbildfilme oder Kohlensäure)

Patrouille [patrulje], die (franz.)
Spähtrupp; Streife

Pavillon [pawiljon], der (franz.)
meist kleines rundes, frei stehendes Gebäude in Gärten oder Parks

Pazifik, der (engl.) → Ozean

Pazifismus, der (franz.)
Der Pazifismus ist Ausdruck einer fortschrittlichen bürgerlichen Weltanschauung, die den Frieden um jeden Preis erhalten will. Sie läßt jedoch außer acht, daß gerechte Kriege (z. B. Verteidigungs- und Befreiungskriege) dem gesellschaftlichen Fortschritt dienen.

pedantisch (franz.)
(übertrieben) genau, kleinlich

Pellets, die (Plur.) (franz. → engl.)
durch Pressen (Pelletierung) aus Rohstoffgemischen hergestelltes Mischfutter für die Viehfütterung

perfekt (lat.)
vollkommen, vollendet, endgültig

Perfekt, das (lat.) → Tempus

Pergament, das (griech.)
Beschreibstoff, dessen Name von der Stadt Pergamon (heute Bergama in der Türkei) abgeleitet ist. Er bestand aus getrockneten, geglätteten Häuten von Schafen, Ziegen oder Kälbern und wurde auch noch im Mittelalter verwendet.

Peri|ode, die (griech.)
1. Zeitalter, Zeitraum, Zeitabschnitt

2. (regelmäßige Wiederkehr) Kreislauf, Umlauf
3. → Menstruation

Periodensystem der chemischen Elemente, das
Im Periodensystem sind die → chemischen Elemente dem Bau ihrer → Atome entsprechend angeordnet. Ihre Ordnungszahl (Anzahl, Reihenfolge) entspricht der Kernladungszahl (Anzahl der Protonen). Im Periodensystem sind die Elemente sowohl nach steigender Kernladungszahl als auch nach dem Schalenbau der Elektronenhüllen geordnet. Begründet wurde das Periodensystem der Elemente 1868/69 unabhängig voneinander durch Dmitri I. Mendelejew und Lothar Meyer.

Peripherie [..feri], die (griech.)
1. Umkreis; Außenseite; Randgebiet
2. Umfangslinie eines Kreises
Gegensatz → Zentrum

permanent (franz.)
fortlaufend; beständig

Perpetuum mobile, das (lat. „das dauernd Bewegte")
Immer wieder versuchte man, ein Perpetuum mobile zu erfinden, eine Maschine, die ständig mechanische Arbeit leistet, ohne daß ihr → Energie zugeführt wird. Eine solche Maschine kann es aber nicht geben, weil die Summe aller Energien stets gleich ist.

Personalien, die (Plur.) (lat.)
Angaben über eine Person (z. B. Name, Geburtsdatum, Beruf, Wohnanschrift)

Perspektive, die (lat.)
1. Ausblick, Aussicht (für die Zukunft)
2. Höhe, Breite und Tiefe vermittelnde Darstellung räumlicher Gegenstände auf ebener Fläche. Parallele Geraden schneiden sich dabei im Fluchtpunkt.

Pessimismus, der (lat. pessimum „das Schlechteste")
Lebensauffassung, die sich auf Hoffnungslosigkeit gründet; Mutlosigkeit; Schwarzsehen. Gegensatz → Optimismus

Phänomen, das (griech. phainomenon „Himmelserscheinung")
(auffallender) Vorgang; (seltenes, unerhörtes) Ereignis; (außergewöhnliche) Erscheinung; Wunder

Phantasie, die (griech.)
1. (Verknüpfung, Umbildung von Gedächtnisinhalten zu neuen Vorstellungen) Vorstellungsvermögen, Einbildungskraft; Erfindungsgabe, Einfallsreichtum
2. Träumerei; Trugbild
3. träumerisches Instrumentalstück

Phantom, das (griech. → franz.)
Trugbild, Sinnestäuschung

Phase, die (griech.)
1. (begrenzte Stufe eines zeitlichen Ablaufs) Zeitabschnitt; Zeitspanne; Entwicklungsstufe; Zustandsform
2. wechselnde Lichtgestalt (Kreisscheibe bis Sichel) der nicht selbstleuchtenden Himmelskörper (Planeten, Monde), die durch die unterschiedliche Stellung der betreffenden Gestirne zu Sonne und Betrachter hervorgerufen wird
3. Schwingungszustand einer Welle, der sich zeitlich und räumlich in gleichem Abstand wiederholt

Philosophie, die (griech. „Liebe zur Weisheit")
Die Philosophie sucht das Wesen und

die Zusammenhänge der Welt und die Stellung des Menschen in ihr zu ergründen. Wir unterscheiden zwischen der Philosophie des → Materialismus und der des → Idealismus.
Die *marxistisch-leninistische Philosophie* ist Bestandteil der Weltanschauung der Arbeiterklasse. Sie ist die Wissenschaft von den allgemeinsten Bewegungs- und Entwicklungsgesetzen der Natur, der Gesellschaft und des Denkens.

phlegmatisch (griech.)
(geistig und körperlich) schwerfällig, träge

phono- (von griech. phone „Laut, Stimme")
Vorsilbe mit der Bedeutung: auf den Klang bezogen

photo- (von griech. phos „Licht")
Vorsilbe mit der Bedeutung: auf das Licht bezogen

Photosynthese, die (griech.)
Die Photosynthese ist ein biologischer Vorgang. Mit Hilfe der Energie des Sonnenlichts bauen grüne (→ Chlorophyll besitzende) Pflanzen aus Kohlendioxid und Wasser (also anorganischen Stoffen) körpereigene, organische Stoffe auf (z. B. Kohlenhydrate). Dabei wird Sauerstoff freigesetzt.

Phrase, die (griech. → franz.)
inhaltslose, nichtssagende Äußerung; abgegriffene, leere Redewendung; Geschwätz

Physik, die (griech. physis „Natur")
Wissenschaft vom Aufbau und der Bewegung der nichtlebenden Natur, soweit diese nicht mit einer chemischen Veränderung der Stoffe verbunden sind

physisch (griech.)
die Natur, den Körper betreffend

Einige physikalische Größen und Einheiten

Größe	Einheit	Kurzzeichen	Bemerkungen
Länge	Meter	m	
Fläche	Quadratmeter Ar Hektar	m^2 a ha	$1\,m^2 = 1\,m \cdot 1\,m$ $1\,a = 1 \cdot 10^2\,m^2$ $1\,ha = 1 \cdot 10^4\,m^2$
Volumen	Kubikmeter Liter	m^3 l	$1\,m^3 = 1\,m \cdot 1\,m \cdot 1\,m$ $1\,l = 1 \cdot 10^{-3}\,m^3$
Zeit	Sekunde Minute Stunde Tag	s min h d	 $1\,min = 60\,s$ $1\,h = 60\,min = 3600\,s$ $1\,d = 24\,h = 1440\,min$ $\qquad = 86\,400\,s$
Geschwindigkeit	Meter/Sekunde	m/s	$1\,\frac{m}{s} = 1\,ms^{-1}$
Frequenz	Hertz	Hz	$1\,Hz = 1\,s^{-1}$

Größe	Einheit	Kurzzeichen	Bemerkungen
Masse	Kilogramm Gramm Tonne	kg g t	$1\,g = 1 \cdot 10^{-3}\,kg$ $1\,t = 1 \cdot 10^{3}\,kg$
Elektrische Stromstärke	Ampere	A	
Elektrische Spannung	Volt	V	
Elektrischer Widerstand	Ohm	Ω	
Temperatur	Kelvin Grad Celsius	K °C	$0\,°C = 273{,}15\,K$

Pigmente, die (Plur.) (lat.)
Pigmente sind im Gewebe von Mensch, Tier oder Pflanze eingelagerte Farbstoffe. Sie bestimmen z. B. die Färbung der Haut, Haare und Augen. Pflanzliche Farbstoffe sind z. B. das grüne → Chlorophyll und das rote Karotin (Möhre).

Pipeline [paiplain], die (engl.)
Rohrfernleitung, mit der Flüssigkeiten (z. B. Erdöl) oder Gase (z. B. Erdgas) befördert werden

Plakat, das (niederl. → franz.)
großformatige, künstlerisch gestaltete Anzeige, die für öffentlichen Aushang bzw. Anschlag bestimmt ist. Sie muß in Schrift und Bild, aber auch durch die Farbe so gestaltet sein, daß sie schon von weitem die Aufmerksamkeit auf sich zieht.

Planet, der (griech.)
Planeten sind die Sonne umkreisende Wandelsterne (im Gegensatz zu den → Fixsternen). Sie leuchten nicht selbst, sondern im Sonnenlicht, das sie zurückwerfen. — *Planetoiden* nennt man die etwa 50 000 kleinen Planeten, die sich vorwiegend zwischen den Bahnen des Mars und Jupiter bewegen. Ihr Durchmesser beträgt durchschnittlich 30 km.

Planetarium, das (griech. → lat.)
Das Planetarium ist ein Gerät oder eine Einrichtung, womit Lage, Größenverhältnisse und Bewegungen der Himmelskörper veranschaulicht werden können.

Plankton, das (griech.)
Gesamtheit aller im freien Wasser schwebenden, winzigen Lebewesen mit fehlender oder geringer Eigenbewegung. Plankton dient vielen Fischen als Nahrung.

Die neun Planeten unseres Sonnensystems

Planet	mittlere Entfernung von der Sonne in Millionen km	Umlaufzeit um die Sonne	Durchmesser in km (Mittelwert)	Anzahl der Monde
Merkur	58	88 Tage	4 840	—
Venus	108	224,7 Tage	12 700	—
Erde	150	1 Jahr	12 757	1
Mars	228	1,9 Jahre	6 784	2
Jupiter	778	11,9 Jahre	142 745	12
Saturn	1428	29,5 Jahre	120 790	17
Uranus	2872	84 Jahre	49 693	5
Neptun	4498	164,8 Jahre	53 000	2
Pluto	5910	247,7 Jahre	6 000	—

Plantage [..tasche], die (franz.)
in tropischen Ländern Großanlage für den Anbau mehrjähriger Nutzpflanzen (z. B. Zucker, Kautschuk, Kaffee)

Plasma, das (griech.)
1. → Protoplasma
2. Blutplasma: flüssiger Bestandteil des Blutes (54 Prozent)
3. durch sehr starkes Erhitzen erzeugtes Gas, das andere physikalische Eigenschaften hat als gewöhnliche Gase

Plaste, die (Plur.) (griech.)
Plaste sind aus Stoffen wie Kohle, Erdöl oder Erdgas künstlich (synthetisch) hergestellte Werkstoffe. Vergleiche → Elaste

Plastik, die (griech. → franz.)
Plastik oder Bildhauerkunst nennt man die Kunst des körperhaften, figürlichen Gestaltens. Die Plastik stellt vor allem Menschen dar, aber auch Tiere. — Wird ein Bildwerk dadurch geschaffen, indem der Bildhauer von einem rohen Materialblock (Stein, Holz) Stück für Stück abschlägt, bis er die Figur herausgebildet hat, so spricht man von einer *Skulptur* (lat. sculpere „schnitzen"). Im Unterschied dazu entsteht die *Plastik* durch das Hinzufügen und Formen von Material (Tonerde, Gips). Von einer Plastik wird meist ein Abguß aus Bronze hergestellt. — Eine frei stehende Figur nennt man Vollplastik oder *Statue* (lat. statua „Standbild"). Tritt dagegen die figürliche Darstellung nur erhaben aus einer Fläche hervor, so handelt es sich um ein → Relief.

plastisch (griech.)
1. körperhaft wirkend, räumlich-bildhaft hervortretend
2. anschaulich, einprägsam. deutlich
3. verformbar

plausibel (franz.)
überzeugend, einleuchtend; glaubhaft; verständlich

Plebejer, die (Plur.) (lat. „Nichtbürger")
1. die Gesamtheit der zwar freien, aber nicht vollberechtigten Schichten des römischen Volkes. Bis 367 v. u. Z. waren die Plebejer (plebs: Bauern, Handwerker, Händler, Proletarier u. a.) nicht wählbar. Sie errangen erst in langen Kämpfen gegen die herrschenden → Patrizier politische Rechte.
2. im Mittelalter die verarmten Bürger, Handwerksgesellen, Lohnarbeiter u. a., die zwar frei waren, aber kein volles Bürgerrecht besaßen

Plenum, das (lat.)
Vollversammlung; (Plenar-) Tagung

Plural, der (lat.) → Deklination und → Konjugation

Plusquamperfekt, das (lat.) → Tempus

Pokal, der (ital.)
1. großes, kostbares Trinkgefäß
2. (Ehrengabe für den Sieger) Siegerpreis

Pol, der (griech.)
1. Die geographischen Pole (Nord- bzw. Südpol) sind die Schnittpunkte der gedachten Erdachse mit der Erdoberfläche.
2. Die Pole eines → Magneten sind die Orte, an denen die Feldlinien beginnen (Nordpol) bzw. enden (Südpol).
3. Die Anschlußklemmen einer Stromquelle heißen ebenfalls Pole (Pluspol als Austritts-, Minuspol als Eintrittspunkt).
4. Mittelpunkt; Drehpunkt; Angelpunkt

Poliklinik, die (griech.)
Poliklinik nennt man eine (meist dem Krankenhaus angeschlossene) medizinische Einrichtung mit mehreren Fachabteilungen. Die Bevölkerung wird hier ambulant betreut, d. h., man muß den Arzt aufsuchen, muß gehfähig sein (lat. ambulare „herumgehen"). – Eine kleine Poliklinik heißt → Ambulatorium oder Ambulanz.

Politbüro, das
(Kurzform für Politisches Büro) Führungsorgan einer marxistisch-leninistischen Partei. Die Mitglieder des Politbüros leiten die politische Arbeit der Partei zwischen den Plenartagungen des → Zentralkomitees.

Polka, die (tschech.)
um 1830 in Böhmen entstandener Volkstanz in lebhaftem $\frac{2}{4}$-Takt

Polonaise [..äse], die (von franz. danse polonaise „polnischer Tanz")
festlicher Schreittanz im $\frac{3}{4}$-Takt, meist Eröffnungstanz

poly- (griech.)
Vorsilbe mit der Bedeutung: viel, mehr

Polyphonie, die (griech.)
mehrstimmige Setzweise, bei der alle Stimmen selbständig und gleichberechtigt geführt werden. Oft setzen die Stimmen nacheinander ein und überkreuzen sich. Gegensatz → Homophonie

polytechnisch (griech.)
mehrere Zweige der Technik umfassend; allgemein technisch

populär (lat.)
allgemein bekannt und beliebt; volkstümlich; leicht verständlich

Portal, das (lat.)
große, prunkvolle Tür; kunstvoll gestalteter Eingang besonderer Gebäude (z. B. Kirchenportal, Schloßportal)

Porträt [..trä], das (franz.)
künstlerische Darstellung eines Menschen; Bildnis

Position, die (lat.)
Standort; Lage; Stellung; Standpunkt

positiv (lat.)
1. bejahend, zustimmend
2. günstig, vorteilhaft
3. tatsächlich, gewiß, bestimmt
4. größer als Null
Gegensatz → negativ

Positiv, der (lat.) → Adjektiv

posthum oder **postum** (lat.)
nach dem Tode (erfolgt)

Potenz, die (lat.)
1. Macht; innewohnende Kraft; Leistungsfähigkeit
2. Ein Produkt $a \cdot a \ldots a$ aus n Faktoren a (n $\geq$ 2) heißt Potenz. Dabei ist a die Basis, n der Exponent der Potenz a^n.

prä- (lat.)
Vorsilbe mit der Bedeutung: vor, voran, voraus

Präambel, die (lat.)
am Anfang eines Gesetzes oder Vertrages stehende grundsätzliche Bestimmung; Zielsetzung

Prädikat, das (lat. praedicatum „das Ausgesagte")
Das Prädikat gründet zusammen mit dem → Subjekt den Satz. Ihm sind alle übrigen Satzglieder zugeordnet. — Das Prädikat gibt Auskunft über das Geschehen im Satz und antwortet auf die Frage „was wird ausgesagt?". Gebildet wird das Prädikat aus einer finiten (gebeugten) Verbform, oft treten noch andere verbale Glieder hinzu (z. B. zur Bildung der Zeitformen — Er hat geschlafen.). Dabei richtet sich die finite Verbform in Person und Numerus nach dem Subjekt.
Die Teile des Prädikats treten im Satz häufig auseinander und bilden dadurch einen prädikativen Rahmen. Das ist beispielsweise bei zusammengesetzten Zeiten (Er wird mir schreiben.), bei Fügungen mit Modalverben (Er will mir schreiben.) und bei unfest zusammengesetzten Verben (Er kam aus seinem Versteck hervor.) der Fall. Zusammen mit den übrigen Satzgliedern — ausgenommen das Subjekt — bildet das Prädikat den Prädikatsverband.

prägnant (franz.)
das Wesentliche kurz und treffend ausdrückend

praktisch (griech.)
1. auf eine Tätigkeit gerichtet
2. zweckmäßig, nützlich; geschickt
3. tatsächlich, eigentlich

Prämie [..i-e], die (lat.)
Geldbetrag (oder Sachwert), den Werktätige als Anerkennung für herausragende Leistungen erhalten

Präposition, die (lat.)
Die Präposition kann mit ihrer Wortbedeutung eine Beziehung oder ein Verhältnis zwischen dem von ihr abhängigen Wort und einem anderen genauer bestimmen (Die Katze sitzt auf — unter — neben — hinter — vor dem Baum.). Sie gibt den Ort (in der Stadt), die Zeit (bis nächste Woche), die Art und Weise (ohne Unterbrechung) und den Grund (wegen Krankheit) dieses

Prärie — Verhältnisses wieder. Jede Präposition fordert einen bestimmten Kasus (Fall) für das dazugehörige Substantiv oder Pronomen.

Prärie, die (franz.)
baumarme Grassteppe im mittleren Westen Nordamerikas

Präsens, das (lat.) → Tempus

Präsidium, das (lat.)
1. (aus gewählten Vertretern gebildetes) Leitungsorgan in Versammlungen, Tagungen usw.
2. oberste Leitung; Vorstand

Präteritum, das (lat.) → Tempus

Praxis, die (griech. praxis „Tätigkeit")
1. Wirklichkeit
2. (durch angewendetes Wissen gewonnene) Erfahrung
3. Anwendung, Ausübung; Handhabung, Verfahrensweise

präzis(e) (franz.)
genau, eindeutig

Premiere [..järe], die (franz.)
Uraufführung; Erstaufführung eines neu einstudierten Bühnenwerkes, eines Filmes, eines Zirkusprogramms usw.

Prestige [..tisch], das (franz.)
Ansehen, Geltung (in der Gesellschaft)

prima (ital.)
großartig, ausgezeichnet, wunderbar, vorzüglich

primär (franz.)
1. zuerst vorhanden, ursprünglich
2. grundlegend, wesentlich
3. vorrangig, vordringlich

primitiv (lat.)
1. urtümlich, urzuständlich, ursprünglich
2. (sehr) einfach; dürftig; behelfsmäßig
3. unterentwickelt

Primzahl, die
Jede natürliche Zahl, die größer als 1 und nur durch 1 und sich selbst teilbar ist, heißt Primzahl. Jede natürliche Zahl, die keine Primzahl ist, ist das Produkt von Primzahlen. Sie läßt sich in Primfaktoren zerlegen (z. B. $4 = 2 \cdot 2$).

Prinzip, das (lat.)
1. Grundsatz, den man seinem Verhalten zugrunde legt; Regel; Richtschnur
2. Grundlage, auf der etwas aufgebaut ist

Prisma, das (griech.)
1. Körper mit deckungsgleichen Vielecken als Grund- und Deckfläche, die in parallelen Ebenen liegen. Die Seitenflächen werden von Rechtecken gebildet, deren Seitenkanten parallel zueinander verlaufen.
2. durchsichtiger Körper, der weißes Licht bricht und in die Spektralfarben Rot, Orange, Gelb, Grün, Blau, Indigo und Violett zerlegt

privat (lat.)
1. (nur die eigene Person betreffend) persönlich
2. das persönliche Eigentum betreffend
3. nicht öffentlich; vertraulich

Privateigentum, das
1. der persönliche Besitz
2. das persönliche Eigentum an → Produktionsmitteln (in der Klassengesellschaft Grundlage für die Ausbeutung)

Privileg, das (lat.)
Vorrecht, Sonderrecht

pro- (lat.)
Vorsilbe mit der Bedeutung: für, vor

Problem, das (griech.)
noch zu lösende, schwierige Aufgabe; schwer zu beantwortende Frage

problematisch (lat.)
schwierig; fraglich; fragwürdig; ungewiß

Produkt, das (lat. producere „hervorbringen")
1. Erzeugnis, Ergebnis, Ertrag
2. Ergebnis menschlicher Arbeit
3. → Multiplikation

Produktion, die (franz.)
1. alles Hergestellte, Erzeugte; die Gesamtheit der Produkte, Erzeugnisse
2. die Gesamtheit der Produktionsbetriebe
3. die Herstellung materieller Güter. Sie erfolgt in der Auseinandersetzung mit der Natur und dient der Befriedigung gesellschaftlicher und persönlicher Bedürfnisse. Sie bildet die Grundlage für das Dasein und die Entwicklung der menschlichen Gesellschaft.
Die Produktion erfolgt unter bestimmten gesellschaftlichen Verhältnissen, den → Produktionsverhältnissen.

Produktionsinstrumente, die
die vom Menschen geschaffenen Arbeitsmittel, wie Geräte, Werkzeuge, Maschinen und technische Anlagen, mit denen er materielle Güter erzeugt

Produktionsmittel, die
Zu den Produktionsmitteln gehören die *Arbeitsgegenstände* (z. B. der Boden, die Bodenschätze, Energie und andere Naturreichtümer) sowie die *Arbeitsmittel* (die → Produktionsinstrumente und darüber hinaus Gebäude, Werkstätten, Straßen, Rohrleitungen, Behälter usw.). — Die jeweilige Art des Eigentums an den Produktionsmitteln unterscheidet die Gesellschaftsordnungen voneinander. Vergleiche → Produktionsverhältnisse

Produktionsverhältnisse, die
Um zu produzieren (auf die Natur einzuwirken und die in der Natur vorgefundenen Dinge in Gebrauchsgüter umzuwandeln), gehen die Menschen bestimmte, von ihrem Willen unabhängige Verhältnisse untereinander ein. Man nennt die Gesamtheit dieser Beziehungen der Menschen im Produktionsprozeß Produktionsverhältnisse. Sie werden bestimmt
— erstens davon, im Besitz welcher Klasse sich die Produktionsmittel befinden,
— zweitens von dem sich daraus ergebenden Verhältnis zwischen den Klassen und Schichten, wie es durch ihre Stellung im Produktionsprozeß zum Ausdruck kommt,
— drittens durch die Art und Weise der Verteilung der erzeugten Waren bzw. Werte (Geld).

Entscheidend sind die Eigentumsverhältnisse, deshalb unterscheiden wir zwei Hauptformen der Produktionsverhältnisse:
— das auf dem Privateigentum einer Minderheit an Produktionsmitteln beruhende Produktionsverhältnis der Ausbeutung und Unterdrückung (es kennzeichnet die Gesellschaftsformationen frühe Klassengesellschaft, Sklavenhaltergesellschaft, Feudalismus, Kapitalismus) und
— das auf dem gesellschaftlichen Eigentum an Produktionsmitteln beruhende Produktionsverhältnis der Zusammenarbeit und gegenseitigen Hilfe (Urgesellschaft, Kommunismus).

Produktionsweise, die
Die Produktionsweise ist die Art und Weise der Erzeugung und des Austauschs materieller Güter in einem bestimmten Abschnitt der gesellschaftlichen Entwicklung, in dem die → Produktivkräfte und die → Produktionsverhältnisse eine Einheit bilden.

produktiv (franz.)
viel hervorbringend; leistungsfähig; schöpferisch

Produktivkräfte, die
Die Produktivkräfte umfassen alle Kräfte und Mittel, mit denen der Mensch die Naturkräfte ausnutzt und beherrscht. — Die Hauptproduktivkraft ist der Mensch mit seinen körperlichen und geistigen Fähigkeiten sowie seinen Arbeitserfahrungen. Weiterer Bestandteil der Produktivkräfte sind die → Produktionsinstrumente (Arbeitsmittel), mit deren Hilfe der Mensch auf den Gegenstand seiner Arbeit einwirkt, wie Werkzeuge und Maschinen. Dazu gehören ebenso die Arbeitsgegenstände — wie die Rohstoffe, die Reichtümer und Kräfte der Natur, auf die der Mensch im Arbeitsprozeß einwirkt — sowie die Wissenschaft und die Leitung und Organisation der Arbeit. — Der Entwicklungsstand der Produktivkräfte bestimmt die → Produktionsweise.

Profil, das (franz.)
1. Längs- oder Querschnitt durch einen Gegenstand
2. Seitenansicht (z. B. eines Kopfes)

Profit, der (franz. „Gewinn")
1. (finanzieller) Nutzen, Vorteil
2. Gewinn des Kapitalisten durch Aneignung des von den Lohnarbeitern geschaffenen Mehrwerts

Prognose, die (griech. prognosis „Vorherwissen")
wissenschaftlich begründete Vorhersage einer voraussichtlichen Entwicklung

Programm, das (lat. programma „Bekanntmachung")
1. Vorhaben, Plan
2. Darlegung von Absichten und Grundsätzen für die Verwirklichung eines gesteckten Zieles
3. festgelegte Reihenfolge, vorgesehener Ablauf; Tagesordnung

progressiv (franz.)
fortschrittlich; fortschreitend; sich entwickelnd; sich steigernd. Gegensatz: degressiv

Projekt, das (lat.)
Plan; Entwurf; Vorhaben (Bauprojekt); Vorschlag

Projektion, die (lat.)
1. Bildwiedergabe durch einen Bildwerfer (Projektor).
Vergleiche → Diaskop und → Epidiaskop
2. Abbildung geometrischer Figuren auf einer Ebene

Proklamation, die (franz.)
(feierlich öffentliche) Verkündung; Aufruf; Erklärung

Proletariat, das (lat.)
1. im alten Rom: Proletarii nannte man die Angehörigen der nahezu besitzlosen, untersten Bürgerschicht, die auf Grund ihrer krassen Armut von Steuerabgaben und Kriegsdienst befreit waren und dem Staat nur mit ihrer Nachkommenschaft (lat. proles) dienten.
2. im Kapitalismus: die Klasse der ausgebeuteten Lohnarbeiter (Arbeiterklasse = Proletariat)

proletarischer Internationalismus, der
Der proletarische Internationalismus bringt die Solidarität (Verbundenheit) der Arbeiterklasse und Werktätigen aller Länder im Kampf gegen die kapitalistische Ausbeutung, für den Frieden und Sozialismus zum Ausdruck. Mit der Losung „Proletarier aller Länder, vereinigt euch!" drückten Karl Marx und Friedrich Engels schon im Jahre 1848 aus, daß der Zusammenschluß der internationalen Arbeiterklasse notwendig ist, um den Kapitalismus zu überwinden. Zwar muß das Proletariat in jedem Lande „zuerst mit seiner eigenen Bourgeoisie fertig werden" (Marx/Engels), jedoch „das Kapital ist eine internationale Kraft. Um sie zu besiegen, bedarf es des internationalen Bündnisses aller Arbeiter, ihres internationalen brüderlichen Zusammenschlusses" (Lenin). — Mit dem sozialistischen Weltsystem erlangte der proletarische Internationalismus einen neuen Inhalt. Er wurde zum *sozialistischen Internationalismus*, der auch die Beziehungen zwischen den sozialistischen Staaten umfaßt und dabei von der Gleichberechtigung und Unabhängigkeit jedes sozialistischen Staates ausgeht. Der sozialistische Internationalismus fördert die gegenseitige Hilfe und brüderliche Zusammenarbeit der Völker der sozialistischen Länder auf allen Gebieten des gesellschaftlichen Lebens und ist eng mit dem sozialistischen → Patriotismus verbunden.

prominent (lat.)
weithin bekannt, namhaft, berühmt; hervorragend, bedeutend

Pronomen, das (lat.)
Das Pronomen steht, wie die deutsche Übersetzung „Fürwort" schon sagt, für etwas, nämlich für Substantive oder Adjektive. Nur durch die Beziehung auf eine bestimmte Person oder Sache erhält es seine Bedeutung. Die Beziehung wird erst im Satzzusammenhang oder in der Sprechsituation sichtbar (Der Vogel sitzt am Fenster. Er wartet auf sein Futter.).
Außer einigen unbestimmten Fürwörtern (man, etwas, nichts) werden die Pronomen wie Substantive und Adjektive dekliniert. Wir unterscheiden
— *Personalpronomen (persönliches Fürwort)*
Das Personalpronomen nennt die grammatische Person:
1. ich, wir (sprechende Person)
2. du, ihr (angesprochene Person)
3. er, sie, es, sie (besprochene Person)
Die Deklinationsformen des Personalpronomens werden aus verschiedenen Stämmen gebildet (ich — meiner — mir — mich).
— *Reflexivpronomen (rückbezügliches Fürwort)*
Das Reflexivpronomen hat nur in der 3. Person eine eigene Form, und zwar

„sich". (Er freut sich.) Für die anderen Personen werden die Formen des Personalpronomens benutzt. (Ich freue mich.).
— *Possessivpronomen (besitzanzeigendes Fürwort)*
Jedem Personalpronomen entspricht ein Possessivpronomen: z. B.: ich — mein, er — sein; wir — unser; sie — ihr. Im Satz wird es vorwiegend attributiv gebraucht (unser Garten, meine Klasse).
— *Demonstrativpronomen (hinweisendes Fürwort)*
Erhalten die Formen der, die, das eine stark hinweisende Betonung, dann sind sie nicht mehr Artikel, sondern Demonstrativpronomen (Der Pilz ist giftig. Gemeint ist: Dieser Pilz...). Weitere Demonstrativpronomen sind: jener, jene, jenes, dieser, diese, dieses, solch, solche, dessen, deren usw.
— *Relativpronomen (bezügliches Fürwort)*
Das Relativpronomen leitet meist einen Relativsatz ein und verbindet dadurch ein Geschehen oder einen Zustand mit einer Person oder Sache. Es bezieht sich oft auf das vorangegangene Subjekt. (Der interessanteste Film, den ich je gesehen habe...). Relativpronomen sind: der, die, das, welcher, welche, welches, wer, was usw.
— *Interrogativpronomen (Fragefürwort)*
Interrogativpronomen sind: wer? was? welcher? was für ein? „Wer?" fragt nach Personen (Wer sitzt hier?). Mit „was?" erfragt man Sachen (Was fehlt noch?). „Welcher", „welche", oder „welches?" fragt nach einer Person oder einem Gegenstand aus einer Menge (Welcher Schüler fehlt heute?). Mit „was für ein?" erfragt man Eigenschaften oder Merkmale (Was für eine Geschichte wollt ihr hören?).
— *Indefinitpronomen (unbestimmtes Fürwort)*
Indefinitpronomen stehen für Größen, die nach Geschlecht und Zahl unbestimmt sind (Das hat jemand für dich abgegeben.). Unbestimmte Fürwörter sind: irgendwer, irgendein, irgend etwas, irgend jemand, niemand, nichts, etwas, mancher, alle, einige, ein paar, man usw.

Propaganda, die (lat.)
1. (planmäßige) wissenschaftliche Erläuterung politischer Grundsätze und Aufgaben
2. der Verschleierung der wahren Ziele dienende Beeinflussung; Hetze
3. Werbetätigkeit

Prophezeiung, die (griech.)
(nicht wissenschaftlich begründete) Voraussage; Weissagung

prophylaktisch (griech.)
vorbeugend, verhütend

Proportion, die (lat.)
1. (richtiges) Größen-, Maßverhältnis; Gleichmaß. Gegensatz → Disproportion
2. Man erhält eine Proportion oder Verhältnisgleichung, wenn man zwei Verhältnisse mit dem gleichen Wert durch ein Gleichheitszeichen verbindet. Z. B. ergeben die Verhältnisse $1:3$ und $5:15$ die Proportion $1:3 = 5:15$. Das Produkt der Außenglieder ist dabei gleich dem Produkt der Innenglieder ($1 \cdot 15 = 3 \cdot 5$).

prosit (lat. „es möge nützen")
wohl bekomm's; zum Wohl

Prospękt, der (lat.)
1. Werbeschrift
2. (meist) auf Leinwand ausgeführte Hintergrundmalerei auf der Bühne
3. großzügig angelegte breite und langgestreckte Straße

Protęst, der (franz.)
(Äußerung des Mißfallens, Bekundung des Nichteinverständnisses) Einspruch; Verwahrung

Protokǫll, das (griech. ursprünglich ein den amtlichen Papyrusrollen „vorgeleimtes" Blatt mit Angaben über deren Entstehung und Verfasser)
1. zusammenfassende Niederschrift vom Verlauf einer Tagung oder Versammlung und deren Beschlüsse; Verhandlungs-, Sitzungsbericht
2. Gesamtheit der im diplomatischen Verkehr üblichen Gepflogenheiten

Proton, das (griech.)
Protonen sind elektrisch positiv geladene Teilchen des Kerns von → Atomen. Die Protonenanzahl bestimmt die Kernladungszahl und die Stellung der chemischen Elemente im → Periodensystem.

Protoplạsma, das (griech.)
Das Protoplasma ist die Gesamtheit aller lebenden Bestandteile tierischer und pflanzlicher → Zellen. Es wird durch eine Zellmembran (Plasmagrenzschicht) begrenzt. Man unterscheidet zwischen Zellkern (Kernplasma) und dem ihn umgebenden Zytoplasma.

Protozoen, die (Plur.) (griech.)
Urtierchen; einzellige, meist sehr kleine Lebewesen (wie Wurzelfüßer, Geißel-, Wimper-, Sporentierchen)

Provịnz, die (lat.)
1. ursprünglich vom Römischen Reich erobertes und eingegliedertes Gebiet außerhalb Italiens
2. Landesteil; Verwaltungsbezirk

provisorisch (lat.)
(eine endgültige Lösung vorübergehend ersetzend) vorläufig, einstweilig geltend; behelfsmäßig

provozieren (lat.)
herausfordern, aufreizen; anstiften, aufwiegeln

Prozęnt, das (lat.)
Ein Prozent einer Zahl ist der hundertste Teil dieser Zahl. Bei der Prozentrechnung werden zwei Verhältnisse, d. h. zwei Quotienten, miteinander verglichen, indem man sie auf den gemeinsamen Nenner 100 bringt; z. B.
3 % von 750 sind $\frac{750 \cdot 3}{100}$.

Prozęß, der (lat.)
1. Vorgang, Geschehen; Ablauf
2. gesetzmäßig verlaufende Entwicklung
3. gerichtliches Verfahren

pseudo- (griech.)
Vorsilbe mit der Bedeutung: unecht, falsch

Pseudonym, das (griech.)
angenommener (Künstler-)Name;
Deckname

psychisch (von griech. psyche „Seele")
unsere Wahrnehmungen, Empfindungen, Gefühle, Gedanken betreffend

publizieren (lat.)
veröffentlichen

pur (lat.)
rein, unverfälscht

Pyramide, die (ägypt, → griech.)
1. von einem beliebigen Vieleck als Grundfläche und vielen, in einer gemeinsamen Spitze endenden Dreiecken begrenzter Körper
2. die Gräber der altägyptischen Könige (Pharaonen). Sie stammen aus dem dritten bis zweiten Jahrtausend v. u. Z.
Als berühmteste Pyramide gilt die ursprünglich 146,59 m (heute 137 m) hohe Cheopspyramide bei Gizeh. Im Inneren der Pyramiden befinden sich die Grabkammern.

16	3	2	13
5	10	11	8
9	6	7	12
4	15	14	1

Q

Quader, der (lat.)
Ein Quader ist ein von sechs Rechtecken begrenzter Körper. Je zwei gegenüberliegende Rechtecke sind deckungsgleich.

Qua|drat, das (lat.)
1. Quadrat heißt jedes → Parallelogramm mit einem Paar gleich langer benachbarter Seiten und einem rechten Winkel.
2. Bei einem *magischen Quadrat* wird jede Zahl einer fortlaufenden Zahlenreihe so eingesetzt, daß die Addition der waagerechten, senkrechten und der beiden diagonalen Reihen immer die gleiche Summe ergibt.

Qua|driga, die (lat.)
von vier nebeneinandergeschirrten Pferden gezogener, zweirädriger Kampf- oder Rennwagen im alten Rom

Qualifikation, die (lat.)
Eignung, Befähigung; Ausbildungsnachweis

Qualität, die (lat.)
Beschaffenheit; Zustand, Eigenschaft; Güte

Quantität, die (lat.)
Menge; Größe; Anzahl

Quantum, das (lat.)
(bestimmte, kleine) Menge, Anzahl

Quarantäne [ka..], die (franz.)
Absonderung und Beobachtung von Menschen oder Tieren, durch die eine Verschleppung ansteckender Krankheiten zu befürchten ist

Quartal, das (lat.)
Zeitraum eines Vierteljahres, der jeweils am 1. Januar, 1. April, 1. Juli und 1. Oktober beginnt

Quartier, das (franz.)
(zeitweilige) Unterkunft, Wohnung

quasi (lat.)
gewissermaßen; gleichsam; scheinbar; fast wie; sozusagen

Quittung, die (franz.)
1. (schriftliche) Empfangsbescheinigung, Ausgabenbeleg
2. Antwort, Vergeltung

Quodlibet, das (lat. „was beliebt")
mehrstimmiges Gesangsstück aus verschiedenen Liedern oder Liedteilen, die gleichzeitig oder nacheinander einsetzend gesungen werden

Quotient, der (lat.) → Division

R

radikal (franz.)
bis zum Äußersten gehend; von Grund auf, gründlich; rücksichtslos

Radius, der (lat.)
1. Umkreis, Reichweite
2. Verbindungsstrecke eines Kreispunktes mit dem Mittelpunkt des Kreises oder Verbindungsstrecke eines Punktes der Kugeloberfläche mit dem Mittelpunkt der Kugel; Halbmesser; halber Durchmesser

Raffinerie, die (franz.)
Industrieanlage, in der bestimmte Naturstoffe gereinigt (raffiniert) und veredelt werden. In einer Raffinerie wird zum Beispiel aus Rohzucker reiner Zucker (Raffinade) hergestellt.

raffiniert (franz.)
1. gereinigt
2. schlau, ausgeklügelt; gerissen, abgefeimt

Rakete, die (ital.)
Als Raketen bezeichnet man Flugkörper, die durch den Rückstoß ausströmender Gase angetrieben werden und zur Beförderung von Nutzmassen dienen. Sie bestehen im allgemeinen aus der Raketenzelle, den Treibstoffbehältern, dem Triebwerk, den Steuerungseinrichtungen und der Nutzmasse. — Viele Raketen sind Mehrstufenraketen. Sie bestehen aus mehreren hintereinander angeordneten Stufen, von denen jede ihr eigenes Triebwerk und ihre eigene Treibladung hat. Ist der Treibstoff der ersten (hintersten) Stufe verbraucht, wird sie abgetrennt. Der Schub der nächstfolgenden steigert die Geschwindigkeit des nunmehr an Masse verringerten Flugkörpers. Die letzte Stufe trägt die Nutzlast (Raumflugkörper oder Gefechtskopf).

Ral|lye [ralli], die (engl.)
Langstrecken-Zuverlässigkeitsfahrt für Kraftfahrzeuge

Ranch [räntsch], die (amerik.)
Farm im Westen Nordamerikas, auf der hauptsächlich Viehzucht betrieben wird

rangieren [rangschieren] (franz.)
1. Eisenbahnwagen in bestimmter Reihenfolge zu einem Zug zusammensetzen bzw. aus diesem herauslösen
2. eine bestimmte Stufe in einer Rangordnung innehaben

rar (franz.)
(kaum vorkommend) selten; (nicht ausreichend) knapp; wertvoll, kostbar; begehrt

Rasse, die (ital./franz.)
Unterabteilung einer Art. Mit dem Begriff Rasse wird eine Gruppe von Lebewesen zusammengefaßt, die sich durch kennzeichnende Erbmerkmale von anderen Unterarten unterscheidet und ursprünglich einem ganz bestimmten Lebensraum angepaßt war. So ist z. B. das Steppenwildpferd eine Rasse der Wildpferde, die wiederum eine Art in der Familie der Pferde bilden.

Rate, die (ital.)
Anteil, Teilbetrag

Ration, die (franz.)
zugeteilte Menge; täglicher Verpflegungssatz

rational (lat.)
(durch Denken erkannt) vernunftgemäß, begrifflich faßbar.
Gegensatz → irrational

rationell (lat.)
(auf größte Wirtschaftlichkeit berechnet) sparsam; zweckmäßig

re- (lat.)
Vorsilbe mit der Bedeutung: zurück, wieder

Reaktion, die (lat.)
1. Rückwirkung, Gegenwirkung
2. Beantwortung eines Reizes durch einen → Organismus und dessen Organe. Die auffälligsten Reaktionen sind die Bewegungen.
3. → chemische Reaktion
4. Bezeichnung für gesellschaftliche Kräfte (Klassen, Schichten, Personen), die geschichtlich überlebt sind und sich gegen den Fortschritt stemmen

Reaktor (Kurzform für Kernreaktor), der (lat.)
technische Anlage, in der kontrolliert und gesteuert Kernspaltungs-Kettenreaktionen ablaufen

real (lat.)
1. wirklich, tatsächlich
2. sachlich, vorurteilsfrei
Gegensatz → irreal

realisieren (franz.)
verwirklichen, in die Tat umsetzen

realistisch (lat.)
1. wirklichkeitsgetreu, wirklichkeitsnah, lebensecht
2. sachlich, nüchtern

Rebellion, die (lat.)
(plötzliche Empörung, Auflehnung einer Menschengruppe gegen ein Unrecht) Aufruhr; Meuterei

Redoxreaktion, die
Als Redoxreaktion bezeichnet man eine → chemische Reaktion, bei der Sauerstoff zwischen den reagierenden Stoffen ausgetauscht wird. Die → Oxydation und die → Reduktion laufen dabei gleichzeitig ab.

Reduktion, die (lat.)
1. Zurückführung; Verminderung; Einschränkung
2. Reduktion nennt man eine → chemische Reaktion, bei der einer → chemischen Verbindung Sauerstoff entzogen wird. Gegensatz → Oxydation

re|ell [re-ell] (franz.)
1. wirklich, tatsächlich
2. ehrlich, redlich, anständig; zuverlässig

Referat, das (lat.)
1. Vortrag, Bericht
2. Arbeitsbereich

re|flektieren (lat. reflectere „zurückbiegen")
1. zurückstrahlen, widerspiegeln
2. nachdenken, erwägen

Reflex, der (lat.)
1. Widerschein, der von einem beleuchteten, spiegelnden Gegenstand zurückgeworfen wird
2. unwillkürliche Reaktion eines Lebewesens auf einen Reiz

reflexives Verb, das (lat.) → Verb

Reform, die (lat.)
1. Erneuerung; Veränderung; Umgestaltung
2. der fortschreitenden Entwicklung angepaßte, planmäßige Umgestaltung und Verbesserung gesellschaftlicher Teilbereiche

Reformation, die (lat. reformatio „Erneuerung")
Im 15. und 16. Jahrhundert entstanden innerhalb des Feudalismus die ersten Anfänge der neuen, kapitalistischen Produktionsweise. Dieser Frühkapitalismus stieß jedoch überall auf Hemmnisse, die seiner Entwicklung im Wege standen. Die Beseitigung der feudalen Verhältnisse wurde deshalb zur Aufgabe der frühbürgerlichen Revolution. — Reformation nennt man den ersten Abschnitt der frühbürgerlichen Revolution. Es war eine Bewegung, die sich gegen die den Feudalismus stützende römische Papstkirche wandte. Ihr Ziel war die Erneuerung der Kirche. — Ausgelöst wurde die Reformation im Jahre 1517, als Martin Luther seine 95 Thesen (Lehrsätze) an die Tür der Schloßkirche zu Wittenberg heftete. Damit übte er scharfe Kritik an kirchlichen Mißständen, u. a. an dem vom Papst genehmigten Ablaßhandel, der den Gläubigen gegen Geldentrichtung die Befreiung von ihren Sünden versprach. Luther wurde daraufhin vom Papst zum Ketzer erklärt, ließ aber weitere kritische Schriften folgen, die durch die neue Buchdruckerkunst schnell im Lande verbreitet wurden. Als er 1521 auf dem Reichstag zu Worms vor dem Kaiser seine Schriften nicht widerrief, kam er in die Reichsacht, d. h., er wurde für vogelfrei erklärt. Um ihn zu retten, ließ der Kurfürst von Sachsen Luther auf die Wartburg bei Eisenach entführen. — Die Reformation breitete sich aber trotz der Verfemung Luthers weiter aus: Gottesdienste wurden nun auch in deutscher Sprache gehalten, Nonnen und Mönche flohen aus den Klöstern, Priester heirateten.
Das Volk verlangte aber nicht nur veränderte Zustände in der Kirche, sondern auch in der Gesellschaft. Die Bauern forderten die Abschaffung der feudalen Lasten und die Zurückgabe der Allmende. Sie wollten wieder fischen und jagen dürfen. Aber Luther wollte keinen Aufruhr und stellte sich nun gegen die Bauern auf die Seite der Fürsten. — In Thomas Müntzer fanden die Bauern ihren zuverlässigsten Verbündeten. Er sagte den Armen, daß sie für ein besseres Leben gegen die Reichen kämpfen müssen und wurde schließlich zum bedeutendsten Führer des Deutschen Bauernkrieges (1524 bis 1525), des zweiten Abschnitts der frühbürgerlichen Revolution. Die ursprünglich vom Bürgertum getragene Reformation entwickelte sich zur Volksreformation.

Refrain [refrẽ], der (franz.)
Kehrreim (größere Teile eines Liedes oder Schlagers werden nach den einzelnen Liedstrophen unverändert wiederholt)

Regatta, die (ital.)
mit Booten ausgetragener Wettkampf

Regeneration, die (lat.)
1. Wiedererzeugung; Erneuerung
2. Fähigkeit mancher Lebewesen, verlorengegangene Körperteile zu ersetzen. Zum Beispiel bildet bei einem halbierten Polypen das Fußende einen neuen Mundteil mit Fangarmen und das Vorderende einen neuen Fußteil. Ein Molch kann ein abgerissenes Bein oder eine Eidechse einen abgebrochenen Schwanz neu bilden.

Regie [reschi], die (franz.)
1. Leitung
2. künstlerische Gestaltung einer Bühnenaufführung, eines Films, einer Funk- oder Fernsehsendung durch einen Regisseur

Regiment, das (lat.)
Truppenteil, der meist zu einer → Division gehört und sich aus mehreren Bataillonen und anderen Einheiten zusammensetzt. Bei den Fliegerkräften wird das Regiment als Geschwader bezeichnet.

regional (lat.)
(einer bestimmten Landschaft zugehörig) landschaftsbezogen; auf einen bestimmten Landesteil beschränkt; örtlich

Register, das (lat.)
1. alphabetisch geordnetes Verzeichnis der in einem Buch vorkommenden Fachbegriffe bzw. Namen; Sachwortverzeichnis
2. mit den Buchstaben des Alphabets versehener, stufenförmig eingeschnittener äußerer Buch- oder Heftrand, der das Auffinden gesuchter Angaben erleichtert (sogenanntes Daumenregister)
3. Orgelpfeifengruppe gleicher Klangart

registrieren (lat.)
1. (in ein Verzeichnis aufnehmen) eintragen; erfassen
2. (selbsttätig feststellen) aufzeichnen
3. (zur Kenntnis nehmen) wahrnehmen; bemerken

regulär (lat.)
(der Regel, der Ordnung entsprechend) ordnungsgemäß; üblich. Gegensatz: irregulär

regulieren (lat.)
(etwas in eine bestimmte Ordnung bringen, für den gleichmäßigen Verlauf sorgen) regeln; ausgleichen; einstellen

re|klamieren (lat.)
Mängel beanstanden; einen Anspruch geltend machen; zurückfordern

Rekord, der (engl.)
1. Höchstmaß; Höchststand; Höchstleistung; Spitzenleistung
2. Bestleistung in einer Sportart

Relation, die (lat.)
Beziehung, Verhältnis (von Dingen zueinander)

relativ (lat.)
1. (nur in bestimmten Grenzen zutreffend, von Bedingungen abhängig) bedingt. Gegensatz → absolut
2. (je nach dem Standpunkt) verschieden
3. verhältnismäßig; vergleichsweise

Relief [reljef], das (franz.)
1. Form der Bildhauerkunst, bei der die Figuren aus einer Fläche herausgearbeitet sind, so daß sie daraus hervortreten
2. die aus Erhebungen und Vertiefungen bestehende Oberflächenform der Erde

Religion, die (lat.)
Anschauung von der Welt, die nicht auf wissenschaftlicher Erkenntnis, sondern auf dem Glauben an ein überirdisches Wesen (z. B. einen Gott) beruht

Renaissance [renäßäß], die (franz. „Wiedergeburt")
1. Wiederaufleben; Erneuerung
2. Als Renaissance bezeichnet man jene Blütezeit von Wissenschaft und Kunst, die in Italien etwa um 1420 begann und sich während des 15./16. Jahrhunderts in den fortgeschrittenen Ländern Europas fortsetzte. — In den oberitalienischen Stadtstaaten (vor allem in Florenz, Genua, Mailand und Venedig) hatte die handwerkliche Produktion einen hohen Stand erreicht, zahlreiche Manufakturen waren entstanden, das Bankwesen hatte sich stark entwickelt, und man unterhielt Handelsbeziehungen mit vielen Ländern Europas und des Orients. — Mit diesen Anfängen des → Kapitalismus entwickelte sich der → Humanismus, die Weltanschauung des aufstrebenden jungen Bürgertums, das sich von den Fesseln des → Feudalismus befreien mußte. — Das erstarrte mittelalterlich-feudale Weltbild mit seiner dem Jenseits zugewandten Lebensauffassung hatte die Entwicklung der Gesellschaft, der Wissenschaft und Kunst gehemmt. An seine Stelle trat nun ein neues, auf das Diesseits — die Wirklichkeit — gerichtetes und von der Wiederentdeckung der → Antike geprägtes Weltbild. Es stellte den Menschen in den Mittelpunkt, vermittelte ihm ein zukunftsfrohes Lebensgefühl und wies ihn auf die Ausbildung aller seiner Kräfte und Möglichkeiten hin. — Die frühkapitalistische Entwicklung und die damit verbundene neue Sicht der Welt brachten die Renaissance hervor, die „Wiedergeburt" des sich ungehindert entwickelnden, vollkommenen Menschen und einen einzigartigen Aufschwung von Wissenschaft und Kunst.
Friedrich Engels bezeichnete die Renaissance als die größte fortschrittliche Umwälzung, „die die Menschheit bis dahin erlebt hatte, eine Zeit, die Riesen brauchte und Riesen zeugte, Riesen an Denkkraft, Leidenschaft und Charakter, an Vielseitigkeit und Gelehrsamkeit. Die Männer, die die moderne Herrschaft der Bourgeoisie begründeten, waren alles, nur nicht bürgerlich beschränkt." — Zum größten unter den Riesen der Renaissance wurde Leonardo da Vinci (1452 bis 1519), der italienische Maler, Bildhauer, Baumeister, Schriftsteller, Mathematiker, Naturwissenschaftler, Techniker und Erfinder. — Die Bedürfnisse der frühkapitalistischen Produktion führten zu grundlegenden Entdeckungen und Erfindungen und damit zur Weiterentwicklung der Naturwissenschaften und Technik. Die Reisen von Kolumbus, Vasco da Gama und Fernão de Magalhães dienten der Suche nach neuen Seewegen für den aufblühenden Handel, bewiesen aber auch die Kugelgestalt der Erde und erweiterten die Kenntnisse über fremde Länder. Nikolaus Koper-

nikus (1473 bis 1543) bewies, daß nicht die Erde von den Himmelskörpern (Planeten) umkreist wird, sondern daß die Sonne den Mittelpunkt bildet. Durch Johann Gutenbergs (um 1400 bis 1468) Erfindung des Buchdrucks mit beweglichen Lettern (Druckbuchstaben) konnte die Wissenschaft und Literatur nun überall Verbreitung finden. Dies sind nur wenige Beispiele für die Fülle von Entdeckungen und Erfindungen, die während der Renaissance gemacht wurden.
Die Kunst der Renaissance ist Ausdruck der frühbürgerlichen Weltanschauung und des neuen, ganz dem Diesseits zugewandten Lebensgefühls. In den Mittelpunkt der Kunst tritt die wirkliche Welt, und der Mensch wird als freier, tatkräftiger und stolzer Bürger dargestellt. — In der Baukunst arbeiten große Baumeister wie Filippo Brunelleschi [..ellęski] und Donato Bramante nach dem Vorbild der Antike, des griechisch-römischen Altertums. Die gotischen Spitzbogen werden von Rundbogen oder waagerechten Fenster- und Torabdachungen abgelöst, an die Stelle der gotischen Kreuzgewölbe und Pfeiler treten Kuppeln und Säulen. Die Bauwerke zeigen einen symmetrischen (spiegelbildlichen) Aufbau mit Betonung der waagerechten Linien. — In der Bildhauerkunst wird die Schönheit und Kraft des Menschen gestaltet. Bildhauer wie Michelangelo [mikelạnschelo] wagen es, den menschlichen Körper wieder unverhüllt darzustellen. — Auch die Malerei findet zu freieren Formen. Neben religiösen Bildern, deren Inhalte aber jetzt dem wirklichen Leben entnommen sind, entstehen vor allem Porträts und Landschaften. Das Tafelbild wird von der perspektivischen Darstellung abgelöst. — Große bildende Künstler der Renaissance in Italien waren Leonardo da Vinci, Michelangelo, Raffael und Tizian; in Deutschland Albrecht Dürer, Lucas Cranach der Ältere, Hans Holbein der Jüngere und Tilman Riemenschneider.

renovieren (lat.)
instand setzen; erneuern; wiederherstellen

rentabel (franz.)
lohnend, ertragreich, gewinnbringend

reparieren (lat.)
wieder instand setzen, einen Schaden beheben

Repräsentant, der (franz.)
Persönlichkeit, die einen Staat, eine Organisation usw. in der Öffentlichkeit vertritt

Reptilien [..i-en], die (Plur.) (lat.)
Die Reptilien oder Kriechtiere sind wechselwarme Wirbeltiere. Zu ihnen gehören die Echsen, Schlangen, Krokodile und Schildkröten.

Repu|blik, die (lat. res publica „öffentliche Sache, Staat")
Die Republik ist eine Staatsform, bei der im Gegensatz zur → Monarchie keine Einzelperson (Kaiser, König usw.), sondern die gewählte Volksvertretung die höchste Staatsgewalt ausübt.

Reserve, die (franz.)
1. Vorrat, Rücklage
2. Gesamtheit aller Wehrpflichtigen (Reservisten)

reservieren (lat.)
zurücklegen, aufbewahren; vormerken; unbesetzt halten

Reservoir [..woar], das (franz.)
1. Vorrat
2. Vorratsbehälter; Speicher; Sammelbecken

Residenz, die (lat. residere „Rast machen")
1. früher Bezeichnung für den Wohn- oder Regierungssitz des Landesfürsten
2. heute Wohnsitz eines (führenden) ausländischen Staatsmannes oder Politikers während eines Staatsbesuchs

resignieren (lat.)
sich mit etwas abfinden; verzweifeln; mutlos sein

Resolution, die (franz.)
(schriftlich niedergelegte) Entschließung; Beschluß

Re|spekt, der (lat.)
Ehrerbietung; Ehrfurcht; Achtung (vor jemandem)

restaurieren (lat.)
(den ursprünglichen Zustand eines beschädigten bzw. vom Zerfall bedrohten Kunst- oder Bauwerks) wiederherstellen

Resultat, das (franz.)
Ergebnis; Folge; Endsumme

Revier, das (franz.)
Gebiet; Bereich (z. B. Jagdrevier)

Revolte, die (franz.)
(bewaffnete) Auflehnung gegen gesellschaftliche Zustände; Aufruhr; Aufstand

Revolution, die (franz.)
In der *sozialen Revolution* wird eine alte, überlebte Gesellschaftsordnung gestürzt und eine neue, fortschrittliche Gesellschaftsordnung begründet. Die politische Macht (Staatsmacht) geht in der Revolution aus den Händen der herrschenden, den gesellschaftlichen Fortschritt hemmenden Klasse in die Hände einer fortschrittlichen (revolutionären) Klasse über. Damit vollzieht sich eine grundlegende Veränderung der Machtverhältnisse.
Karl Marx nannte die Revolutionen die „Lokomotiven der Geschichte". Sie sind in der antagonistischen Klassengesellschaft (Sklavenhaltergesellschaft, Feudalismus, Kapitalismus) eine gesetzmäßige Erscheinung und beruhen auf dem Widerspruch zwischen den sich weiter entwickelnden → Produktivkräften und den sich überlebenden → Produktionsverhältnissen.
Voraussetzung für die soziale Revolution ist eine *revolutionäre Situation*. Ihre wichtigsten Merkmale sind:
— Die herrschende Klasse kann mit den alten Mitteln nicht weiterregieren und ihre Herrschaft nicht unverändert fortsetzen.
— Die unterdrückten und ausgebeuteten Klassen können und wollen nicht mehr so weiterleben wie bisher.
Die *bürgerliche Revolution* ist eine gegen den → Feudalismus gerichtete Revolution. In ihr werden die feudalen Produktionsverhältnisse (durch Enteignung der Feudalklasse) endgültig beseitigt, und die Staatsmacht geht in die Hände der → Bourgeoisie über. Es entstehen bürgerliche Zentralstaaten. Die Produktivkräfte erhalten neue Entwicklungsmöglichkeiten.

Die *sozialistische (proletarische) Revolution* ist eine gegen den → Kapitalismus gerichtete Revolution. Sie führt zur → Diktatur des Proletariats, beseitigt die kapitalistischen Produktionsverhältnisse (durch Aufhebung des Privateigentums an den wichtigsten Produktionsmitteln) und schafft planmäßig sozialistische Produktionsverhältnisse. Damit vollzieht sich der Übergang zu einer Gesellschaft, in der erstmalig Unterdrückung und Ausbeutung beseitigt sind und sich die Produktivkräfte uneingeschränkt zum Wohle des Volkes entfalten können.

Rezept, das (lat.)
1. Anleitung; Regel; Mittel
2. Arzneimittelverordnung
3 Koch-, Brat- oder Backanleitung

rezi|proker Wert, der
durch Vertauschen von Zähler und Nenner erhaltener Kehrwert einer gebrochenen Zahl; von $\frac{a}{b}$ also $\frac{b}{a}$

Rezitativ, das (von lat. recitare „vortragen, vorlesen" → ital.)
Rezitativ heißt der meist von wenigen Stützakkorden begleitete Sprechgesang in Oper, Oratorium und Kantate. Das Rezitativ dient der Erläuterung und Weiterführung der Handlung und muß deshalb von den Zuhörern besonders deutlich zu verstehen sein.

rezitieren (lat.)
eine Dichtung künstlerisch vortragen

Rhizoide, die (Plur.) (griech.)
wurzelähnliche Ausstülpungen, die u. a. den Moosen zur Nahrungs- und Wasseraufnahme sowie als Haftkörper dienen

Rhizom, das (griech.)
unterirdische Sproßader (Wurzelstock)

Rhombus, der (griech.)
Jedes → Parallelogramm mit einem Paar benachbarter Seiten, die gleich lang sind, heißt Rhombus.

Rhyth|mus, der (griech. rhythmos „Zeitmaß")
1. gleichmäßige Wiederkehr ähnlicher oder gleicher Vorgänge; gleichmäßig gegliederte Bewegung
2. regelmäßiger Wechsel zwischen betonten und unbetonten Taktteilen bzw. zwischen Silben und Worten

riskant (franz.)
(mit der Gefahr des Verlustes verbunden) gefährlich, gewagt

robust (lat.)
stark, kräftig, widerstandsfähig; derb, grob

Rokoko, das (franz.)
Als Rokoko bezeichnet man eine Kunstrichtung, die übergangslos aus dem → Barock hervorging. Sie entstand etwa 1720 in Frankreich und breitete sich bis etwa 1770 in ganz Europa aus. Zu dieser Zeit herrschten die absolutistisch regierenden Kaiser, Könige und Fürsten noch mit beinahe uneingeschränkter Macht. Gleichzeitig machte sich aber bereits ein starkes Selbstvertrauen des Bürgertums bemerkbar. Das Bürgertum vollbrachte große Lei-

stungen in Kunst, Wissenschaft und Technik und fühlte sich dem Adel überlegen. In der Unzufriedenheit des Volkes war das Nahen der bürgerlichen Revolution schon spürbar.

Im Rokoko drückte sich die Lebensauffassung der zum Untergang verurteilten höfischen Adelsklasse aus, die ihre bevorrechtete Stellung noch einmal in vollen Zügen genießen wollte. Die Schloßbauten erfolgten nach den gleichen Gesichtspunkten wie im Barock, nur wurden die gliedernden und betonenden Schmuckformen an den Fassaden und in den Innenräumen abgeflachter, zierlicher, feiner. An die Stelle des fürstliche Macht ausdrückenden Prunks traten lockere, beschwingte, zierlich-verspielte Formen. Dies kam vor allem in den Innenräumen zum Ausdruck (gewölbte, in lichten Farben bemalte Decken, an den Wänden kostbare Tapeten und große Spiegel; zierliche Möbel, Kleinbildwerke aus Porzellan und gleißende Kronleuchter bildeten die Ausstattung). — Im Schmuckwerk des Rokoko zeigte sich eine alles beherrschende, jedoch vielfach abgewandelte muschelähnliche Form. (Die Franzosen nannten sie „rocaille"; das Wort „Rokoko" ist davon abgeleitet.) Diesem Grundmuster ordneten sich Nachbildungen von Schilfblättern, Zweigen und Blüten ein.

Berühmte Beispiele für die Baukunst des Rokoko in Deutschland sind der Zwinger in Dresden und das Schloß Sanssouci in Potsdam. Der Zwinger (von Matthäus Daniel Pöppelmann 1711 bis 1728 erbaut) diente der Hofgesellschaft König Augusts des Starken zu Lustbarkeiten. Georg Wenzeslaus von Knobelsdorff schuf 1745 bis 1747 den Sommersitz König Friedrichs II., dem dieser den Namen „Sanssouci" (franz. „ohne Sorge") gab. — Der berühmteste Maler des Rokoko ist Jean-Antoine Watteau (1684 bis 1721).

Romanik, die (lat.)
Als Romanik bezeichnet man die europäische Kunst des frühen Mittelalters (in Frankreich etwa von 1000 bis 1200, in Deutschland bis 1250). Grundlage der romanischen Kunst war der → Feudalismus. Er hatte in der christlichen Kirche eine machtvolle Stütze. Sie begründete den Herrschaftsanspruch der Feudalherren als die durch göttlichen Willen herrschende Weltordnung. — Die einzigen Stätten der Kultur und Bildung in dieser Zeit waren die Klöster und Klosterschulen (berühmt die in Fulda und St. Gallen). Sie bildeten aber lediglich Nachwuchs für die Geistlichkeit aus. Bauern, Handwerker und Händler erhielten keine Bildung — ja sogar viele Feudalherren konnten nicht schreiben und lesen. — Die herausragenden Bauwerke dieser Zeit waren Pfalzen (königliche Burgen), Kirchen und Klöster. Sie wurden aus Stein gebaut. — Der romanische Kirchenbau beruht auf einfachen geometrischen Formen (z. B. Quader, Würfel, Prisma, Zylinder, Kegel, Kugel). Der Kirchenraum erscheint allseitig von der Welt abgeschlossen. Die Portale (Türen) sind klein und unauffällig an die Seiten gesetzt. Ältere romanische Kirchen sind → Basiliken mit flachen Holzdecken. Seit etwa 1100 begann man die Kirchenschiffe nach oben mit steinernen Gewölben abzuschließen. Größere Kirchen haben nach Westen eine Turmgruppe. — Vorbild der Kirchenbauten dieser Zeit waren Bauten in Italien, die zum Teil aus der Zeit der Römer stammten (daher das Wort Romanik). — Schmuckwerke sind der als oberer Abschluß von Türen und Fenstern oder als Säulenabschluß dienende Rundbogen und das Würfelkapitell (später zum Kelchblockkapitell entwickelt). Im Innern der Kirchen befinden sich zwei Säulenreihen, die eine Reihung von Rundbögen (→ Ar-

Romanze, die (franz.)
1. der → Ballade verwandte, volksliedhafte Verserzählung, die vor allem von Heldentaten und Liebesabenteuern handelt
2. liedhaft-erzählendes, ausdrucksstarkes Gesangs- oder Instrumentalstück

Rondo, das (ital.)
Das Rondo war ursprünglich ein Rundgesang, bei dem in langer Folge → Strophe und Kehrreim abwechseln. Daraus ging das Rondo als Instrumentalstück mit ähnlichem Aufbau hervor. Das Hauptthema erklingt im Wechsel mit Nebenthemen unverändert oder in abgewandelter Form immer wieder. Seit dem 18. Jahrhundert ist das Rondo als Schlußsatz von Sonaten, Sinfonien und Instrumentalkonzerten beliebt.

Rotation, die (lat. rota „Rad, Kreisbewegung")
1. Drehbewegung, Umlauf eines Körpers um eine feste Achse, wobei jeder Punkt dieses Körpers eine Kreisbahn beschreibt
2. Rotation der Erde: von Westen nach Osten erfolgende Drehbewegung der Erde um die gedachte Erdachse. Eine Umdrehung dauert rund 24 Stunden.

Routine [ru..], die (franz.)
(durch lange Übung erworbene) Erfahrung, Fertigkeit, Gewandtheit

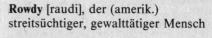

Rowdy [raudi], der (amerik.)
streitsüchtiger, gewalttätiger Mensch

Rudiment, das (lat.)
1. Überbleibsel; Rest
2. Körperteil oder Organ, das im Verlaufe der Stammesentwicklung verkümmert ist und keine Aufgabe mehr erfüllt (z. B. der Wurmfortsatz des Blinddarms beim Menschen)

Ruin, der (franz.)
Untergang; Zusammenbruch; Verfall

Ruine, die (lat.)
Rest eines zerstörten oder verfallenden Bauwerks

S

Safe [sehf], der (engl. safe „sicher")
gegen Diebstahl und Feuer gesicherter Behälter zur Aufbewahrung von Wertsachen

Saison [säsọ], die (franz.)
(bestimmter Zeitabschnitt im Jahreslauf)
1. Spielzeit der Theater
2. Haupturlaubszeit (Juli/August)
3. Hauptverkaufszeit für eine bestimmte Mode

Säkularisierung, die (lat.)
Als im Ergebnis der → Reformation protestantische Fürsten zu obersten Kirchenherren ihres Bereichs, der Landeskirchen, wurden, lösten sie die katholischen Stifte und Klöster auf und wandelten die Kirchenländereien in fürstlichen Besitz um. Dieser Vorgang, der zu einer Machterweiterung der Fürsten führte, wird Säkularisierung genannt.

Salut, der (lat.)
militärische Ehrenbezeigung, die durch Kanonen (Salut-)schüsse, aber

auch durch das Aufziehen von Flaggen erwiesen wird

Salve, die (franz.)
gleichzeitige Schußabgabe aus mehreren Geschützen oder Handfeuerwaffen

Sanatorium, das (lat. sanare „heilen") ärztlich geleitete Einrichtung zur Durchführung von Heilkuren; Genesungsheim; Kurheim

Sarabande, die (span./franz.)
Die Sarabande war ursprünglich ein ausgelassen-heiterer Volkstanz, der im 16. Jahrhundert von Mexiko nach Spanien gelangte. Sie wandelte sich um die Mitte des 17. Jahrhunderts in Frankreich zum gemessen-höfischen Schreittanz und fand schließlich Eingang in die → Suite (als dritter Satz). — Die Sarabande steht im langsamen ¾-Takt. Kennzeichnend ist die Betonung der zweiten Zählzeit.

Satellit, der (lat. satelles „Leibwächter, Gefolge")
1. natürlicher Himmelskörper, der sich gesetzmäßig um einen Zentralkörper bewegt (z. B. der Mond um die Erde)
2. Raumflugkörper, der einen Planeten (z. B. die Erde) oder die Sonne umkreist

Satire, die (lat.)
Satire ist eine der Zeitkritik dienende Kunst. Sie greift gesellschaftliche Mißstände sowie Schwächen der Menschen rücksichtslos an. Mit bissigem Spott und scharfem Witz übertreibt sie das Schlechte und Überholte, um es der Lächerlichkeit preiszugeben und damit überwinden zu helfen.

Saurier [..i-er], der (griech.)
Die Saurier waren bis etwa 25 m lange und 11 m hohe Kriechtiere der Erdmittelzeit (vor ungefähr 225 Millionen Jahren). Sie lebten als Pflanzenfresser oder als Raubtiere auf dem Land oder im Wasser. Manche konnten auch fliegen. Die Saurier starben aus, als ihre natürlichen Lebensbedingungen nicht mehr gegeben waren.

Savanne, die (indian. → span.)
Graslandschaft von unterschiedlichem Gehölzbestand in Tropengebieten mit wechselnder Regen- und Trockenzeit. Je nach der Dauer und Ergiebigkeit der Regenzeit bilden sich Feucht-, Trocken- oder Dornsavannen heraus.

Scha|blone, die (niederl.)
(ausgestanzte Vorlage zum beliebig häufigen Übertragen von Mustern, Schriftzeichen usw.) Übertragungsmuster

Schema, das (griech.)
(vereinfachte Darstellung zur Verdeutlichung eines Sachverhalts, die das Wesentliche erfaßt) vereinfachte Nachbildung; Muster; Übersicht; Entwurf. — Unter *Schematismus* versteht man ein formales, unselbständiges und unschöpferisches Denken und Handeln.

Scherzo [skerzo], das (deutsch „Scherz" → ital.)
lebhaftes, heiteres Instrumentalstück im ¾-Takt; es nimmt seit etwa 1800 auch die Stelle des Menuetts in der Sinfonie oder in der Sonate ein

Schikane, die (franz.)
böswillig bereitete Schwierigkeit; absichtlich zugefügter Schaden

Sedimentgestein, das (lat. setimentum „Bodensatz")
Sediment- oder Absatzgestein besteht aus verwitterten, abgelagerten und wieder verfestigten Gesteinsmassen. Nicht selten sind darin tierische und pflanzliche Reste (Fossilien) eingelagert.

Segment, das (lat.)
1. Körperabschnitt. Der Körper der zu den Wirbellosen gehörenden Gliedertiere ist in einzelne Abschnitte (Segmente) gegliedert. Bei den Ringelwürmern sind alle Körperabschnitte gleichartig gebaut. Bei den Gliederfüßern unterscheiden sich die einzelnen Körperabschnitte deutlich (bei den Insekten z. B. Kopf, Brust, Hinterleib).
2. Kreis- oder Kugelabschnitt

Seismograph, der (griech. seismos „Erschütterung")
Gerät zum Aufzeichnen von Erdbeben, Vulkanausbrüchen und unterirdischen Atomkernexplosionen. Es beruht auf der Erscheinung, daß sich federnd aufgehängte Massen (Pendel) bei geringsten Erschütterungen eigenständig bewegen. Durch ein Hebelsystem übertragen und vergrößert, werden diese kleinsten Auslenkungen gemessen und aufgezeichnet.

Sekante, die (lat.)
Jede Gerade, die mit einem gegebenen Kreis zwei Punkte gemeinsam hat, heißt Sekante dieses Kreises.

Sekret, das (lat.)
Ausscheidung, Absonderung (von Drüsen)

sekundär (lat.)
(in zweiter Linie in Betracht kommend) zweitrangig; untergeordnet; nebensächlich

Sensation, die (franz.)
unerwartetes, Aufsehen erregendes Ereignis; ungewöhnliches, verblüffendes Ergebnis; Riesenüberraschung

sensibel (lat.)
1. Sinnesreize aufnehmend, auslösend oder weiterleitend
2. gefühlvoll; empfindsam, feinfühlig; empfindlich

sentimental (franz./engl.)
1. empfindsam
2. (übertrieben) gefühlvoll, rührselig

separat (lat.)
losgetrennt; abgesondert; einzeln

Sequenz, die (lat.)
mehrfache Wiederholung einer Tonfolge auf einer benachbarten höheren oder tieferen Tonstufe

Serenade, die (ital. sera „Abend")
ursprünglich Gesangs- oder Instrumentalstück, das als Abendständchen oder Nachtmusik im Freien aufgeführt wurde. Seit dem 18. Jahrhundert ist die Serenade unterhaltendes Instrumentalwerk in fünf bis sieben Sätzen.

Serie [..i-e], die (lat. series „Reihe")
1. Aufeinanderfolge ähnlicher Geschehnisse
2. größere Anzahl gleichartiger Dinge (Erzeugnisse)

Serum, das (lat.)
der von festen Bestandteilen freie, nicht mehr gerinnende Teil von Blut, Lymphe und Milch. — *Blutserum* ist die von Blutkörperchen und anderen festen Bestandteilen freie, nicht mehr gerinnende, wässrige Blutflüssigkeit. Aus dem Blutserum von Tieren, meist Pferden, gewinnt man Heilserum

(Impfstoff) gegen ansteckende Krankheiten.

Signatur, die (lat.)
1. (abgekürzter) Namenszug, Zeichen eines bildenden Künstlers zur Kennzeichnung seiner Urheberschaft
2. (meist aus Buchstaben und Zahlen bestehende) Standortbezeichnung eines Buches, einer Zeitschrift usw. in einer → Bibliothek

Silhouętte [silu-ętte], die (nach dem französischen Finanzminister Silhouette, der sich so verhaßt machte, daß man alles ärmlich Aussehende „à la Silhouette" nannte)
1. äußere Grenzlinie eines Gegenstandes usw., die sich dunkel vom helleren Hintergrund (Horizont) abhebt; z. B. die Silhouette einer Stadt
2. Schattenbild oder Schattenriß des menschlichen Körpers oder Gesichts, das nur den Umriß der Gestalt oder Form zeigt. — Silhouetten waren von der zweiten Hälfte des 18. Jahrhunderts an bis weit in das 19. Jahrhundert hinein sehr beliebt, weil sie gegenüber einem gemalten Bildnis fast nichts kosteten.

Silo, das oder der (span.)
1. Ein Silo ist ein hoher, turm- oder kastenförmiger Großspeicher, in dem vor allem Getreide, aber auch Futtermittel, Zement, Kohle und Erz gelagert werden. Das von oben eingefüllte Schüttgut wird unten durch Klappen wieder entnommen.
2. In der Landwirtschaft werden Silos als grubenförmige Behälter zur Bereitung von Gärfutter (*Silage* [..asche]) verwendet. Das Gärfutter bildet sich aus dem nur leicht getrocknet eingefüllten Grünfutter durch Milchsäuregärung.

simpel (lat. simplus „einfach" → franz.)
1. sehr einfach; leicht verständlich
2. einfältig

simulieren (lat.)
1. (eine Krankheit) vortäuschen
2. (technische Vorgänge wirklichkeitsgetreu) nachahmen

simultan (lat.)
gleichzeitig; gemeinsam

Sinfonie, die (ital.) oder **Symphonie**, die (griech.)
Eine Sinfonie könnte man auch → Sonate für großes Orchester nennen. Im Aufbau der Sätze und deren Reihenfolge sind sich Sonate und Sinfonie ähnlich. — Die klassische Sinfonie besteht aus vier, selten aus drei Sätzen: Der erste Satz — in schnellem Tempo — hat die Form des → Sonatenhauptsatzes, der zweite Satz ist langsam, liedartig, der dritte Satz ein Menuett oder Scherzo, und der schnelle Schlußsatz ist oft ein Rondo.

Singular, der (lat.) → Deklination und → Konjugation

Situation, die (franz.)
(augenblickliche) Lage; Sachlage; Sachverhalt; Lebenslage; Zustand

Skala, die (lat. scalae „Treppe, Leiter")
stufenweise geordnete Folge; Reihe

Skale, die (ital.)
(bezifferte) Maßeinteilung an Meßgeräten

Skandal, der (griech.)
Empörung verursachendes Vorkommnis, Aufsehen erregendes Ärgernis

Skelett, das (griech.)
Das Skelett ist ein Stützsystem. Es dient der Festigung der Gestalt von Lebewesen. — Wirbellose haben kein Skelett (z. B. Ringelwürmer) oder ein Außenskelett (es besteht bei den Gliederfüßern aus → Chitin und bei den Weichtieren aus Kalkschalen). — Wirbeltiere (Lurche, Kriechtiere, Fische, Vögel, Säugetiere) haben ein Innenskelett aus Knochen oder Knorpel. Dieses Knochenskelett umfaßt unterschiedlich geformte Knochen, die teils fest, teils beweglich miteinander verbunden sind. Es gliedert sich in Schädel, Wirbelsäule mit Brustkorb, Gliedmaßenskelett mit Schulter- und Beckengürtel, Arm- und Beinknochen). Das Skelett des Menschen besteht aus 245 Knochen (einschließlich der Zähne).

skeptisch (griech.)
zweifelnd; mißtrauisch; abwägend; prüfend

Skizze, die (ital.)
(erster) Entwurf; (flüchtig entworfene) Rohzeichnung

Sklave, der (griech. eigentlich „kriegsgefangener Slawe")
Schon während der frühen Klassengesellschaft in Mesopotamien (seit etwa 3000 v. u. Z.) gab es Sklaven. Sie waren als besitzlose, rechtlose, unfreie Menschen Eigentum eines anderen (Sklavenhalters), für den sie arbeiten mußten, von dem sie gekauft, verkauft oder sogar getötet werden konnten. Von etwa 600 bis 300 v. u. Z. im alten Griechenland und von etwa 300 v. u. Z. bis 500 u. Z. im Römischen Reich herrschte dann die auf Sklaverei beruhende *Sklavenhaltergesellschaft*. Kriegsgefangene behielt man als Sklaven oder verkaufte sie. Später wurden auch die um ihren Besitz gebrachten, ursprünglich freien Bürger zu Sklaven gemacht. Die Kinder der Sklaven waren wieder Sklaven. — Die furchtbare Ausbeutung, die Rechtlosigkeit und die unerträglichen Lebensbedingungen der Sklaven führten zu Klassenkämpfen, großen *Sklavenaufständen* (z. B. Spartacusaufstand, 74 bis 71 v. u. Z.).
Der Sklavenhandel blühte nach der Entdeckung Amerikas (1492) und der Besetzung Westafrikas durch Portugal und Spanien erneut stark auf. Ganze Reiche in Westafrika wurden entvölkert, um Negersklaven als billige Arbeitskräfte in die → Kolonien zu bringen. Im 18. Jahrhundert war England Hauptlieferant der Handelsware Mensch. Allein während der Blütezeit des Sklavenhandels (1680 bis 1870) sind über 10 Millionen Afrikaner als „schwarze Fracht" nach Amerika, in die „Neue Welt", verschleppt worden. — In Europa gab es bis ins 19. Jahrhundert hinein eine besondere Form der Sklaverei, die Leibeigenschaft. Die Bauern mußten ihren Grundherren hohe Steuern zahlen und Dienste leisten. Die Grundherren konnten die Bauern mit Frau und Kind, Haus und Hof verkaufen. — Heute ist die Sklave-

rei verboten und gilt als Verbrechen gegen die Menschlichkeit.

Skulpt_ur, die (lat.) → Plastik

Solo, das (ital. „allein")
1. Gesang, Spiel, Tanz eines einzelnen Künstlers (Solisten)
2. Musikstück für ein Instrument oder eine Gesangsstimme mit oder ohne Begleitung

Son_ate, die (lat. sonare „klingen")
Die Sonate in ihrer hauptsächlichen Gestalt entstand in der zweiten Hälfte des 18. Jahrhunderts. Sie ist ein Instrumentalstück, entweder für ein Instrument allein (meist Klavier) oder für ein Melodieinstrument (Violine, Violoncello u. a.) und Klavier.
Die Sonate besteht entweder aus drei Sätzen (schnell, langsam, schnell), oder sie ist durch die Aufnahme eines → Menuetts oder → Scherzos viersätzig. Man kann folgenden Aufbau unterscheiden:
Der schnelle erste Satz ist meist der → Sonatenhauptsatz. Der langsame zweite Satz hat meist Liedform.
Der tänzerische dritte Satz wird von einem Menuett oder Scherzo gebildet. Der schnelle vierte (Schluß-) Satz ist oft ein → Rondo. — Eine kleine, leichtspielbare Sonate ohne ausgedehnte Durchführung heißt *Sonatine*.

Sonatenhauptsatz, der
Mindestens ein Satz der → Sonate (ebenso bei Sinfonie, Solokonzert, Streichquartett) — es ist im allgemeinen der erste — hat die Form des Sonatenhauptsatzes. Er ist meist wie folgt aufgebaut: Der erste Teil (die Exposition) stellt zwei gegensätzliche Themen vor, die in verschiedenen Tonarten stehen. Im zweiten Teil (der Durchführung) werden diese Themen melodisch oder rhythmisch verändert, in andere Tonarten versetzt, miteinander verbunden oder noch schärfer als im ersten Teil gegeneinandergestellt. Dies führt zu einem Höhepunkt, der in den dritten Teil (die Reprise) mündet. In freier Wiederholung werden nun die beiden Grundthemen wiederaufgenommen, jetzt aber in einheitlicher Tonart.

Sopr_an, der (ital.)
hohe Frauen- oder Knabenstimmlage

Sortim_ent, das (ital.)
1. Warenangebot (dessen Umfang und Zusammensetzung)
2. Buchhandlung

Souven_ir [su..], das (franz.)
(von einer Reise mitgebrachter Erinnerungsgegenstand) kleines Geschenk; Andenken

Souveränit_ät [suwe..], die (franz.)
1. (das Recht eines Staates, frei und unabhängig über seine inneren und äußeren Angelegenheiten zu entscheiden) Unabhängigkeit eines Staates; Selbstbestimmungsrecht
2. Überlegenheit, Sicherheit

So|wjet, der (russ.)
Sowjets heißen die örtlichen und die obersten Volksvertretungen (Organe der Staatsmacht) in der Sowjetunion, die aus den vom Volke gewählten Deputierten (Abgeordneten) bestehen.

sozial (lat. socialis „gesellschaftlich"
→ franz.)
1. das Zusammenleben der Menschen in der Gesellschaft, ihre gesellschaftlichen Beziehungen untereinander betreffend; auf das Wohlergehen der Mitglieder der Gesellschaft gerichtet
2. in einer Gemeinschaft, gesellig lebend

Spartakiade, die (russ. nach dem römischen Gladiator und Sklavenführer Spartacus)
in sozialistischen Ländern veranstaltetes großes Sportfest mit Wettkämpfen in vielen Sportarten

Spek|trum, das (lat.)
1. Vielfalt
2. Ein Spektrum (die Gesamtheit der Lichtfarben) entsteht, wenn weißes Licht in die *Spektralfarben* Rot, Orange, Gelb, Grün, Blau und Violett zerlegt wird. Diese Erscheinung beruht darauf, daß jede dieser Farben eine bestimmte Wellenlänge hat (zwischen 0,0000004 und 0,0000008 mm). Beim Durchgang durch einen schmalen Spalt oder ein Glasprisma wird das weiße Licht gebrochen, d. h. in seine einzelnen Wellenlängen zerlegt, die für das menschliche Auge als Farben sichtbar sind. Jedes → chemische Element hat sein eigenes Spektrum, an dem sich seine Zusammensetzung mit Hilfe der *Spektralanalyse* erkennen läßt.

Spekulation, die (lat.)
1. über das Wissen hinausgehendes (meist wirklichkeitsfremdes) Denken
2. waghalsiges Geschäft, z. B. an der Börse (zentraler kapitalistischer Markt für Wertpapiere und Waren)

spezial- (lat. specialis „von besonderer Art")
Vorsilbe mit der Bedeutung: Sonder-, Einzel-

speziell (franz.)
1. (von eigener Art) einzeln. Gegensatz → generell
2. besonders; hauptsächlich

spezifisch (lat.)
(sich aus der Eigenart einer Sache ergebend, für sie kennzeichnend) arteigen

Sphäre, die (griech.)
Bereich; Wirkungskreis

Spionage [..nasche], die (franz.)
Spionage nennt man das Auskundschaften von Staatsgeheimnissen und deren Verrat an fremde Regierungen bzw. deren Geheimdienste.

Spirale, die (griech. speira „Windung" → lat.)
1. Spirale heißt eine gekrümmte Linie, die von einem Punkt ausgeht und diesen in immer größer werdenden Windungen umläuft (ein Beispiel dafür ist die Rille einer Schallplatte).
2. Spirale nennt man auch einen spiralförmigen Gegenstand (z. B. Spiralfeder, Uhrfeder).

spontan (lat.)
(ohne langes Überlegen erfolgend; ohne fremde Einwirkung entstehend) plötzlich; aus innerem Antrieb; von selbst

sporadisch (franz.)
vereinzelt (auftretend); hin und wieder

Sporen, die (Plur.) (griech.)
1. Sporen sind Fortpflanzungszellen, die ungeschlechtlich durch Abschnürung entstehen. Sie werden von Sporenpflanzen in sehr großer Anzahl gebildet und durch den Wind oder von Tieren verbreitet. Unter günstigen Umständen keimen sie und entwickeln sich zu neuen Pflanzen. — *Sporenpflanzen* sind blütenlose Pflanzen, die Sporen bilden und sich nicht durch Samen vermehren, wie z. B. Algen, Pilze, Moose, Farne, Schachtelhalme und Bärlappgewächse.
2. *Dauersporen* (sie sind keine Fortpflanzungszellen) werden von vielen Bakterien (Bazillen) bei ungünstigen Lebensbedingungen gebildet.

Spray [spreh], der oder das (engl.)
Flüssigkeitsnebel, der aus einem unter hohem Druck stehenden Behälter versprüht wird

Sprint, der (engl.)
1. Kurzstreckenlauf (bis 400 m)
2. (bei sportlichen Wettkämpfen) beträchtliche Steigerung der Geschwindigkeit zwischendurch oder kurz vor dem Ziel

Staat, der (lat.)
Der Staat ist das politische Machtinstrument der ökonomisch herrschenden Klasse einer Gesellschaftsordnung, das zur Durchsetzung und Aufrechterhaltung ihrer Herrschaft und zur Unterdrückung ihrer Klassengegner dient.
Der *Ausbeuterstaat* entstand mit dem Privateigentum an Produktionsmitteln und der Herausbildung von Klassen. Er hat vor allem folgende Aufgaben:
— den Schutz und die Mehrung des Privateigentums an den Produktionsmitteln
— die Unterdrückung der ausgebeuteten Mehrheit des Volkes
— die Ausdehnung des Machtbereichs der herrschenden Klasse des jeweiligen Staates durch Unterjochung fremder Länder
— den Schutz vor Angriffen anderer Ausbeuterstaaten.
Der *sozialistische Staat* unterscheidet sich grundlegend von allen Ausbeuterstaaten. Er entsteht mit der Errichtung der → Diktatur des Proletariats. Er verkörpert die politische Macht der von der Arbeiterklasse geführten Werktätigen und ist ihr Hauptinstrument beim Aufbau des Sozialismus. — Der sozialistische Staat ist auf neue Art demokratisch, d. h., erstmalig in der Geschichte der Menschheit herrscht die Mehrheit über die gestürzte Minderheit und setzt die Rechte des Volkes durch. Der sozialistische Staat ist auf neue Art diktatorisch, d. h., seine Macht verhindert die Wiedererrichtung der Ausbeuterordnung. — Die Aufgaben des sozialistischen Staates sind:
— Schutz und Entwicklung der sozialistischen Gesellschaft
— brüderliche Zusammenarbeit mit den sozialistischen Ländern
— Kampf für die Sicherung des Friedens, Durchsetzung der friedlichen → Koexistenz gegenüber Ländern mit anderer gesellschaftlicher Ordnung
— Hilfe für die um ihre Befreiung kämpfenden Völker.

stabil (lat.)
1. haltbar; standfest; widerstandsfähig
2. beständig, dauerhaft. Gegensatz → labil

Stadion, das (griech. nach dem gleichnamigen Längenmaß, das der Laufstrecke bei den Spielen in Olympia entsprach; 600 Fuß ≙ 192 m)
Stadion hieß schon im Altertum die Bahn für sportliche Wettkämpfe. Sie war schon damals von stufenförmig ansteigenden Sitzreihen für Zehntausende Zuschauer umgeben. Ursprünglich hatte sie die Form eines langgestreckten Rechtecks und schloß später an den Schmalseiten halbkreisförmig ab. Diese Form hat sich bis in unsere Zeit unverändert erhalten. In der Mitte des Stadions befindet sich heute jedoch ein von der Laufbahn umschlossenes Fußballfeld.

Stadium, das (lat.)
Abschnitt; Entwicklungsstufe; Zustand

sta|gnieren (lat.)
sich nicht weiter entwickeln; stocken, stillstehen

Standard, der (engl.)
1. verbindliche Vorschrift für die Herstellung von Waren mit einheitlichem Gütegrad
2. Bestlösung

stationär (lat.)
1. an einem Ort verbleibend
2. den Aufenthalt in einem Krankenhaus betreffend

statisch (griech.)
beharrend; ruhend; zeitlich unveränderlich. Gegensatz: dynamisch

Statistik, die (lat.)
1. Wissenschaft, welche die zahlenmäßige Häufigkeit bestimmter Erscheinungen in Natur und Gesellschaft erfaßt und deren Gesetzmäßigkeiten untersucht
2. Zusammenstellung der Ergebnisse dieser Untersuchungen

Statue [..u-e], die (lat.)
→ Plastik

Statur, die (lat.)
(äußere Erscheinung des Menschen) Gestalt

Statut, das (lat.)
Ordnung, Festlegung von Regeln für die Tätigkeit einer Partei, Massenorganisation oder eines Verbandes; Satzung

Steno|grafie, die (griech.)
Die Stenografie oder Kurzschrift gibt die einzelnen Buchstaben und Buchstabengruppen durch verkürzte Schriftzeichen wieder. Dadurch ist es möglich, die Schreibgeschwindigkeit erheblich zu beschleunigen.

stereo- (griech.)
Vorsilbe mit der Bedeutung: körperlich, räumlich

steril (lat.)
1. (frei von lebenden Kleinstlebewesen, besonders von Krankheitserregern) keimfrei
2. unfruchtbar

Stil, der (lat.)
1. Art und Weise
2. Art des Sprachgebrauchs und Schreibens; Ausdrucksweise; Darstellungsweise
3. Einheit der Ausdrucksformen eines bestimmten Kunstwerkes, eines bestimmten Künstlers, einer bestimmten Kunstrichtung

Story, die (engl.)
Kurzgeschichte

Strapaze, die (ital.)
(sehr große, besonders körperliche) Anstrengung; Belastung

Strategie, die (griech.)
1. Art des Vorgehens, Verfahrensweise
2. Verteidigungs- bzw. Kriegsplan
3. Hauptlinie für die Führung des Klassenkampfes während eines gesellschaftlichen Entwicklungsabschnitts. Vergleiche → Taktik

Streik, der (engl.)
Ausstand; Form des Klassenkampfes im → Kapitalismus gegen Ausbeutung und Unterdrückung, bei der die Werktätigen eines Betriebes, Wirtschaftszweiges usw. gemeinsam die Arbeit niederlegen, um ihre Forderungen durchzusetzen

Strophe, die (griech.)
Als Strophe bezeichnet man die ein Gedicht oder Lied gliedernde Einheit mehrerer (mindestens zweier) → Verse, die sich meist in gleicher Form mehrmals wiederholt.

Struktur, die (lat.)
(innerer) Aufbau; (innere) Gliederung; Gefüge; Bau, Beschaffenheit

Studio, das (ital.)
1. Künstlerwerkstatt
2. Raum für Film-, Rundfunk- und Fernsehaufnahmen
3. Versuchsbühne

Studium, das (lat.)
1. wissenschaftliches Lernen
2. mit einer Abschlußprüfung verbundene Ausbildung an Universitäten, Hoch- und Fachschulen
3. Forschungsarbeit
4. genaue Untersuchung von Sachverhalten

sub- (lat.)
Vorsilbe mit der Bedeutung: unter; angrenzend

Subbotnik, der (russ.)
Subbotnik wird ein freiwilliger, unbezahlter Arbeitseinsatz in der Freizeit genannt, der zur Erfüllung wichtiger gesellschaftlicher Aufgaben dient. Den ersten Subbotnik führten sowjetische Werktätige am 10. 5. 1919, einem Sonnabend (russ. subbota), durch; er war Ausdruck der neuen, kommunistischen Einstellung zur Arbeit.

Subdominante, die (lat.) oder **Unterdominante**, die
Bezeichnung für den sich auf dem 4. Ton einer Tonart aufbauenden Dreiklang innerhalb der → Kadenz

Subjekt, das (lat.)
Das Subjekt (der Satzgegenstand) nennt die Person oder Sache, von der im Satz etwas ausgesagt wird. Das Subjekt steht im Nominativ und antwortet auf die Frage „wer oder was?" (Die Sonne scheint.). Die Beziehung zwischen Subjekt und → Prädikat bildet die Grundform des Satzes. Dabei stimmt das Subjekt in Person und Zahl mit dem Prädikat überein (Der Zug hält an. Die Leute steigen aus.). Das Subjekt kann sein:

— Substantiv (Der Tag beginnt.)
— Pronomen (Er beginnt.)
— Infinitiv mit zu oder Infinitivgruppe (Fleißig zu lernen ist die Pflicht eines jeden Schülers.)
— Gliedsatz, Subjektsatz (Daß wir das Fußballspiel gewonnen haben, freut uns.).
Vergleiche → Deklination

subjektiv (lat.)
(vom eigenen Ich aus gesehen) persönlich; einseitig; bedingt zutreffend; unsachlich. Gegensatz → objektiv

Sub|stantiv, das (lat.)
Mehr als die Hälfte des Wortbestandes der deutschen Sprache sind Substantive (Hauptwörter, Dingwörter). Sie bezeichnen Lebewesen und Dinge, die gegenständlich (konkret) sind, aber auch unanschauliche (abstrakte) Begriffe. Zu den Konkreta gehören Eigennamen (Berlin), Gattungsbezeichnungen (Mensch, Stadt), Sammelbezeichnungen (Herde), Stoffbezeichnungen (Holz, Wasser); zu den Abstrakta (Begriffsbezeichnungen) zählen beispielsweise Eigenschaften (Schönheit), Zustände (Ruhe), Vorgänge (Leben), Beziehungen (Freundschaft).
Im Satz ist das Substantiv meist
— Subjekt oder Objekt (Der Regen überschwemmt die Felder.),
— Adverbialbestimmung im Genitiv oder Akkusativ (Eines Nachts klopfte es an unsere Tür. Sie blieben den ganzen Tag.),
— Attribut zum Substantiv (auf den Straßen des Friedens).
Jedes Substantiv hat ein grammatisches Geschlecht (Genus): Maskulinum, Femininum, Neutrum. Substantive, die Lebewesen bezeichnen, haben sowohl ein grammatisches als auch ein natürliches Geschlecht. Beide stimmen nicht immer überein. Das Genus des Substantivs wird durch den Artikel und die Endung bestimmt. — Entsprechend seiner Aufgabe im Satz steht das Substantiv in einem bestimmten Fall oder Kasus (Nominativ, Genitiv, Dativ, Akkusativ) und in einer bestimmten Zahl oder Numerus (Singular, Plural). Das Substantiv kann stark, schwach oder gemischt dekliniert werden.
Substantive werden groß geschrieben. Wörter aller Wortarten können substantiviert werden (das Lachen, das Gute, das Für und Wider, das A und O).

Substanz, die (lat.)
1. (ein bestimmter, gegenständlicher) Stoff
2. das Vorhandene; das Bleibende
3. das Wesentliche; der Gedankengehalt; der inhaltliche Kern

Subtrahend, der (lat.) → Subtraktion

Subtraktion, die (lat.)
Die Subtraktion, eine Grundrechenart, ist die Umkehrung der → Addition, d. h., zur gegebenen Summe und zu einem gegebenen Summanden ist der andere Summand zu finden.

$$a - b = x$$
Minuend Subtrahend Differenz
$$\underbrace{\qquad\qquad\qquad}_{\text{Differenz}}$$

Subtropen, die (Plur.) (lat. + griech.)
Subtropen nennt man die Gebiete zwischen den Tropen und den gemäßigten Breiten (etwa zwischen dem 25. und 35. Grad nördlicher und südlicher Breite).
In den Subtropen sind die Sommer heiß und regenarm. Dennoch ist meist ein üppiger Pflanzenwuchs anzutreffen, vor allem Hartlaubgewächse, deren Blätter häufig einen Wachsüberzug oder starke Behaarung als Verdunstungsschutz haben.

Suite [swiet], die (franz. „Folge")
Die Suite ist ein Instrumentalwerk, das aus einer Folge lose miteinander verbundener, aber in sich geschlossener, langsamer oder schneller tänzerischer Musikstücke meist gleicher Tonart besteht. Im 17. Jahrhundert bildete sich die Folge Allemande — Courante — Sarabande — Gigue heraus, die dann durch andere Tänze, wie Gavotte oder Menuett, erweitert wurde. Später stellte man auch Ballett- und Opernmusiken zu Suiten zusammen (z. B. die „Nußknackersuite" von Pjotr Tschaikowski).

Summand, der (lat.) → Addition

Summe, die (lat.) → Addition

Superlativ, der (lat.) → Adjektiv

sym-, syn- (griech.)
Vorsilbe mit der Bedeutung: zusammen mit, gemeinsam

Symbiose, die (griech.)
Als Symbiose bezeichnet man das andauernde oder zeitweilige Zusammenleben von Lebewesen verschiedener Arten, das zum gegenseitigen Nutzen und in gegenseitiger Abhängigkeit erfolgt. Symbiosen können auftreten zwischen verschiedenartigen Tieren, zwischen verschiedenartigen Pflanzen und zwischen Pflanzen und Tieren. Ein Beispiel ist die Symbiose zwischen Seeanemone (Polyp) und Einsiedlerkrebs. Der Einsiedlerkrebs hat einen ungeschützten Hinterleib. Er verbirgt ihn deshalb in einem Schneckengehäuse und pflanzt eine Seeanemone darauf. Die Seeanemone wiederum könnte ihren Platz von sich aus nicht wechseln. Da sie der Einsiedlerkrebs mitnimmt, erhält sie mehr Nahrung, und der Einsiedlerkrebs wird von den Nesselkapseln der Seeanemone geschützt.

Symbol, das (griech.)
1. Sinnbild; Wahrzeichen
2. Darstellung, die über ihre eigentliche Bedeutung hinaus größere Zusammenhänge sichtbar macht (z. B. Hammer und Sichel, Friedenstaube, Rotes Kreuz)
3. mathematisches oder naturwissenschaftliches Zeichen (z. B. H_2O für Wasser)

Symme|trie, die (griech.)
Gleichmaß; Ebenmaß, Spiegelbildlichkeit. — Ein Gegenstand ist symmetrisch, wenn seine beiden Hälften vollkommen gleich sind (wie z. B. beim menschlichen Skelett).

Sympathie, die (griech.)
Zuneigung. Gegensatz → Antipathie

Sym|ptom, das (griech.)
Kennzeichen, Merkmal; Anzeichen, Vorbote; Begleiterscheinung

Syn|agoge, die (griech.)
Versammlungshaus der jüdischen Religionsgemeinschaft

syn|chron [sünkron] (griech.)
(genau aufeinander abgestimmt ablaufend) gleichzeitig; gleichlaufend; übereinstimmend

Synthese, die (griech.)
1. Die Synthese ist ein Verfahren zur

Untersuchung und Erkenntnis der Wirklichkeit — durch gedankliche Zusammenfügung einzelner, verschiedenartiger Teile zu einem einheitlichen Ganzen. Die Synthese ist mit der → Analyse verbunden.
2. Aufbau einer → chemischen Verbindung
3. Verfahren zur künstlichen Gewinnung in der Natur vorkommender und neuer chemischer Verbindungen

synthetisch, (griech.)
zusammengesetzt; künstlich hergestellt

System, das (griech.)
1. in sich geschlossenes, einheitlich gegliedertes und geordnetes Ganzes, dessen Teile zueinander in Beziehung stehen
2. Gesamtheit zusammengehöriger Anschauungen; Lehre
3. nach einheitlichen Gesichtspunkten hergestellte sinnvolle Ordnung
4. Einteilung der lebenden und ausgestorbenen Organismen nach den sich aus der Stammesentwicklung ergebenden verwandtschaftlichen Beziehungen (Stamm, Klasse, Ordnung, Familie, Gattung, Art)

systematisch (griech.)
planmäßig; folgerichtig geordnet; in sich geschlossen

Szene, die (griech. → franz.)
1. kleinster Handlungsabschnitt eines Bühnenwerkes, Films oder Hörspiels
2. für den Zuschauer sichtbare Spielfläche einer Bühne; Schauplatz der Handlung
3. heftiger Wortwechsel

T

Tabelle, die (lat.)
(leicht überschaubare) Zusammenstellung von Zahlen, Begriffen usw.; Zahlentafel; Übersicht

tabu (polyn.)
verboten; unantastbar

Tachometer, das (griech.)
Das Tachometer ist ein Gerät zum Messen der Umdrehungszahl von Wellen (Rädern, Getrieben) und zeigt die Geschwindigkeit von Fahrzeugen an.

Taifun, der (chin. tai fung „großer Wind")
Taifun nennt man den in tropischen Gebieten des Stillen Ozeans entstehenden und wandernden Wirbelsturm, der besonders im Spätsommer und Herbst die chinesischen und japanischen Küstengebiete heimsucht. Er verursacht mit seiner hohen Windgeschwindigkeit (bis 250 km/h) und großen Niederschlagsmengen verheerende Schäden.

Taiga, die (russ.)
Taiga heißt der (zum größten Teil in Sibirien gelegene) Nadelwaldgürtel der Sowjetunion, der sich im Süden an die → Tundra anschließt. Es ist das größte zusammenhängende Waldgebiet der Erde.

Takt, der (lat.)
1. (Zeitmaß) die kleinste, durch Taktstriche begrenzte Einheit in einem Musikstück; die stetige Folge betonter und unbetonter Noten; der etwa glei-

Taktik che Zeitabstand von Hebung zu Hebung im → Vers
2. (zeitliche Aufeinanderfolge) Arbeitsabschnitt bei der Fließfertigung; Arbeitsgang des Kolbens im Zylinder des Verbrennungsmotors
3. (Gefühl für anständiges Verhalten) Feingefühl; Rücksichtnahme; Zurückhaltung

Taktik, die (griech.)
1. geschicktes, planmäßiges (auch: berechnendes) Verhalten, Vorgehen
2. planmäßiges Zusammenwirken von Verbänden, Truppenteilen und Einheiten in Gefechten, das der Verwirklichung der → Strategie dient
3. den jeweiligen Gegebenheiten angepaßte Form des Klassenkampfes

Talent, das (griech.)
1. besondere geistige oder körperliche Fähigkeit; Begabung
2. im alten Griechenland die höchste Masse- und Geldeinheit. (In Athen war es ein Silberbarren von 26,2 kg Gewicht. Er diente als Verrechnungseinheit.)

Talisman, der (arab. → franz.)
kleiner Gegenstand, der nach abergläubischer Vorstellung angeblich Glück bringt oder Unheil abwendet; Glücksbringer; Maskottchen (in Gestalt einer Puppe, eines Stofftiers u. ä.); Amulett (an einer Halskette getragen)

Tangente, die (lat.)
Jede Gerade, die mit einem Kreis genau einen Punkt gemeinsam hat, heißt Tangente dieses Kreises.

Tarif, der (franz.)
1. festgelegte Staffelung von Preisen (Kosten) für die Inanspruchnahme von Dienstleistungen; Gebührensatz
2. in Verträgen oder Bestimmungen festgelegte Staffelung von Löhnen oder Gehältern

Team [tihm], das (engl.)
Mannschaft; Arbeitsgruppe

Technik, die (griech. techne „Handwerk, Kunst" → franz.)
1. (die auf der Erkenntnis der Naturgesetze beruhende) Wissenschaft von der Nutzbarmachung der Naturkräfte (Energiequellen) und Naturstoffe (Rohstoffe) für die menschliche Gesellschaft
2. Gesamtheit der Arbeitsmittel im Produktionsprozeß (z. B. Geräte, Maschinen)
3. Art und Weise des Vorgehens bei einer Tätigkeit; Verfahren; Arbeitsweise; Herstellungsweise

Technologie, die (griech.)
1. Wissenschaft von der Anwendung neuester Erkenntnisse der Naturwissenschaften, Mathematik, Technik und Ökonomie bei der Entwicklung von Herstellungsverfahren (Fertigungsprozessen)
2. Gesamtheit der Arbeitsvorgänge für ein bestimmtes Erzeugnis; Herstellungsverfahren

tele- (griech.)
Vorsilbe mit der Bedeutung: fern

Telegrafie, die (griech.)
Telegrafie ist die Übermittlung von Eilnachrichten (Telegrammen) mit Hilfe des elektrischen Stroms. Zwischen der Absende- und Empfangssta-

tion besteht eine Draht- oder drahtlose Funkverbindung. Man verwandelt Buchstaben und Zahlen in Stromstöße unterschiedlicher Stärke, die beim Empfang wieder in Buchstaben und Zahlen zurückverwandelt werden. Den ersten brauchbaren Telegrafen entwickelte Samuel Morse 1837. Heute werden Fernschreiber verwendet, die wie ferngesteuerte Schreibmaschinen arbeiten (Telexverkehr).

Tele|skop, das (griech.)
Fernrohr

Tempel, der (lat.)
Tempel sind Göttern geweihte, oft riesige Bauwerke. Schon weit vor unserer Zeitrechnung entstanden Tempel in hochentwickelten Gebieten der Erde (Ägypten, Mesopotamien, Mittelamerika, Indien, Ostasien). — Im alten Griechenland und im Römischen Reich stellte man sich die Götter in Menschengestalt vor und baute deshalb den Tempel als besonders schön gestaltetes Wohnhaus. Es umfaßte einen Raum, der das Bild der Gottheit umgab, und eine Vorhalle. Später wurden diese Tempel von Säulenreihen umgeben bzw. der Innenraum durch Säulenreihen aufgeteilt. Der → Altar stand außerhalb des Tempels.

Temperament, das (franz.)
die besondere Art des Wesens (Verhaltens) eines Menschen; Gemütsart. Der griechische Arzt Hippokrates (460 bis 377 v. u. Z.) unterschied zwischen cholerisch (aufbrausend), melancholisch (schwermütig), phlegmatisch (träge) und sanguinisch (lebhaft).

Temperatur, die (lat.)
1. Zustandsgröße, die den Wärmezustand eines Körpers beschreibt. Zwischen der Temperatur t in °C (Grad Celsius) und der Temperatur T in K (Kelvin) gilt folgende Umrechnung: $T = t + 273{,}15$. Die tiefste Temperatur beträgt $-273{,}15\,°C = 0\,K$.
2. (erhöhter Wärmezustand des menschlichen Körpers) Fieber

Tempo, das (ital.)
1. Zeitmaß der Bewegung eines Körpers; Geschwindigkeit
2. Zeitmaß, in dem ein Musikstück gespielt wird

Tempo- und einige andere Vortragsbezeichnungen in der Musik

adagio [adadscho] (ital.) langsam

ad libitum (lat.) nach Belieben (zu spielen oder wegzulassen)

allegro (ital.) schnell, heiter

andante (ital.) mäßig bewegt, ruhig gehend

a tempo (ital.) wieder im ursprünglichen Zeitmaß

cre|scendo [kreschendo] (ital.) an Lautstärke zunehmen. Zeichen: <

de|cre|scendo [dekreschendo] (ital.) an Lautstärke abnehmen. Zeichen: >

dolce [doltsche] (ital.) sanft, lieblich

feroce [ferotsche] (ital.) wild

fine (ital.) Ende, Schluß

forte (ital.) stark, laut

largo (ital.) langsam, breit

legato (ital.) gebundenes Spielen von zwei oder mehr Tönen

moderato (ital.) mäßig bewegt

molto (ital.) viel, sehr

non troppo (ital.) nicht zu sehr

piano (ital.) leise

presto (ital.) sehr schnell

staccato (ital. „getrennt") kurz abgestoßen, in getrennten Tönen zu spielen

vivace [wiwatsche] (ital.) lebhaft

Tempus, das (lat.)
Das Tempus ist ein Bestimmungsmerkmal des → Verbs. Es bezeichnet den Zeitpunkt oder den zeitlichen Ablauf eines Geschehens. Wir unterscheiden:
Präsens (Gegenwart): Präsensformen werden in Sätzen gebraucht, die gegenwärtiges (Er rennt.), zukünftiges (Morgen reisen wir ab.), vergangenes (Sie wollte gerade die Tür schließen. Da klingelt es.) und allgemeingültiges Geschehen (Übung macht den Meister.) ausdrücken.
Präteritum (Vergangenheit): Mit dieser Zeitform wird ein ablaufendes Geschehen in der Vergangenheit wiedergegeben (Am Wandertag trafen sich alle Schüler am Bahnhof.). Das Präteritum ist die Zeitform des Erzählens.
Perfekt (vollendete Gegenwart): Das Geschehen ist aus der Sicht der Gegenwart vollendet, abgeschlossen (Vor zwei Tagen hat es geschneit.). Mit dem Perfekt werden vor allem Ereignisse, Feststellungen, Urteile und Ergebnisse eines Geschehens wiedergegeben.
Plusquamperfekt (vollendete Vergangenheit): Es stellt einen Vorgang dar, der in der Vergangenheit bereits abgeschlossen ist, wenn der darauffolgende im Präteritum beginnt. Das Plusquamperfekt dient vor allem der zeitlichen Einordnung eines Geschehens (Es hatte zwei Wochen lang geregnet, als die Bauern mit der Rübenernte begannen.).
Futur I (Zukunft): Formen des Futur I drücken die zukunftsgewisse Voraussage eines Geschehens, die Erwartung von Kommendem aus (Morgen werden wir einen Aufsatz schreiben.). Mit dem Futur I kann auch eine auf die Gegenwart bezogene Vermutung (Er wird schon noch kommen.) oder eine Aufforderung (Du wirst jetzt schlafen!) wiedergegeben werden.
Futur II (vollendete Zukunft): Das Futur II steht für einen Vorgang, der schon vorüber ist, wenn der darauffolgende im Futur I berichtet wird. (Wenn die Ergebnisse geprüft worden sind, werden sie bekanntgegeben.) Heute wird das Futur II vorwiegend zur Wiedergabe von Vermutungen, also modal gebraucht (Er wird wohl den Zug erreicht haben.).

Tendenz, die (franz.)
1. Richtung einer bestimmten Entwicklung
2. Streben nach einem bestimmten Zweck; grundsätzliches Anliegen
3. (durchscheinende) Absicht

Tenor, der (ital.)
hohe Männerstimmlage

Term, der (franz.)
Terme heißen → Ziffern, → Variablen und sinnvolle Zusammensetzungen aus ihnen mit Hilfe der Rechenzeichen oder anderer Operationszeichen.

Termin, der (lat.)
(angesetzte) Frist, (festgesetzter) Zeitpunkt

Terrain [terē], das (franz.)
Erdoberfläche; Gebiet; Gelände

Terrarium, das (lat. terra „Erde")
Anlage (Behälter) für die Haltung von Kriechtieren oder Lurchen unter beinahe natürlichen Bedingungen

Territorium, das (lat.)
1. abgegrenztes, bestimmtes Gebiet
2. Hoheitsgebiet eines Staates

Terror, der (lat. „Schrecken")
planmäßige Erzeugung von Angst und Schrecken; rücksichtslose, bis zum Mord gehende Gewaltanwendung gegenüber politischen Gegnern; Gewaltherrschaft; Schreckensherrschaft

Test, der (engl.)
Probe; Überprüfung

Testament, das (lat.)
schriftliche Festlegung über den Nachlaß im Falle des Todes; letztwillige Verfügung

Textilien [..i-en], die (Plur.) (franz.)
Gewebe, Strick- und Wirkwaren und ähnliche Erzeugnisse aus Pflanzen-, Tier- und Chemiefasern

Thea|ter, das (griech.)
Die ersten Theater wurden in Griechenland im 6. Jahrhundert v. u. Z. gebaut. Halbkreisförmige, stufenähnlich ansteigende Sitzreihen für viele Tausende Zuschauer umschlossen bis über die Hälfte die orchestra, den kreisförmigen Spielplatz, auf dem der Chor sang und tanzte. Den Abschluß bildete die skene (Szene), auf der Sprecher und später Schauspieler auftraten. — Theater als geschlossene Häuser, wie wir sie heute kennen, wurden erst seit dem 17. Jahrhundert gebaut.

Thema, das (griech.)
1. Gegenstand; Stoff; Grundgedanke; Leitgedanke
2. deutlich hervortretender, fest umrissener Hauptgedanke eines musikalischen Werkes, der dann weiterentwickelt wird und sich meist aus mehreren → Motiven zusammensetzt

Theorie, die (griech. theoria „Anschauung, Betrachtung, Lehre")
1. Zusammenfassung und Verallgemeinerung von Erkenntnissen über einen Bereich der Wirklichkeit; Lehre
2. Gedanken und Vorstellungen ohne hinreichenden Bezug zur Wirklichkeit

therm-, termo- (griech. thermos „warm")
Vorsilbe mit der Bedeutung: auf die Wärme bezogen

Thermometer, das (griech. + lat.)
Das Thermometer ist das Meßgerät für die → Temperatur. Es beruht auf der Eigenschaft der meisten Festkörper, Flüssigkeiten und Gase, sich beim Erwärmen auszudehnen. Flüssigkeitsthermometer z. B. zeigen die Temperatur durch die Länge der Flüssigkeitssäule in dem mit einer Temperaturskale versehenen Kapillarröhrchen an.

These, die (griech.)
1. (nach gründlicher Überlegung oder eingehender wissenschaftlicher Untersuchung) mit Bestimmtheit vertretene, aber noch zu beweisende Behauptung
2. Lehrsatz; Leitsatz
Gegensatz: Antithese (Gegenthese bzw. These, die eine Behauptung zu widerlegen versucht)

Titel, der (lat.)
1. einem künstlerischen oder wissenschaftlichen Werk gegebener Name; Überschrift
2. erworbener oder verliehener Zusatz zum Namen (z. B. Professor)

3. Bezeichnung für den Dienstrang (z. B. Medizinalrat)

tolerant (lat.)
duldsam; verständnisvoll; großzügig; nachsichtig; versöhnlich

Tombola, die (ital.)
Verlosung von Gegenständen (Preisen)

Tonika, die (ital.)
Tonika heißt der auf dem Grundton einer Tonart aufgebaute Dreiklang.

Tornado, der (span. → engl.)
verheerender Wirbelsturm im südlichen Nordamerika, der in den Monaten März bis Oktober auftreten kann

Torpedo, der (span.)
Der Torpedo ist ein Unterwassergeschoß mit Eigenantrieb und Selbststeuerung, das eine Spreng- oder Kernladung trägt und zur Vernichtung oder Beschädigung von Überwasserschiffen und U-Booten bestimmt ist. Mit Torpedos sind U-Boote, Torpedoschnellboote und Torpedoflugzeuge bewaffnet.

Torso, der (ital.)
Bezeichnung für eine unvollendete oder unvollständig erhaltene Statue. Vergleiche → Plastik

total (lat.)
vollständig; ganz

Tourįstik [tu..], die (franz.)
Teilgebiet des Sports; umfaßt u. a. Wanderungen zu Fuß, auf Skiern und mit Fahrrädern, Bergsteigen, Orientierungsläufe, Geländespiele

Toxine, die (Plur.) (griech.)
von Tieren, Pflanzen oder Bakterien abgeschiedene Giftstoffe (z. B. Schlangengift)

Tracheen [..e-en], die (Plur.) (griech.)
1. Tracheen heißen die Atmungsorgane vieler Gliedertiere (z. B. der → Insekten, Gliederfüßer und vieler Spinnenarten). Es sind röhren- oder sackförmige Einstülpungen der Außenhaut, die meist fein verzweigt und oft mit → Chitin verstärkt sind. Sie stehen durch Atemöffnungen mit der Außenluft in Verbindung.
2. wasserleitende pflanzliche Gefäße

Tradition, die (lat.)
im Laufe der Zeit (Geschichte) innerhalb einer bestimmten Gruppe von Menschen Entwickeltes und Weitergegebenes; Überlieferung; Brauch; Gewohnheit

tragisch (griech.)
1. Trauer, großes Leid hervorrufend; erschütternd. Gegensatz → komisch
2. verhängnisvoll; unheilvoll

trainieren [tre..] (engl.)
sich auf einen (sportlichen) Wettkampf vorbereiten; üben

trans- (lat.)
Vorsilbe mit der Bedeutung: über; jenseits; außerhalb; hindurch

Transformator, der (franz. „Umspanner")
Der Transformator ist eine ruhende

elektrische Maschine. Sie besteht aus mindestens zwei Spulen, die auf einem gemeinsamen Eisenkern sitzen. Mit Hilfe von Transformatoren ist es möglich, hohe Wechselspannungen geringer Stromstärke in niedrige Wechselspannungen hoher Stromstärke umzuwandeln und umgekehrt.

Transfusion, die (lat.)
Blutübertragung

Tran|sit, der (ital.)
Durchgangsverkehr von Personen oder Gütern durch ein Land

transitives Verb → Verb

transparent (franz.)
durchscheinend; durchsichtig

Trans|plantation, die (lat.)
Verpflanzung von Gewebe oder → Organen aus einem Körper in einen anderen

Trapez, das (griech.)
1. Jedes Viereck mit einem Paar zueinander paralleler Gegenseiten heißt Trapez.
2. frei schwebendes Reck (Schaukelreck)

Trasse, die (franz.)
Linienführung eines Verkehrsweges oder einer Rohrfernleitung

Trend, der (engl.)
Richtung einer Entwicklung, die über einen längeren Zeitraum hinweg zu beobachten ist; Verlauf

Tresor, der (franz.)
in die Wand eingebaute Stahlkammer zur feuer- und einbruchssicheren Aufbewahrung von Wertsachen; Panzerschrank

Tribüne, die (franz.)
1. Gerüst mit ansteigend angeordneten Sitzreihen, von denen aus die Zuschauer oder Ehrengäste bei einer Veranstaltung oder Kundgebung gute Sicht haben
2. erhöhte Plattform für einen Redner

Triptychon, das (griech.)
Bezeichnung für ein dreiteiliges Bild, besonders für den mittelalterlichen Flügelaltar, der aus einem Mittelteil und zwei beweglichen Seitenteilen besteht

Triumph, der (lat. triumphus „Siegeszug")
1. Genugtuung
2. Freude über einen (großen) Erfolg oder Sieg

Troika [treuka], die (russ.)
Pferde-Dreigespann vor einem Wagen oder Schlitten

Tropen, die (Plur.) (lat.)
Tropen nennt man die heißen Gebiete beiderseits des → Äquators bis etwa zu den Wendekreisen (23,5° nördlicher bzw. südlicher Breite). Nach der Dauer von Regen- und Trockenzeit gliedern sie sich in die wechselfeuchten Tropen mit nach Norden bzw. Süden zunehmender Trockenzeit (→ Savanne) und in die immerfeuchten Tropen (immergrüner Regenwald) in der Nähe des Äquators.

Trophäe, die (griech.)
1. Siegeszeichen; Siegerpreis
2. Teil der Jagdbeute, die der Schütze als Andenken aufbewahrt

Tumult, der (lat.)
(lautstarke, gegen bestimmte Personen oder Zustände gerichtete Empörung) Aufruhr

Tun|dra, die (finn. → russ.)
Tundra heißt die Kältesteppe im Norden Asiens, Amerikas und Europas. Der Winter dauert dort etwa neun Monate; bei eisigen Winden sinkt die Temperatur häufig unter −50 °C. Während des kurzen Sommers taut der Boden nur oberflächlich auf. Dann bedecken Flechten, Moose, Gräser und Zwergsträucher das baumlose Land.

Turbine, die (franz.)
Kraftmaschine, die die → Energie des strömenden Dampfes (Dampfturbine) oder Wassers (Wasserturbine) mit Hilfe eines Schaufelrades unmittelbar in eine drehende Bewegung umwandelt

Typ, der (griech. typos „Gepräge, Gestalt")
1. Grundform
2. Eigenart; Eigentümlichkeit; Erscheinungsbild

typisch (griech.)
kennzeichnend; ausgeprägt; bezeichnend; unverkennbar

Tyrann, der (griech.)
1. grausamer Gewaltherrscher
2. herrschsüchtiger Mensch

U

Ultimatum, das (lat.)
letzte, zeitlich befristete Aufforderung (zur befriedigenden Lösung einer Angelegenheit)

ultra- (lat.)
Vorsilbe mit der Bedeutung: über, jenseits

Uniform, die (franz.)
einheitliche Dienstkleidung

Union, die (lat.)
Zusammenschluß; Vereinigung; Bund

universal oder **universell** (lat.)
allgemein; gesamt; allseitig; umfassend

Universum, das (lat.)
Weltall, Kosmos

utopisch (nach dem 1516 veröffentlichten Buch „Utopia" von Thomas Morus, das vorbildliche gesellschaftliche Verhältnisse im „Land Nirgendwo" schildert)
unmöglich; unerfüllbar; erträumt

V

vage (lat.)
unbestimmt, ungewiß; unklar, verschwommen

Vakuole, die (lat.)
mit Flüssigkeit gefüllter Hohlraum in

tierischen und pflanzlichen → Zellen

Vakuum [waku-um], das (lat. vacuus „leer")
1. leerer, unausgefüllter Raum; Leere
2. luftleerer bzw. gasverdünnter Raum

Valuta, die (ital.)
1. Wert der Währung eines Landes; Wechselkurs für ausländische Zahlungsmittel
2. auf ausländische Währung lautende Zahlungsmittel und Vermögenswerte

variabel (lat.)
abwandelbar; veränderlich. Gegensatz → konstant

Varia|ble, die (lat.)
veränderliche Größe

Variante, die (franz.)
(geringe) Abweichung; Abwandlung; Lesart

Variation, die (lat. variatio „Abweichung, Wechsel")
Als Variation bezeichnet man die Veränderung oder Abwandlung eines musikalischen Themas (z. B. melodisch, harmonisch oder rhythmisch). Dabei bleibt das Thema in seinen Grundzügen erhalten. — Mehrere Variationen können Teil eines größeren Werkes oder selbständiges Instrumentalstück sein.

variieren (lat.)
verändern, abwandeln; verschieden sein, voneinander abweichen

Vegetation, die (lat. vegetus „belebt")
1. die Gesamtheit der Pflanzengesellschaften (Pflanzenwelt) eines bestimmten Gebietes
2. das Pflanzenwachstum
3. die Pflanzenbedeckung der Erde. Sie ist in ihrer Zusammensetzung vor allem vom jeweiligen → Klima abhängig. — Wir unterscheiden einzelne Vegetationsgebiete (z. B. Nadelwald, Laubwald, Hartlaubgewächse) sowie große Vegetationsgürtel oder -zonen, die sich aus vielen ähnlich ausgebildeten Vegetationsgebieten zusammensetzen (z. B. Tundra, Nadelwaldzone, Misch- und Laubwaldzone, Steppe, Wüste, Savanne, tropischer Regenwald).

vegetieren (lat.)
(ohne das Lebensnotwendigste) kümmerlich dahinleben

Vene, die (lat.)
Venen (Blutadern) führen verbrauchtes, sauerstoffarmes und kohlensäurereiches Blut aus dem Körper zum Herzen zurück. Klappen an der Veneninnenwand verhindern das Zurückfließen des Blutes. Vergleiche → Arterie

Ventil, das (lat.)
Ventile sind Vorrichtungen zum Öffnen, Schließen oder Drosseln des Durchgangs von Flüssigkeiten oder Gasen in Rohrleitungen, Schläuchen, Zylindern, Kesseln und anderen Behältern. Es gibt viele Arten von Ventilen. Dazu gehört auch der Wasserhahn, der mit Hilfe einer Gewindespindel geöffnet oder geschlossen wird.

Ventilator, der (lat. ventus „Wind")
(mit einem Elektromotor angetriebenes Gerät, das Luft in Bewegung setzt)

Lüfter. Ventilatoren werden vor allem zur Belüftung von Räumen oder zur Kühlung von Verbrennungsmotoren verwendet.

Verb, das (lat.)
Die lateinische Bezeichnung „verbum" bedeutet allgemein „Wort". Dadurch wird auf die herrschende Stellung des Verbs innerhalb der Wortarten und im Satz hingewiesen. Das Verb ist satzgründend und bildet das grammatisch wichtigste Glied des Satzes. — Das Verb bezeichnet vor allem Tätigkeiten (turnen), Vorgänge (wachsen), Zustände (liegen) und Ereignisse (regnen). Nach der Leistung im Satz unterscheiden wir Vollverben, Hilfs- und Modalverben. — *Vollverben* haben eine selbständige Bedeutung (lesen). Hilfsverben werden vor allem zur Bildung zusammengesetzter Verbformen verwendet; sie kennzeichnen dann das Verb inhaltlich (modal) oder zeitlich. Modale Hilfsverben oder *Modalverben* sagen aus, ob ein Geschehen notwendig (sollen), möglich (können), gewollt (wollen) oder erlaubt (dürfen) ist.
Je nachdem, ob ein Verb ein Akkusativobjekt fordert oder nicht, handelt es sich um ein transitives oder intransitives Verb (vergleiche → Objekt). *Transitive* (zielende) *Verben* bilden ein persönliches Passiv (Klaus sucht seine Mütze. Die Mütze wird von Klaus gesucht.). *Intransitive* (nichtzielende) *Verben* können ein Genitivobjekt, Dativobjekt, Präpositionalobjekt oder eine Adverbialbestimmung bei sich haben (Peter hilft seinem Freund.). Sie bilden nur eine unpersönliche Passivform (Dem Freund wird geholfen.).
Bei echten *reflexiven Verben* bilden Verb und Reflexivpronomen im Akkusativ eine feste Verbindung (Er freut sich.).
Unechte reflexive Verben können sowohl mit als auch ohne Reflexivpronomen gebraucht werden (Der Vater wäscht sich. Der Vater wäscht das Auto.).
Das Verb kann konjugiert werden, d. h., es verändert seine grammatische Form nach Person, Numerus, Tempus, Modus und Genus verbi. Nach der Art der → Konjugation unterscheiden wir:
starke Verben (binden, band, gebunden),
schwache Verben (lachen, lachte, gelacht) und
gemischte Verben (gehen, ging, gegangen).
Man bezeichnet diese konjugierte Verbform auch als *finite Verbform* oder Personalform des Verbs. Die Verbform, die grammatisch nicht näher bestimmt ist, wird *infinite Verbform* oder Nominalform des Verbs genannt. Hierzu gehören der Infinitiv der Verben sowie die → Partizipien des Präsens und Perfekts.
In Person und Numerus richtet sich das Verb nach dem Subjekt. Person und Numerus werden durch bestimmte Personalpronomen und durch Endungen gekennzeichnet (ich lese — wir lesen). — Das → Tempus bezeichnet den Zeitpunkt oder den zeitlichen Ablauf eines Geschehens. Der → Modus gibt die Stellungnahme des Sprechers zur Aussage wieder (Indikativ, Konjunktiv, Imperativ). Das → Genus verbi bezeichnet die Handlungsrichtung, die im Aktiv vom Subjekt ausgeht und auf ein Objekt gerichtet sein kann, im Passiv aber auf das Subjekt gerichtet ist. (Die Katze frißt die Maus. Die Maus wird von der Katze gefressen.).

Vers, der (lat.)
Als Vers bezeichnet man meist die einzelne Gedichtzeile. Sie ist oft so aufgebaut, daß betonte und unbetonte Silben, Hebungen und Senkungen nach bestimmten Regeln (dem Versmaß) wechseln. Ein Vers muß nicht unbedingt mit einem Reimwort abschlie-

ßen. — In Gedichten und Liedern sind mehrere Verse zu einer → Strophe zusammengefaßt.

Version, die (lat.)
1. (eine von mehreren mögliche) Fassung
2. (Art und Weise, in der von etwas berichtet wird) Darstellung; Wiedergabe; Lesart

vertikal (lat.).
(lotrecht zur Erdoberfläche) senkrecht. Gegensatz → horizontal

Veto, das (lat. „ich verbiete")
Einspruchsrecht, durch das ein Beschluß verhindert werden kann

Viadukt (lat. via „Straße" + ductus „geführt")
Die alten Römer führten Wasser (lat. aqua) auf kunstvollen Bogenbrücken aus Stein über Geländeeinschnitte und nannten diese Wasserleitungen Aquädukte. Viadukte sind Aquädukten ähnlich. Es sind brückenartige Bauwerke, die Straßen oder Eisenbahnstrecken in oft großer Höhe über Täler und Schluchten führen. Viele Viadukte zeugen von großartiger Baukunst und -technik.

vi|brieren (lat.)
(mechanische Schwingungen ausführend) schwingen; zittern; beben

virtuos (ital.)
(vollkommen in der Beherrschung einer künstlerischen Technik) meisterhaft; unübertrefflich; vollendet

Virus, das oder der (lat. „Gift")
Viren sind winzige Gebilde unterschiedlicher Gestalt und Zusammensetzung (etwa 0,00001 bis 0,00040 mm groß), die an der Grenze zwischen belebter und unbelebter Natur einzuordnen sind. Sie haben keinen eigenen Stoff- und Energiewechsel und können nur dann wachsen und sich vermehren, wenn sie in eine lebende → Zelle des richtigen Wirts gelangen. Das kann ein Mensch, ein Tier oder eine Pflanze sein. — Viren rufen zahlreiche, oft schwere Erkrankungen hervor (beim Menschen z. B. Pocken, Masern, Grippe, Gelbsucht, Kinderlähmung, Röteln, Mumps, Schnupfen; bei Tieren z. B. Schweine- oder Rinderpest, Tollwut, Maul- und Klauenseuche, Staupe; bei Pflanzen z. B. die Blattrollkrankheit der Kartoffel und die Kräuselkrankheit der Zuckerrübe).

Vi|tamin, das (lat. vita „Leben")
Vitamine nennt man vorwiegend in Pflanzen gebildete organische Verbindungen, die für Mensch und Tier lebensnotwendig sind. Sie müssen mit der Nahrung aufgenommen oder aus in ihr enthaltenen Vorstufen aufgebaut werden. Vitaminmangel führt zu Erkrankungen.

Vokabel, die (lat.)
1. einzelnes Wort
2. (zu erlernendes) Wort einer fremden Sprache

Vokal, der (lat.)
Vokale (Selbstlaute) sind Laute, bei denen die ausströmende Atemluft im Mund- und Rachenraum nicht behindert wird. Beim Sprechen eines Vokals ist der Mund geöffnet. — Wir unter-

scheiden einfache Laute (Monophthonge) wie z. B. a, e, i und Doppellaute (Diphthonge) wie z. B. au, eu. Monophthonge können sowohl lang (Bad, Rose) als auch kurz (Ball, Tisch) gesprochen werden. Diphthonge werden immer lang gesprochen (Haus, heute). Vergleiche → Konsonant

Volumen, das (lat.)
Raum, den ein fester, flüssiger oder gasförmiger Körper ausfüllt; Rauminhalt. — Einheiten des Volumens sind Kubikmeter (m^3) und Liter (l). $1\ m^3 = 1000\ l$

vulgär (franz.)
(abstoßend) derb, grob; gewöhnlich; gemein

Vulkan, der (nach Vulcanus, dem römischen Gott des Feuers)
Vulkane sind „feuerspeiende Berge". Sie haben die Gestalt eines stumpfen Kegels und sind durch einen Krater trichterförmig vertieft. Vulkane entstehen an Bruchstellen der Erdkruste, wenn sich eine röhrenähnliche Verbindung (Schlot) zum glutflüssigen Gestein (→ Magma) im Erdinnern bildet. Von längeren Pausen unterbrochen, dringt dann bei Vulkanausbrüchen (Eruptionen) feuerflüssiger Gesteinsbrei, der mit Wasserdampf, Gasen, Rauch und Asche vermischt ist, unter hohem Druck an die Erdoberfläche. Die Glutmassen ergießen sich über den Kraterrand und erstarren nach einiger Zeit zu → Lava.

W

Wappen, das (niederl. „Waffen")
Im Mittelalter war der gewappnete, also mit Waffen (Rüstung) versehene Ritter für Freund und Feind nicht eindeutig zu erkennen. Er brachte deshalb auf seinem Schild oder Helm ein unverwechselbares Zeichen an. Dieses Kennzeichen galt bald für seine ganze Familie und wurde von den Nachfahren beibehalten. Später legten sich auch hohe Geistliche, Bürger und Zünfte Wappen zu. Städte, Länder und Staaten führten Wappen als Hoheitszeichen. Beliebte Wappenzeichen waren Löwe, Bär, Adler, Drache, Greif, Lilie, Kreuz, Stern und Schlüssel.

Z

Zelle, die (lat. cella „Kammer")
1. Grundbaustein aller Lebewesen (→ Organismen). In den Zellen laufen die grundlegenden Lebensvorgänge ab (z. B. Stoffwechsel, Vermehrung, Vererbung, Reizerscheinungen). — Im Grundaufbau sind sich alle lebenden Zellen weitgehend ähnlich, ihre Gestalt ist jedoch sehr unterschiedlich; bei Mehrzellern wird sie durch ihre Lage im Organismus und ihre Funktion bestimmt. Wir unterscheiden kugel-, quader-, zylinder- und prismenförmige Zellen. Während Einzeller (Algen, Bakterien, Urtierchen) aus nur einer Zelle bestehen, hat der Mensch, als das höchstentwickeltste Lebewesen, rund 1 000 000 000 000 Zellen. — Alle Zellen bestehen aus *Zellplasma*; darunter versteht man die Gesamtheit der lebenden Zellbestandteile. Das Zellplasma wird von einer *Zellmembran* begrenzt. — Im Innern des Zellplasmas liegt ein meist kugelförmiger *Zellkern* (Kernplasma). Er wird vom

Zellulose 155 **Zeremonie**

ihn umgebenden *Zytoplasma* durch eine *Kernmembran* abgegrenzt. — Die Vermehrung der Zellen erfolgt durch Zellteilung. Sie beginnt mit einer Kernteilung. Dabei werden alle Bestandteile einer Mutterzelle gleichmäßig auf zwei Tochterzellen verteilt. Tierische Zellen schnüren sich in der Mitte durch; bei pflanzlichen Zellen wird eine Querwand mitten durch die Zelle gezogen. — Zellen mit gleichem Bau und gleicher Funktion bilden Zellverbände oder Gewebe.
2. kleinste Grundeinheit von Mitgliedern einer Partei (Parteizelle)
3. kleiner Wohnraum für Mönche im Kloster (Klosterzelle oder Klause) oder für Strafgefangene (Gefängniszelle)
4. Fernsprechhäuschen (Telefonzelle)
5. kleine → Batterie (Monozelle, Babyzelle)

Zellulose, die (lat.)
Mit Zellulose (bestehend aus Kohlenstoff, Wasserstoff und Sauerstoff) sind die Wände pflanzlicher → Zellen (besonders der Sproßpflanzen) verstärkt. Nahezu reine Zellulose stellt die Baumwolle dar. Technisch gewinnt man Zellulose vor allem aus Holz in Form von Zellstoff (zur Herstellung von Papier, Kunstseide und Zellwolle).

Zenit, der oder das (arab. → ital.)
1. (Punkt des Himmels, der sich senkrecht über dem Beobachter befindet) Scheitelpunkt
2. Höhepunkt, Gipfelpunkt

zenti- (lat.)
Vorsilbe mit der Bedeutung: hundertstel

Zentner, der (lat.)
veraltete Masseeinheit. 1 Zentner = 100 Pfund = 50 Kilogramm

zen|tral (lat.)
1. im Mittelpunkt befindlich; Haupt-, Sammel-
2. vom Mittelpunkt ausgehend; entscheidend; bedeutend; wichtig

Zen|tralkomitee, das (lat. + franz.)
vom Parteitag gewählte Leitung einer marxistisch-leninistischen Partei. Kurzform: ZK

Zen|trum, das (lat.)
1. Mittelpunkt; Mitte
2. Innenstadt
Gegensatz → Peripherie

Zeremonie, die (lat.)
feierliche Handlung, die nach festgelegten Regeln vollzogen wird

Ziffer, die (arab. → ital.)
Zeichen zur schriftlichen Darstellung einer natürlichen Zahl (z. B. 0, 1... 9)

Zionismus, der (hebr. → lat.)
Zionismus nennt man die gegen Ende des 19. Jahrhunderts entstandene politische Bewegung der internationalen jüdischen → Bourgeoisie, die die Errichtung eines jüdischen Nationalstaates in Palästina zum Ziel hatte. — 1948 kam es zur Gründung des Staates Israel. Der Zionismus entwickelte sich zu einer reaktionären Bewegung, die, von den imperialistischen Mächten unterstützt, gegen das arabische Volk von Palästina und die nationale Befreiungsbewegung der arabischen Völker gerichtet ist.

zirka (lat.)
(in Verbindung mit einer Zeit-, Mengen- oder Größenangabe) ungefähr; etwa; rund. Kurzform: ca.

zirkulieren (lat.)
umlaufen; kreisen

Zirkus, der (griech. → lat.)
Im Römischen Reich war der Zirkus zunächst die langgestreckte Rundbahn für die Wagenrennen, später dann ein ovales (etwa eiförmiges) Gebäude ohne Dach, in dessen Mitte — der Arena — Tierjagden, Gladiatorenkämpfe und militärische Aufmärsche stattfanden (zirzensische Spiele). Berühmt war der Circus Maximus in Rom, der bis zu 185 000 Zuschauern Platz bot. — Heute hat der Zirkus die Gestalt eines großen Zeltes oder festen Rundbaus, dessen kreisförmiger Schauplatz, die Manege [..esche] (Reitbahn), von ansteigenden Sitzreihen für die Zuschauer umgeben ist. Gezeigt werden vor allem Tierdressuren und artistische Vorführungen.

Zitat, das (lat.)
1. (wörtlich angeführte) Stelle aus einer Schrift oder Rede
2. (bekannter) Ausspruch

Zy|klon, der (griech. → engl.)
verheerender Wirbelsturm, der durch Verwirbelung warmer und kalter Luftmassen in wandernden Tiefdruckgebieten hervorgerufen wird und vorwiegend im Sommer in tropischen Ozeangebieten auftritt

Zy|klus, der (griech. → lat. „Kreis")
1. Folge (Reihe) inhaltlich zusammengehöriger Dinge; Zusammenfassung
2. regelmäßige Wiederkehr; Kreislauf

Zylinder, der (lat. cylindrus „Walze")
1. Der Kreiszylinder ist ein Körper, der von zwei kongruenten Kreisen in parallelen Ebenen als Grund- und Deckfläche und einer gleichmäßig gekrümmten Rechteckfläche als Seitenfläche begrenzt wird.
2. Als Zylinder bezeichnet man den Arbeitsraum von Kraft- und Arbeitsmaschinen, in dem sich der Kolben bewegt. Im Zylinder erfolgt die Verbrennung des Kraftstoff-Luft-Gemisches.
3. Der Zylinderhut (chapeau claque [schapo klak]) wurde um 1800 in Paris Mode.

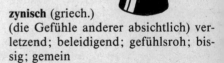

zynisch (griech.)
(die Gefühle anderer absichtlich) verletzend; beleidigend; gefühlsroh; bissig; gemein

MEIN KLEINES LEXIKON

ist eine für Kinder herausgegebene Serie populärwissenschaftlicher Einführungen in verschiedene Wissensgebiete, die wesentliche Begriffe in alphabetischer Reihenfolge verständlich und unterhaltsam erklären.

Bisher sind in dieser Reihe erschienen:

Manfred Borkowski
Menschen, Pflanzen, Tiere

Rudi Chowanetz
Halstuch, Trommel und Fanfare

Rainer Crummenerl
Briefe, Päckchen, Telegramme

Rainer Crummenerl
Tatort, Spuren, Alibi

Rainer Crummenerl
Volkspolizei und Feuerwehr

Reimar Dänhardt
Alex, Spree und Ehrenmal

Juri Dmitrijew
Birke, Reh und Schwalbenschwanz

Günter Domdey
Kurt-Friedrich Nebel
Erde, Klima, Vulkanismus

Günter Domdey
Kurt-Friedrich Nebel
Menschen, Städte, Freundesland

Günter Domdey
Kurt-Friedrich Nebel
Städte, Dörfer, Heimatland

Günter Domdey
Kurt-Friedrich Nebel
Tatra, Prag und Böhmerwald

Matthias Freude
Pflanzen, Tiere und Naturschutz

Dieter Georgi/Reiner Voß
Judo, Kegeln, Volleyball

Norbert Gierschner
Düne, Meer und Tintenfisch

Werner Hirte
Hammer, Zange, scharfe Zähne

Werner Hirte
Stahl, Beton und bunte Gläser

Gerhard Holzapfel
Pflanzen, Tiere und Maschinen

Wolfgang Hütt
Plastik, Grafik, Malerei

Alexander Iwitsch
Silber, Eisen und Uran

Georgi Jurmin
Globus, Heft und Zirkel

Friedrich Kaden
Bergbau, Erz und Kohle

Friedrich Kaden
Weltall, Sterne und Planeten

Günter Kämpfe
Autos, Straßen und Verkehr

Inge Koch
Maulwurf, Wal und Fledermaus

Manfred Kurze
**Mensch, Gesundheit,
Erste Hilfe**

Helga und Hansgeorg Meyer
Bücher, Leser, Bibliotheken

Helga und Hansgeorg Meyer
Straßen, Plätze, große Namen

Günter Milde
**Panzer, Flugzeug,
schnelle Schiffe**

Nikolai Ossipow
Biber, Schwan und Wasserfloh

Manfred Rehm
Strecke, Kreis, Zylinder

Manfred Rehm
Zahl, Menge, Gleichung

Helmuth Reich
Schiffe, Häfen, blaue Straßen

Karl Rezac
E-Lok, Stellwerk, Zahnradbahn

Karl Rezac
Radar, Flugzeug, Testpilot

Karl Rezac
Sputnik, Raumfahrt, Kosmonaut

Klaus Wegner
Katze, Hund und bunte Fische

DER KINDERBUCHVERLAG BERLIN

ISBN 3-358-00848-7

6. Auflage dieser Ausgabe 1988
© DER KINDERBUCHVERLAG BERLIN – DDR 1981
Lizenz-Nr. 304-270/512/88
Satz und Repro: Karl-Marx-Werk Pößneck V 15/30
Druck: Messedruck Leipzig
Buchbinderische Verarbeitung: LVZ-Druckerei „Hermann Duncker", Leipzig
LSV 7801
Für Leser von 10 Jahren an
Bestell-Nr. 631 937 5
00600